激情与思索

西蒙娜·德·波伏瓦回忆录研究

A Study
on the Memoirs of
Simone de Beauvoir

Passion
and
Reflection

赵璞 著

ZHEJIANG UNIVERSITY PRESS
浙江大学出版社
·杭州·

项目资助

本书的出版受到浙江省时尚设计与制造协同创新中心、浙江省教育厅一般科研项目"西蒙娜·德·波伏瓦回忆录研究"(Y202250309)、杭州市哲学社会科学规划项目"西蒙娜·德·波伏娃回忆录中的女性主义叙事研究"(M22JC072)、浙江理工大学基本科研业务费项目"西蒙娜·德·波伏瓦的记忆书写及其审美伦理研究"(2021Q068)、浙江理工大学科研启动基金项目"记忆美学:西蒙娜·德·波伏瓦回忆录研究"(20082332-Y)的支持。

目　录

绪　论

西蒙娜·德·波伏瓦 [①]（Simone de Beauvoir，1908—1986）是20世纪西方文化史上最著名的女性之一。她的《第二性》享誉全球，被视为女性主义的"圣经"。她也从事文学创作，撰写哲学论著和社会评论文章，在以萨特为代表的战后法国存在主义思潮中扮演了关键性角色。

值得注意的是，波伏瓦还有一个重要身份，即回忆录作家。从1956年开始，她几乎全身心地投入个人回忆录的创作中，写下了《端方淑女》（1958）、《岁月的力量》（1960）、《事物的力量》（1963）、《安详辞世》（1964）、《清算已毕》（1972）、《告别的仪式》（1981）等多部作品。其规模之巨，投入时间之长，在世界传记文学史上亦是罕见的。

笔者认为，波伏瓦的回忆录不仅对于更全面地理解这位传奇女性的人生经历和思想起伏具有难以估量的价值，同时也有助于人们更直观地了解20世纪欧洲政治和文化生活的方方面面。除此之外，回忆录也是波伏瓦寻求自我表达的独特方式，是其文学

[①]　在中文世界里，Simone de Beauvoir 也常常被译为西蒙娜·德·波伏娃、西蒙·波娃等。本书采用"西蒙娜·德·波伏瓦"这一译名，主要出于两方面的考虑：一、在对外国人名的翻译中，"娃"一般特指女性，而 Beauvoir 作为姓氏应是中性的；二、近年出版的一些论著也多用"波伏瓦"这一译名，如作家出版社的多卷本《波伏瓦回忆录》等。但在引用他人文献时，本书将继续保留原作者采用的译名，特此说明。

探索道路中的重要一程。对这些作品的美学价值、思想贡献及其在文学史上的地位进行系统、深度的讨论是有必要的。这便是本书写作的朴素初衷。

第一节　波伏瓦的生平与著述

波伏瓦全名西蒙娜-露西-埃内斯蒂娜-玛丽·贝特朗·德·波伏瓦（Simone-Lucie-Ernestine-Marie Bertrand de Beauvoir），1908年1月9日出生在法国巴黎。尽管姓氏中有表贵族身份的缀词"德"（de），波伏瓦的父亲乔治·贝特朗·德·波伏瓦（Georges Bertrand de Beauvoir，1878—1941）却并不属于贵族阶级。他财产微薄，也无职业上的抱负，一生志趣主要在戏剧方面，常作为业余演员登台演出。波伏瓦的母亲弗朗索瓦丝（Françoise de Beauvoir，1887—1963）则出生在一个富裕的资产阶级家庭，其父古斯塔夫·布拉瑟尔原是凡尔登的大银行家。弗朗索瓦丝从小接受天主教文化的熏陶，把相夫教子视为自己的首要责任。波伏瓦两岁时，妹妹埃莱娜（Hélène）出生了。埃莱娜后来成为一名画家，曾替波伏瓦的小说绘制插图。

波伏瓦作为家中长女，从小便受到了家人的万千宠爱和精心呵护，养成了一种乐观自信、积极进取的性格。五岁时，波伏瓦进入德西尔学校学习，聪慧而勤奋的她很快便成为同学中的佼佼者。一战以后，波伏瓦家因破产而陷入贫困，波伏瓦目睹了母亲作为全职家庭主妇的被动处境，这使得她从很早起就不再相信婚姻和家庭是女人幸福的保证。不过，也正是由于家庭的困境，她的父母更加重视女儿们的文化教育，鼓励她们拥有自己的职业，而不是像其他的资产阶级少女一样，仅仅把未来寄托在婚姻上。

十五岁时，波伏瓦放弃了自己的宗教信仰，决心成为一名有影响力的大作家。1925 年，她以优异的成绩通过了中学会考，并继续在巴黎的天主教学院（Institut Catholique de Paris）攻读数学学士学位，在位于纳伊（Neuilly）的圣玛丽学院（Institut Sainte-Marie）修习文学课程。接着，她又在索邦大学（Sorbonne）学习哲学，并于 1927 年 6 月获得普通哲学学位证书，成绩排在西蒙娜·韦伊（Simone Veil）之后，莫里斯·梅洛 - 庞蒂（Maurice Merleau-Ponty）之前。1928 年，在莱昂·布伦斯威克（Léon Brunschvicg）的指导下，她完成了毕业论文《莱布尼茨作品中的概念》（"Le concept chez Leibniz"），拿到了高等教育文凭①，同时准备参加下一年的大中学哲学教师资格考试。

在这一时期，波伏瓦结识了很多巴黎高等师范学校的青年才俊，其中就包括让 - 保罗·萨特（Jean-Paul Sartre）、保罗·尼赞（Paul Nizan）、勒内·马厄（René Maheu）——正是马厄给波伏瓦取了"海狸"这个外号。波伏瓦也开始相信，萨特完全满足了她对另一半的幻想。他们所建立的令人惊奇的爱情关系将一直持续到两人生命的终点。1929 年，波伏瓦顺利通过大中学哲学教师资格考试，成绩仅次于萨特，是有史以来通过这门考试的最年轻的学生。同年，她的好友伊丽莎白·拉库安（Elisabeth Lacoin）不幸去世，她的死坚定了波伏瓦摆脱家庭束缚的决心。

从 1929 年到 1943 年，波伏瓦一直在中学任教。1931 年，她被分配到马赛（Marseille）的蒙特格昂中学（Lycée Montgrand），

---

① 即 diplôme d'études supérieures，相当于硕士学位。

后又去了鲁昂（Rouen）的圣女贞德中学（Lycée Jeanne-d'Arc），直到 1936 年才调回巴黎，相继在莫里哀中学（Lycée Molière）、卡米耶中学（Lycée Camille）获得教职。在这段时间里，她与萨特发展了他们关于必然性和偶然性的爱情理论，与一些年轻的学生组成了"三重奏"甚至是"多重奏"的关系。她第一部正式获得出版的小说《女宾》（L'invitée）即以二人与女学生奥尔加·科萨基维奇（Olga Kosakiewicz）的感情纠葛为蓝本，并加入了一些哲学思考。就在《女宾》出版的当年，波伏瓦因被指控于 1939 年诱骗了 17 岁的女学生娜塔莉·索洛金（Natalie Sorokine）而失去了任教资格，从此她便专心写作，正式步入职业作家生涯。

第二次世界大战的爆发让波伏瓦和萨特经历了政治意识的觉醒，决心正视历史现实，承担知识分子对社会的责任。占领期间，除了《女宾》和一篇关于存在主义伦理学的论文《碧吕斯与希涅阿斯》（"Pyrrhus et Cinéas"），波伏瓦还创作了两部"介入"的作品——戏剧《吃闲饭的嘴》（Les Bouches inutiles）和小说《他人的血》（Tous les hommes sont mortel）。法国解放以后，她正是凭借这些作品，在法国文坛迅速崛起，并与存在主义的思潮联系在一起。1945 年，她和萨特、梅洛-庞蒂等左派知识分子共同创立了《现代》（Les Temps modernes）杂志，积极地参与法国战后文化世界的重建。

随着名气越来越大，频繁出访各国也成了波伏瓦日常生活的一部分。1947 年，她第一次访问美国。此行对于她来说，不仅意味着同美国作家尼尔森·埃尔格林（Nelson Algren）开启了一场持续了四年的"越洋之恋"，也为她日后写作《第二性》（Le Deuxième sexe）汲取了思想养料。同时，她出版了《美国日记》

（*L'Amérique au jour le jour*），来表达她对美国社会的观察与思考。她还游历了中国、苏联、南斯拉夫、古巴等社会主义国家，创作了记述这次中国之行的作品《长征：论中国》（*La Longue marche : Essai sur la Chine*）。

1949年，波伏瓦对于女性生存处境的研究《第二性》在法国出版并大获成功，第一卷在第一周就卖出了22000本。波伏瓦在其中表达的大胆、激进的女性主义思想，在法国社会掀起了一场轩然大波。她继续小说创作，凭借讲述二战后法国知识界生活的作品《名士风流》（*Les Mandarins*）获得了1954年的龚古尔文学奖。她用该项奖金购置了一处住宅，与年轻的情人克洛德·朗兹曼（Claude Lanzmann）同居，结束了长期住旅馆的生活。

尽管从未加入过任何政党，但波伏瓦终生都坚持左翼立场。1952年，她和萨特开始支持苏联，成为共产主义的同路人，并因此与曾经的好友雷蒙·阿隆（Raymond Aron）、阿尔贝·加缪（Albert Camus）、梅洛-庞蒂等人相继决裂，直到1968年苏联入侵捷克斯洛伐克，才宣布彻底和苏联分道扬镳。阿尔及利亚战争期间，他们公开谴责法国政府，支持阿尔及利亚人的解放事业，在"一二一人宣言"上签名。在1968年的"五月风暴"中，他们发表了支持学生行动的声明，并前往大学发表演讲。1968年以后，波伏瓦又成为"女性解放运动"（Mouvement de libération des femmes，简称MLF）的精神领袖，积极参与女权主义运动，支持堕胎合法化，反对针对女性的暴力。她还担任了女权杂志《女权问题》（*Questions féministes*）①的主编。1974年，又担任了"女

---

① 后更名为《新女权问题》（*Nouvelles Questions Féministes*）。

性权利联盟"（Ligue des droits de la femme）主席。

从 1956 年到 1972 年，波伏瓦将创作重心投入回忆录写作中，陆续出版了《端方淑女》（*Mémoires d'une jeune fille rangée*）、《岁月的力量》（*La Force de l'âge*）、《事物的力量》（*La Force des choses*）、《清算已毕》（*Tout compte fait*）四部回忆录作品。在此期间，因母亲弗朗索瓦丝去世，她写了一本名为《安详辞世》（*Une mort très douce*）的小书，来回忆陪伴母亲的时光。除了这些回忆性的作品外，波伏瓦还出版了小说《美丽的形象》（*Les Belles Images*）和短篇小说集《被毁灭的女人》（*La Femme rompue*），继续探讨女性的处境与出路。她也对衰老、死亡的问题越来越感兴趣，因此出版了一部名为《老年》（*La vieillesse*）的社会学著作，关注西方社会中老年人的生存境遇。

萨特去世后，波伏瓦出版了《告别的仪式》（*La Cérémonie des adieux; suivi de entretiens avec Jean-Paul Sartre*）和《寄语海狸》（*Lettres au Castor et à quelques autres*），前者是对萨特最后十年生活的记录以及她在 1974 年 8 月至 9 月与萨特的一系列谈话，后者则收录了萨特早年写给她和其他几位女性的大量书信。1986 年 4 月 14 日，在养女西尔维·勒·庞·德·波伏瓦（Sylvie Le Bon de Beauvoir）和朗兹曼的陪伴下，波伏瓦在巴黎与世长辞。她死后与萨特同葬在蒙帕纳斯公墓，手上戴着埃尔格林曾经送给她的戒指。

第二节　波伏瓦及其回忆录的国内外研究情况

一、国内研究情况

国内对波伏瓦的译介和接受可以大致分为以下三个阶段：首先是 1986 年波伏瓦去世之后，在西方现代文学的密集引入和"存在主义热""萨特热"的推动下，《人都是要死的》（外国文学出版社，1985 年）、《第二性——女人》（湖南文艺出版社，1986 年）、《他人的血》（外国文学出版社，1987 年）、《西蒙·波娃回忆录》（上海书店，1987 年）、《女人是什么》（中国文联出版公司，1988 年）、《女性的秘密》（中国国际交流出版社，1988 年）、《女宾》（陕西人民出版社，1990 年）《名士风流》（漓江出版社，1991 年）、《西蒙·波娃回忆录》（江苏文艺出版社，1992 年）、《吃闲饭的嘴》（中国社会科学出版社，1992 年）等一大批波伏瓦的作品译本相继出版。这些译介工作是对波伏瓦独特的思想价值进行深入挖掘的开始。

在这一阶段中，国内波伏瓦研究的重要成果是 1992 年李清安、金德全选编的《西蒙娜·德·波伏瓦研究》，书中不仅选译了一些波伏瓦的其他作品，还翻译了一部分西方波伏瓦研究的重要论文和访谈。然而，这一时期的译介和研究工作还是比较粗略，这主要体现在：（1）译介作品还是以波伏瓦的"存在主义"作品为主，使得国内对波伏瓦的接受仍被限制在"萨特的存在主义"范围内，对波伏瓦独特的价值反而有所遮蔽；（2）波伏瓦的重要著作《第二性》还没有完整的译本，对其女性思想的解读受到一定的局限；（3）虽然波伏瓦的回忆录已经被翻译过来，但只出版了

3000 册，影响微乎其微，难以使波伏瓦的独特形象从萨特的身影之下解脱出来。

第二阶段的标志是 1998 年，陶铁柱翻译的《第二性》中文全译本正式出版，掀起了在新世纪阅读和理解波伏瓦的高潮。与此同时，波伏瓦去世之后一系列私人书信、日记和同时代人的回忆录的出版，波伏瓦和萨特这一对"传奇情侣"的私生活中并不光彩的细节也得以披露，读者们也不得不经历一个重新理解萨特和波伏瓦契约爱情的阶段。波伏瓦的《美丽的形象》（安徽文艺出版社，1997）、《萨特传》（百花洲文艺出版社，1996）、《越洋情书》（中国书籍出版社，1999）、《波伏瓦美国纪行》（三环出版社，2003）等书也相继出版。这一时期的波伏瓦研究相比早期已经较为成熟，从哲学、社会学、女性主义等多层面对波伏瓦的思想价值进行了探讨，《第二性》中的女性思想也对中国女性主义思想和批评产生了较大的影响。

第三阶段的开始以 2008 年波伏瓦百年诞辰为标志。为纪念波伏瓦诞辰，国内召开了两次大型的学术研讨会，分别是 2008 年 7 月在昆明召开的"纪念西蒙娜·德·波伏瓦诞生 100 周年学术讨论会"和 2008 年 11 月在南京召开的"波伏瓦及其当代的意义"国际学术研讨会，两次会议除了对波伏瓦的《第二性》中的哲学思想、当代意义进行了探讨，还将重点放在了对其文学作品的解读上，不仅探讨对象更加广泛，角度也更加多元。之后，上海译文出版社和北京作家出版社引进、重译、再版了一系列的波伏瓦作品，如上海译文出版社出版了《人都是要死的》（2012）、《模糊性的道德》（2013）、《第二性》（2011）、《名士风流》（2010）、《要焚毁萨德吗？》（2012）、《独白》（2012），北京作家出版社陆续出版了波伏瓦回忆录第一至三卷（2011—2013）以及《长征：中国纪行》（2012）。至此，中国读者才基本了解波伏瓦作品与思想的全貌。

近年，还有几部波伏瓦的作品也得到了翻译、出版，分别是《情迷莫斯科》（上海文艺出版社，2016）、《安详辞世》（海天出版社，2019）、《告别的仪式》（上海译文出版社，2019）、《清算已毕》（海天出版社，2021）、《形影不离》（浙江教育出版社，2022）。除《告别的仪式》《清算已毕》此前已有中文译本以外，另外三本书都是首次出版。译介的繁荣带来了研究的兴盛，不仅一系列国外的传记和研究类作品随之引入，相关的期刊论文、学位论文和研究论著也不断涌现。概括来说，国内的波伏瓦研究主要有以下几个特点：（1）聚焦《第二性》及相关的女性主义思想；（2）对波伏瓦和萨特爱情关系的实质尤为关切；（3）关注波伏瓦在中国的接受情况；（4）关注波伏瓦对存在主义伦理学的贡献，重视波伏瓦的"他者"概念。受篇幅所限，对这些研究的具体情况不再一一叙述。

需要指出的是，虽然研究者们都比较重视回忆录中的材料，但对波伏瓦的回忆录创作本身却缺少系统和批判性的解读。中国知网目前只有3篇专门讨论波伏瓦回忆录的论文，分别是陈静的《诚信契约：〈一个循规蹈矩的少女的回忆〉》（2011）、《西蒙娜·德·波伏瓦的自传叙事及其自我身份建构》（2021）以及高帆的《现代女性的自由建构者——美学视野中的波伏瓦》（2016）。陈静的第一篇文章是对《一个循规蹈矩的少女的回忆》（即《端方淑女》）的评述，第二篇文章则分别运用菲力浦·勒热讷和马克·弗里曼的理论探讨波伏瓦如何在回忆录/自传中进行身份建构的问题。高帆则在其文章中指出波伏瓦回忆录的价值在于她通过自我的真诚讲述，展现了"人的诗意生存如何可能"。此外，黄荭、柳鸣九等译者也有一些关于波伏瓦回忆录或私人日记的介绍文章，增进了公众对波伏瓦相关创作的了解。但受篇幅限制，这些文章只是对波伏瓦回忆录的相关情况和问题做了简要介绍，并没有进行更深入的探讨。

一些学者在对波伏瓦的整体研究中也涉及了对波伏瓦回忆录的讨论。张向荣在《跨越空间的对话》（2013）中专辟"波伏娃的回忆录——女性的身份认同"一节讨论波伏瓦回忆录中呈现的女性问题，认为波伏瓦回忆录的主旨在于阐明女性意识在社会推动下的形成过程，表达了"在男性的审视下偷生"的隐秘欲望；成红舞在《从他者到自我——波伏瓦他者理论研究》（2016）中，比较了奥古斯汀和波伏瓦的回忆录创作，认为波伏瓦的自我建构经历了对神的抛弃、对自我之主体的确立、对他者之主体的认同三个阶段，在背离社会和信仰的道路上建构起了不完美、不完全、不完整的自我，从而达到了存在主义哲学中"自为存在"的人。

这些研究表明，国内的波伏瓦研究已较为丰富和系统，并已意识到回忆录在完整地理解波伏瓦的人生和存在主义、女性主义思想方面的重要性。不过，国内学界对波伏瓦回忆录创作的认识和挖掘还不充分，相关研究均在极为有限的篇幅中展开，缺少具体的文本分析、深入的比较研究以及进一步的批判意识，这给本书的写作留下了一定的伸展空间。

二、国外研究情况

作为 20 世纪法国著名的女性知识分子，波伏瓦的影响早已超出了法国和知识界的范围。不过在很长时间里，她的独特价值还是被比她更加"著名"的"存在主义伴侣"萨特所掩盖，其主要思想功绩也被局限在女性主义的理论奠基和实践推动方面。但随着女性主义理论的发展和学科间的沟通与重组，波伏瓦著作中的哲学思想也逐渐引发了学界的兴趣，她的学术地位逐步得到认可和重估。

　　20世纪八九十年代，波伏瓦研究兴盛，甚至出现了专门的"波伏瓦学者"和研究刊物《西蒙娜·德·波伏瓦研究》[①]（*Simone de Beauvoir Studies*），相关的论文和研究性著作也日益繁盛。玛格丽特·西蒙（Margaret Simons）、富尔布鲁克夫妇（Edward Fullbrook &Kate Fullbrook）、陶丽·莫阿（Toril Moi）、厄苏拉·提德（Ursula Tidd）、伊丽莎白·法拉奇（Elizabeth Fallaize）、简·希斯（Jane Heath）、埃莲娜·莱卡梅-塔博内（Éliane Lecarme-Tabone）乃至朱迪斯·巴特勒（Judith Bulter）等一大批学者都曾对波伏瓦的研究做出过贡献，而波伏瓦相对于萨特的独立性、她作为女哲学家的独特贡献、写作中的伦理关切及其作为小说家的叙事艺术等方方面面的问题也都得到了较为充分的探讨。近年来，波伏瓦的著作仍以各种语言不断再版，她对各种政治与社会议题的思考仍然

---

① 该杂志创刊于1983年，总部设在北美，由国际波伏瓦学会（International Simone de Beauvoir Society）主办。

启示着当下的学者。①

值得注意的是，在研究型的论文、论著之外，关于波伏瓦的传记类作品一直层出不穷。一些传记本身就具有一定的学术性，它们一方面涉及对波伏瓦生平材料的梳理、考证，另一方面也涉及对波伏瓦的创作生涯和思想发展的回顾、评价。在英美国家，迪尔德丽·拜尔（Deirdre Bair）撰写的《西蒙娜·德·波伏瓦传》（*Simone de Beauvoir*，1990）、凯特·柯克帕特里克（Kate Kirkpatrick）的《成为波伏瓦》（*Becoming Beauvoir: A Life*，2019）②得到了广泛的接受；在法语世界中，克洛德·弗朗西斯（Claude Francis）和弗朗德·贡蒂埃（Fernande Gontier）合写的《波伏瓦传》（*Simone de Beauvoir*，1985）③、雅克·德基（Jacques Deguy）和波伏瓦养女西尔维合作的《西蒙娜·德·波伏瓦：为自由而写作》（*Simone de Beauvoir: écrire la liberté*，2008）也具有一定的权威性，而达妮埃尔·萨乐娜芙（Danièle Sallenave）所著的《战斗的海狸》（*Castor de guerre*，2008）则是"波伏瓦评传"的优秀代表。除此之外，还有一些作品重点关注波伏瓦和萨特的人生道路和思想轨迹的重合分离，如马德森（Madsen）的《萨特和波

---

① 随着人口老龄化程度的加深，波伏瓦《老年》《安详辞世》等探讨老年人处境的作品受到学者们的重视，相关研究如克里斯·吉利亚德（Chris Gilleard）的《作为他者的衰老：重温西蒙娜·德·波伏瓦的〈老年〉》（"Aging as Otherness: Revisiting Simone de Beauvoir's *Old Age*"，2022）、索尼亚·克鲁克斯（Sonia Kruks）的《新冠时代的老年：与西蒙娜·德·波伏瓦一起反思年龄、他异性以及压迫的交叉性》（"Old Age in the Time of COVID: Reflecting with Simone de Beauvoir on Age, Alterity, and the Intersectionality of Oppressions"，2021）。

② 该书已有中译本，即 2021 年中信出版社出版的《成为波伏瓦》（刘海平译）。

③ 该书有两个中译本，分别是 1989 年中国妇女出版社出版的《西蒙娜·德·波伏瓦传》（刘美兰、石孔顺译）及 2009 年广西师范大学出版社出版的《波伏娃：激荡的一生》（唐恬恬译）。

伏瓦的共同道路》(*Hearts and Minds: The Common Journey of and Jean-Paul Sartre*,1980)、黑兹尔·罗利（ Hazel Rowley ）的《面对面：让 - 保罗·萨特与西蒙娜·德·波伏瓦》(*Tête-à-Tête: The Lives and Loves of Simone de Beauvoir & Jean-Paul Sartre*，2011) [①] 等。

　　无论对学术研究还是传记写作来说，波伏瓦回忆录都是重要的参考。而回忆录本身的学术价值也越来越受到学者们的重视。事实上，从 1958 年《端方淑女》出版到 1986 年波伏瓦去世的这段时期，已有不少评论家、学者讨论过她回忆录的创作。不过，当时人们主要的关注点还是在波伏瓦的私人生活，她的个性和道德方面，对她本人的兴趣超过对她这一写作的关注。值得注意的是，当时已有一些研究试图将波伏瓦作为心理学的个案来进行探讨，分析她自传写作的心理机制，关注童年经历对波伏瓦的个性影响等，如精神分析学家奥克塔夫·曼诺尼（ Octave Mannoni ）对《端方淑女》的分析 [②]，弗朗西斯·让松（ Francis Jeanson ）的相关讨论 [③]，后者的研究已然触及回忆录写作在波伏瓦思想创作中的重要性及其中的性别意识等问题。

　　萨特和波伏瓦双双去世后，他们早年的日记、书信被公开

---

① 该书已有中译本，即 2006 年中信出版社出版的《面对面：让 - 保罗·萨特与西蒙娜·德·波伏瓦》（时娜译）。

② 奥克塔夫·曼诺尼（ Octave Mannoni, 1899—1989 ）是法国精神分析学家。《端方淑女》刚出版时他便在一次讲座中对这部作品进行了讨论。

③ 弗朗西斯·让松（ Francis Jeanson, 1922—2009 ）是萨特和波伏瓦的朋友，《现代》杂志编辑部成员之一。他撰写的对加缪《反抗者》的评论常常被看作萨特和加缪断交的导火索。他的《"自传"、"自恋"和自我形象》（"'Autobiographisme', 'Narcissisme' et Images de soi"）一文探讨了波伏瓦创作生涯中的自传欲望及其童年经历对性别观念的影响。见 Jeason, Francis. *Simone de Beauvoir ou l'Entreprise de vivre: Suivi de deux entretiens avec Simone de Beauvoir.* Paris: Éditions du Seuil, 1966.

披露。这些私人材料与公开发表的回忆录之间的差异进一步激发了学者们探索原著的热情，自传／回忆录写作本身的矛盾复杂性也得到比较充分的认识。总的来说，近三十年的学者们倾向于在性别、阶级等意识形态话语框架中对波伏瓦回忆录展开探讨，并尝试借用拉康、福柯等后结构主义哲学家的相关理论剖析波伏瓦回忆录所涉及的美学与哲学伦理学议题。乔-安·皮拉哈迪（Jo-Ann Pilardi）的《西蒙娜·德·波伏瓦，写作自我：哲学成为自传》（*Simone de Beauvoir Writing the Self: Philosophy Becomes Autobiography*，1999）关注波伏瓦哲学上的自我概念如何与这种对个人经验的书写相互渗透，厄苏拉·提德《西蒙娜·德·波伏瓦：性别与证言》（*Simone de Beauvoir:Gender and Testimony*，1999）以及苏珊·班布里格（Susan Bainbrigge）的《写作对抗死亡：西蒙娜·德·波伏瓦的自传》（*Writing Against Death: The Autobiographies of Simone de Beauvoir*，2005）则分别聚焦主体和他人的关系以及死亡意识对波伏瓦的回忆录进行系统的论述。

波伏瓦的回忆录写作也常常被置于女性书写的传统之中予以观照。凯富（Keefe）主编的《自传和存在的自我》（*Autobiography and the Existential Self*，1995）、奥宾（Orbin）探讨母女问题的《母亲的镜子：柯莱特、波伏瓦、玛格丽特·杜拉斯的自我呈现和母女关系》（*The Mother Mirror: Self-Representation and the Mother-Daughter Relation in Colette, Simone de Beauvoir, and Marguerite Duras*，1996）、巴斯纳（Baisnée）的《性别的反抗：西蒙娜·德·波伏瓦、玛雅·安吉洛、珍妮特·弗莱姆和玛格丽特·杜拉斯》（*Gendered Resistance: The Autobiographies of Simone de Beauvoir, Maya Angelou, Janet Frame and Marguerite Duras*，1997）等都属于

这一类的研究。不仅如此，读者对波伏瓦回忆录的接受情况[1]，回忆录中的一些特殊的形象和主题，比如涉及的诸如老龄化、医疗制度之类的社会议题等也得到了一定的关注和探讨。[2]

总而言之，相比国内学界，国外学界对波伏瓦和她的回忆录创作更加重视，相关的研究已然非常丰富和系统，回应了波伏瓦研究中诸如自我与他者的关系、女性的处境、自我的真实性等一系列重要命题。但不少研究受到西方理论话语和政治立场的桎梏，无法对波伏瓦回忆录进行深入、审慎和批判性的解读，在对其审美价值和伦理问题的辨析上，这一不足尤为明显。

第三节　概念辨析：是自传还是回忆录？

在研究开始之前，我们或许有必要先搞清楚，我们应该如何称呼我们的研究对象——更具体一点——它究竟是自传（autobiograhy）还是回忆录（memoir）？对于写作者而言，这似乎是一个无关紧要的问题，波伏瓦在她的回忆录中就同时使用了自传和回忆录来指称自己的作品，但对研究者而言，这似乎又是一个不得不面对的问题，因为它关系到我们对作品的清晰定位和准确理解。

在自传研究的经典之作《自传契约》（*Le Pacte Autobiographique*）

---

[1]　如马里昂·查普伊（Marion Chapuis）的《波伏瓦的回忆录：接受、读者和自传》（"Les mémoires de Simone de Beauvoir: réception, lecteur et autobiographie"，2012），考察了波伏瓦回忆录自出版以来的读者接受情况。

[2]　如布伦南医生在《医学人文学》杂志上发表的《"像世界一样广阔"：对波伏瓦〈安详辞世〉的反思》（"'As vast as the world'—reflections on *A Very Easy Death* by Simone de Beauvoir"，2004），对《安详辞世》所涉及的临终关怀等问题进行了探讨。

中，法国学者菲力浦·勒热讷（Philppe Lejeune）先给"自传"做出了定义："某人以自己的生活为素材用散文体写成的后视性叙事，它强调作者的个人生活，尤其是其人格的历史"[1]，然后又援引《十九世纪通用大词典（第一卷）》"自传"条目来讨论它与回忆录之间的复杂关系：

> 长久以来，在英国和法国，政治、文学和艺术界名人所写的关于他们自己生活的叙事和回忆冠名曰回忆录。但是，久而久之，在海峡的另一端，对于那些更多与人有关而非这些人所参与的事件有关的回忆录，人们习惯用自传一词来称呼。在许多人看来，自传理所当然地属于回忆录；但在这类作品中，当代事件、甚至历史的比重经常要比作者的人格所占的地位大很多，因此回忆录的名称比自传更适合此类作品。[2]

勒热讷在这一基础上进行了详细的解释："在回忆录中，作者是一个证人：属于他自己的，是他的个人视角，而言说内容则大大超出了个人的范围，它是个人所属的社会和历史群体的历史。除了一些斗胆把个人历史等同于宏大历史的天才人物外，作者不等于被言说对象。相反，在自传中，言说内容就是个人，而不仅仅是一个私人材料和历史材料的比例问题"，他相信，区别自传与回忆录的关键就在于，"作者想写的是他个人的历史还是他的

---

[1] 菲力浦·勒热讷：《自传契约》，杨国政译，北京：北京大学出版社，2013 年版，第 2 页。

[2] 菲力浦·勒热讷：《自传契约》，杨国政译，北京：北京大学出版社，2013 年版，第 3—4 页。

时代的历史"。① 由于真实生活中，很多个人写作既强调个人色彩，又兼顾了社会历史，因此勒热讷又为我们贡献了一个技术性的区别方法："看童年叙事是否占有重要地位"，因为自传不仅仅是以隐私回忆为主的作品，更是要展现出"作者人格历史"，而"人之为人是他的历史，尤其是他在童年和少年时期的成长过程决定的"。②

勒热讷的看法具有一定的代表性。早在 1960 年，英国学者罗伊·帕斯卡（Roy Pascal）在他的《自传中的构思与真实》（*Design and Truth in Autobiography*）就给出了类似的区分："在自传中，注意力集中在自我身上，而在回忆录（memoir/reminiscence）中，注意力在其他人身上。"③1980 年，美国学者唐纳德·詹姆斯·温斯洛（Donald James Winslow）也在他编纂的《生命写作：传记、自传和相关形式的术语表》（*Life-Writing: A Glossary of Terms in Biography, Autobiography, and Related Forms*）中指出，自传是"书写自己的历史"④，而回忆录是"对一系列事件的记录，它并不力图展现完整的历史，而是从作者个人的知识、记忆或某种特殊的信息渠道出发来处理这些材料……一种自传性的记录"。⑤ 尽管学者们的具体表达略有不同，但他们的总体思路

① 菲力浦·勒热讷:《自传契约》，杨国政译，北京：北京大学出版社，2013 年版，第 4 页。
② 菲力浦·勒热讷:《自传契约》，杨国政译，北京：北京大学出版社，2013 年版，第 9 页。
③ Pascal, Roy. *Design and Truth in Autobigraphy*. Oxford: Routledge, 2015, p.5.
④ Winslow, Donald J. *Life-Writing: A Glossary of Terms in Biography, and Related Forms*. Honolulu: University of Hawaii Press, 1980, p.3.
⑤ Winslow, Donald J. *Life-Writing: A Glossary of Terms in Biography, and Related Forms*. Honolulu: University of Hawaii Press, 1980, p.39.

还是共通的。简而言之，自传书写的是"一个人的历史"，而回忆录则力图展现"历史中的一个人"，前者侧重于个体人格形成的过程，后者则力求以个人视角展现外部历史。同时，人们也相信，相比自传，回忆录的叙事结构可以是比较松散的，因为它并不需要像前者一样展现"生活的深层的统一性"①，只需要谈好所经历的事件和相关的人物记忆即可。

根据这一思路，我们可以很轻松地把诸如一些政客对政治、军事历史的回忆，一些文人、艺术家对文化界掌故的叙述视为回忆录，然后将一些专注于个人与内心生活的作品称为自传。但问题是，还有非常多的作品，它的作者可能兼有讲述个人历史的愿望与作为时代见证者的自觉，而且也并不刻意对自传与回忆录的概念进行区分。在这种情况下，泾渭分明的定义反而可能成为理解作品的约束。波伏瓦的系列回忆录正是属于这类作品的行列。除了第一卷《端方淑女》主要讲述了她童年和少年时代的私人生活，比较符合"自传"的定义以外，随后的几部作品《岁月的力量》《事物的力量》《清算已毕》都是把个人生活与外部历史糅合在一起，让个人日记、游记、新闻材料、社会观察报告等不同的文本形式熔于一炉，使人难以辨别她究竟想要展现自我的历史，还是历史中的自我。

不过，这种文体上的模糊并不会给我们的研究造成太多不便。因为我们更感兴趣的是具体的文本，而不是抽象概念和相关理论。这一认识可能也会得到很多传记理论家的支持，比如力图以科学精神为自传领域树立标准的勒热讷事实上也强调"定义

---

① 菲力浦·勒热讷：《自传契约》，杨国政译，北京：北京大学出版社，2013年版，第11页。

越是明确，就越可能无效"①。从某种意义上来说，波伏瓦对自传和回忆录的"混同"也揭示出了她写作中的张力所在，这可能是比清晰的概念区分更值得我们去关注的内容。因此，我们将在这里做出说明：本书虽主要使用回忆录一词指称波伏瓦的这几部作品，但我们并不将其排除在自传的传统之外，而是力图在更宽泛的"生命写作"（life-writing）的层面上，把握波伏瓦创作的独特品格。

最后需要说明的是，相比其他的文学形式，自传或回忆录的研究，可能更加存在着方法论上的焦虑。一方面，这类文本的纪实特征，使得针对虚构作品的传统文本分析方法常常无法施展；另一方面，它所具有的诗性品质，又使得一般意义上的史学研究鞭长莫及。另外，尽管很多此类作品都遵循着传统的叙事方法——规规矩矩地"讲故事"，但事实上这类文体本身却也容纳了很大的个性化空间，真正地诠释了何为"文无定法"。

种种情况确为本书的研究带来了一些困扰，不过也带来了更精彩的挑战。本书将彻底地摒弃理论先行的方法，从具体的文本着手相关的讨论，并接受波伏瓦独特的人生际遇对本研究提出的个性化要求，力图在真（事实）、善（伦理）、美（文学）的动态系统中对她的回忆录进行综合性的把握。

第四节　本书的主要内容和研究意义

本书以西蒙娜·德·波伏瓦的四部个人回忆录《端方淑女》《岁

---

① 菲力浦·勒热讷：《自传契约》，杨国政译，北京：北京大学出版社，2013 年版，第2页。

月的力量》《事物的力量》《清算已毕》作为重点研究对象，兼论及她的《安详辞世》《告别的仪式》，力图展现其回忆录创作的文学成就、特殊思想价值、审美效果及涉及的叙事伦理问题等。

　　具体来说，本书大致包含以下六个部分的内容：绪论部分综述波伏瓦的生平和创作情况、其回忆录创作的中外研究现状，并对回忆录与自传的异同进行探讨。第一章对波伏瓦的文学创作历程进行考察，追溯波伏瓦文学观念的发展及其从传统小说到"形而上学小说"再到回忆录创作的特色写作路径的形成，揭示回忆录创作在波伏瓦文学观念和实践发展过程中的独特性和重要性；第二、三、四章分别围绕"成长叙事""母女关系""爱情神话"三个主题，探讨波伏瓦的回忆录创作与其女性体验、女性主义理论及其他创作间的动态关系；第五章则借鉴史学领域中记忆研究和法国知识分子史研究的相关成果，探讨波伏瓦如何在回忆录中建构"二战"后一代知识分子的群体历史、如何理解和表达知识分子的责任和局限性并对自我的历史进行塑造和反思等问题。

　　本书也试图在以下三个方面体现出自身的学术价值。

　　从传记研究的视角，重估波伏瓦的文学史贡献。波伏瓦通常被视为法国存在主义文学的代表人物，但与萨特、加缪等作家相比，她在小说、戏剧等领域的创作业绩似乎并不突出。她的文学史贡献，或因萨特等人的光芒而被掩盖，或因其女性主义先驱的身份而被拔高。对她文学事业的中肯评价仍待进一步落实。本书试图从波伏瓦投入精力较多却常为文学研究者忽视的回忆录创作出发，从多个角度揭示其价值，为重估波伏瓦的文学史贡献提供新的视角。

　　从性别研究的视角，反思波伏瓦的女性主义思想。波伏瓦是

20世纪80年代最早进入中国学界视野的西方现代作家之一，她的《第二性》对中国女性主义，尤其是女性主义文学批评的形成和发展起到了关键性的作用。波伏瓦高扬自我实现的女性主义话语激励了现代女性追求自由和平等的生活，但她对传统女性气质和母性文化的贬低也造成了一定的负面影响。深化对她的女性主义思想的认识具有一定的现实意义。本书立足波伏瓦的回忆录创作，揭示其生活体验、文学创作以及女性主义理论建构间的动态关系，以推进对其女性主义思想的整体性理解。

从记忆研究的视角，探究波伏瓦回忆录创作的身份政治与写作伦理问题。波伏瓦的回忆录充分体现了这位女作家对20世纪诸多重大历史事件的见证与思考，具有很高的史料价值。但回忆录创作本质上并不是一种历史写作，而是建立在个体记忆上的文学书写，对其的评价，不仅应该关注文献意义上的"真实"，也应该重视伦理意义上的"真诚"。本书尝试追踪波伏瓦如何看待、书写自己深深"介入"的"当代史"，在多元维度中探讨其背后的原因以及成败得失，以期为正处于探索阶段的记忆研究提供一些参考。

第一章

错位的天赋：波伏瓦的文学道路

第一节　文学还是哲学？

与在青年时代就立志要同时成为斯宾诺莎和司汤达的萨特相比[①]，波伏瓦似乎更忠实于自己的文学事业。在回忆录《岁月的力量》中，她详述了其中的缘由：

> 萨特说我理解哲学理论，比如胡塞尔和其他人的理论，我都比他快、比他准确……我并不是被动地接受：我一旦切入这个理论，我就会看到它的漏洞和矛盾之处，同样我也会预知它的发展趋势。如果一个理论征服了我，它就不再是外在的了，它将改变我和世界的关系，它会让我的体验更加多姿多彩。简言之，我有很强的吸收能力和批判意识，哲学对我而言是一种活生生的现实。它给我的满足我永远都不会厌倦。

但是，我并没有把自己当成一个哲学家，我很清楚自己很容

---

① 在波伏瓦和萨特关于文学和哲学的对谈中，波伏瓦提到："我刚认识您时，您说您想同时成为斯宾诺莎和司汤达。"参见西蒙娜·德·波伏瓦：《告别的仪式·与让-保罗·萨特的谈话（一九七四年八月至九月）》，孙凯译，上海：上海译文出版社，2019年版，第153页。

易进入一个文本，那正是因为我缺少创造性。在这个领域，真正有创见的人才是那么罕见，诸如问自己为什么不尝试跻身他们的行列这类问题实属多余：不如去解释某些个人是如何能融会贯通一个体系，也就是深思熟虑的痴狂，由此产生的执着能赋予他们的所见所思一种"普世"的价值。我此前就已经说过，女性天生就不谙此道。

原本，我至少可以对一个限定的主题进行某些印证和批评：一个不为人知或罕为人知的作家、一个逻辑论点。但这样的工作一点都吸引不了我。和萨特交谈，体会到他的耐心、他的大胆，投身哲学仿佛是件令人陶醉的事情，但这种情况只有在对一个观点非常痴迷的时候才会产生……但年少自负，我并不满足于跟在大师后面亦步亦趋。我希望把自身经历的独特性传达给他人。为了能达成所愿，我知道我应该朝文学这个方向发展。①

波伏瓦的这段自述很大程度上印证了人们对她和萨特的看法，即萨特是一位存在主义哲学家，而波伏瓦则以自己的文学创作阐释、传播萨特的存在主义思想。1959 年，《存在与虚无》的英译者黑泽尔·巴恩斯（Hazel E.Barnes）就在其《文学的可能性：人道主义的存在主义研究》（ *The Literature of Possiblity : Studies in Humanitstic Existentialism* ）一书中明确写道：

在研究人类关系中的自欺（bad faith）方面，我们有幸读到萨特在《存在与虚无》中的分析，还有波伏瓦的《女宾》，这部小说紧紧追随萨特的论述模式，几乎是一本对其进行具体阐释的教

---

① 西蒙娜·德·波伏瓦：《波伏瓦回忆录第二卷：岁月的力量（一）》，黄荭、罗国林译，北京：作家出版社，2012 年版，第 170—171 页。

科书。①

　　虽然巴恩斯在后文的脚注中又补充说"波伏瓦完全有可能促成了萨特哲学思想的生成"，并猜想"他很大一部分的思想可以归功于她"②，但她的这条意见并未产生多少回音。在性别观念固化的时代，人们还是倾向于相信她之前的观点，即将哲学思想上的原创性归功于萨特，却只给波伏瓦留下文学应用者的位置。这几乎已经成为学界的标准叙述。不难看出，就在这种看似"各司其职"的简单归类中，实则已隐含了"高下立见"的价值判断。尤其当萨特同时也涉猎文学，甚至还获得了诺贝尔文学奖时，波伏瓦作为文学家的独特价值似乎更加大打折扣了。中国翻译家柳鸣九为波伏瓦《女客》（又译为《女宾》）的中文版写序时就这样说道：

　　应该承认，西蒙娜·德·波伏瓦的确在一定程度上从属于萨特，不论是在存在主义哲理上、社会政治活动上还是爱情生活上。她把自己与萨特保持一致视为自己的"生命线"，这使得她有时显得像是萨特的"小伙计"。事实上，她力图表现某些存在主义哲理的作品，与萨特、加缪的哲理性作品是不可同日而语的，在当代法国文学中并不具有特殊的价值和意义。③

　　现在的读者可能已经无法简单接受"波伏瓦从属于萨特"这种凸显大男子主义的说法了。但必须指出，我们的异议如果仅仅

---

① Barnes, Hazel E.*Humanistic Existentialism: The Literature of Possibility.* Lincoln: University of Nebraska Press, 2008, p.113.
② Barnes, Hazel E.*Humanistic Existentialism: The Literature of Possibility.* Lincoln: University of Nebraska Press, 2008, p.122.
③ 波伏瓦:《女客·序》，周以光译，合肥：安徽文艺出版社，1994年版，第9页。

只是因为女性主义的立场，其实并不能真正回应柳鸣九对波伏瓦独立价值的轻视。在继续这个话题之前，我们先不妨将目光转回西方世界，因为就在中国的翻译家做出波伏瓦与萨特、加缪"不可同日而语"的论断时，西方的波伏瓦研究却在经历自己的兴盛时代，而且，对波伏瓦独立价值的发掘就是从一般被认为是萨特的专属领域——哲学开始的。

其实早在 20 世纪 70 年代，就已经有不少学者开始发掘波伏瓦思想上的原创性，甚至推测波伏瓦对萨特哲学的形成产生过重大的影响。不难理解，在女性主义热情高涨的年代，人们急切地想要颠覆盛行于各个领域里的性别偏见。作为"女权主义教母"的波伏瓦自然成了重点关注的对象。可波伏瓦的回应却并不能完全让人满意。尽管她一再强调自己和萨特之间确实存在着密切的交流和相互的影响，但还是一再坚持之前的说法：

> 萨特是一个哲学家，而我不是，我也从未真的想要当一个哲学家。我非常热爱哲学，但我从未创作过哲学作品。我的领域在文学。我所感兴趣的是小说、回忆录、散文，比如说《第二性》。然而，这些都不是哲学作品……我在哲学上受到了萨特的影响，但我在文学方面并没有受他的影响。当我写我的回忆录时……当我写我的小说时。我从没有受到萨特的影响，因为我是从自己经历过的生活和感受出发的。[1]

相关讨论一直到波伏瓦去世后才发生根本性的转变。1990年，波伏瓦的养女西尔维将波伏瓦学生时代的日记及一些其他手

---

[1] Simons M. A., Benjamin J. "Simone de Beauvoir: an interview." Feminist Studies 5.2 (1979), pp.330—345.

稿捐献给了巴黎国立图书馆。^①同年，西尔维还整理出版了波伏瓦的《战争日记》（*Journal de guerre*）和《给萨特的信》（*Lettres à Sartre*）。这些还原了历史现场的一手文献无疑为急切地想要为波伏瓦正名的学者们注入了一针兴奋剂。很快，这一对存在主义情侣的故事就有了新的版本。1993 年，英国的富尔布鲁克夫妇就有了一个一鸣惊人的发现：《女宾》写于《存在与虚无》之前，是萨特挪用了波伏瓦的哲学思想而不是相反。^②尽管这一结论尚有斟酌的空间，但其中所包含的颠覆性视角也启发了同时代的学者。一年后，美国学者玛格丽特·西蒙斯在读到富尔布鲁克夫妇的研究之后，意识到"如果写于 1939—1941 年间的波伏瓦小说中的哲学确实是她自己的创作，而不是萨特的，那么她 1927 年的学生日记（写于 12 年前，比她第一次见到萨特早两年）可能包含了相同哲学的早期形式"^③ 1995 年，西蒙斯在美国哲学协会太平洋分会（the Pacific Division of the American Philosophical Association）的座谈会上根据该日记对波伏瓦的哲学进行了初步分析，与会者也因此成立了一个学术团体——西蒙娜·德·波伏瓦

---

① 　在波伏瓦的书信、日记披露之前，已有一些研究讨论了萨特和波伏瓦的影响关系。如 Simons, Margaret A. "Beauvoir and Sartre: The philosophical relationship." *Yale French Studies* 72 (1986), pp.165—179.Kraüs, Sonia, and Balmès, Anne-Dominique. "Simone de Beauvoir entre Sartre et Merleau-Ponty," *Les Temps Modernes* 520 (1989), pp.81—103.Moi, Toril. *Simone de Beauvoir: The Making of an Intellectual Woman*. Oxford:Oxford University Press, 2008.

② 　参见爱德华·富尔布鲁克、凯特·富尔布鲁克：《玫瑰孕育哲思：波伏瓦与萨特》，陆薇、王安琪译，哈尔滨：黑龙江教育出版社，2007 年版。理查德·坎伯（Richard Kamber）对他们的观点进行了非常有力的反驳。参见理查德·坎伯：《萨特》，北京：清华大学出版社，李智译，2019 年版，第 5—6 页。

③ 　见西蒙斯为《哲学生日记》写的序言。Beauvoir,Simone De.*Diary of a Philosophy Student*, ed. by Barbara Klaw et al. Urbana: University of Illinois Press,2006.

协会（Simone de Beauvoir Circle），以鼓励对波伏瓦哲学的研究。学者们认为，波伏瓦在哲学上之所以受到轻视，与流行的商业译本无法呈现其作品的哲学性质有关。因此，协会的首要任务就是对波伏瓦的作品进行准确的、学术化的重译。这同时促进了波伏瓦研究在英语世界乃至整个西方学界的发展兴盛。

可以说，波伏瓦的学术化过程和波伏瓦的哲学化过程是一致的。但在这场轰轰烈烈的对波伏瓦哲学价值的大发现中，波伏瓦自己对文学家身份的坚持却似乎被人们遗忘了。对于文章开头引用的波伏瓦自述，人们的怀疑好像只进行了一半——当波伏瓦坚持说自己不是哲学家时，人们选择了大胆质疑，但当波伏瓦说自己选择了文学道路时，人们却没有继续追问。然而如果事情就像西蒙斯说的，波伏瓦用文学来写她的哲学 [1]，那么在我们给予波伏瓦哲学充分关注的同时，是不是还应该回答这样一个问题：如何评判波伏瓦的文学贡献？

第二节　陷入尴尬的文学评价

我们之所以需要郑重地提出这个问题，正是因为恰恰就在这个被波伏瓦视为一生志业的"文学这个方向"，评论者们陷入了尴尬：一方面是无可置疑的波伏瓦的"文学影响力"的巨大；但另一方面，无论是单部作品还是其小说创作的整体业绩，波伏瓦似乎都缺少能让人真正赞赏和有分量的作品。柳鸣九对波伏瓦的文学价值的轻视并不只是他的一偏之见，波伏瓦在世时就不断面

---

[1]　Beauvoir,Simone De.*Diary of a Philosophy Student*, ed. by Barbara Klaw et al. Urbana: University of Illinois Press,2006.

对这样的质疑。从波伏瓦研究的整体情况来看，人们很容易就能发现，国内外学者对波伏瓦文学创作的讨论，远远不及对她的哲学思想及《第二性》的关注[①]；而在中国学界，这些为数不多的文学方面的讨论又基本被"存在主义"和"女性主义"这两个"主义"的话语所笼罩，波伏瓦更加具体的文学观念、批评态度、创作得失却鲜少得到深入分析。[②] 无论如何，这都是一种需要警惕的学术现象，因为它有意无意地暗示我们：在日益稳固的学术声望背后，作为文学家的波伏瓦可能依旧是隐匿和丧失个性的。对这位杰出女性的文学事业成就的真正中肯的评判仍然有待进一步落实。

也许有人会质疑：不同于理论家们对作家作品有意无意地强制阐释，研究者从"存在主义"和"女性主义"的视角对波伏瓦进

---

① 对这一现象，学者陶丽·莫阿也有类似观察。在 2009 年的文章《文学可以做什么？作为文学理论家的西蒙娜·德·波伏瓦》中，莫阿指出，从 20 世纪 90 年代开始，波伏瓦的研究兴盛起来，但主要体现在女性主义领域，相关的文学研究较为落后。莫阿借用厄苏拉·提德的观点，从学术史的背景出发，认为这主要是因为波伏瓦的存在主义思想和主导女性主义批评的后现代主义思潮在理论层面是不相容的。见 Moi, Toril. "What Can Literature Do? Simone de Beauvoir as a Literary Theorist." *Publications of The Modern Language Association of America* 124.1 (2009), pp.189—198. 艾莉森·霍兰德和路易丝·勒妮总结对波伏瓦小说的研究情况时也发现研究者们主要关注的是哲学在波伏瓦虚构作品中的体现。见 Renée, Louise, and Holland, Alison. *Simone de Beauvoir's Fiction: Women and Language*. New York: Peter Lang, 2005, p.2.

② 这种情况在中国学界尤为突出，仅举一例。《法国现当代文学：从波德莱尔到杜拉斯》一书将波伏瓦视为法国现当代文学的代表人物进行了介绍。但作者对"波伏娃的美学主张"的总结是以《第二性》为依据的，认为波伏瓦的文学理论建树主要体现在："1. 对男性主义文学的批评标准进行重新界定；2. 对男性笔下的女性形象'对抗性阅读'；3. 对传统话语中男女对立的二元观念进行批判；4. 探寻女性资源创作的文学理想，创建理想的女性文学王国。"在这里，波伏瓦的文学观被等同于她的女性主义文学观。见户思社、孟长勇：《法国现当代文学：从波德莱尔到杜拉斯》，北京：北京师范大学出版社，2005 年版，第 253 页。

行讨论，无疑有非常充足的内在根据。显而易见，波伏瓦并非这两个学术标签的被动接受者，而是主动的发起人：她是萨特名副其实的存在主义伴侣，写作并传播存在主义的哲学和伦理学思想；她更是被视为"女权主义圣经"的《第二性》的作者，第二波女性主义运动的领袖，并通过持续不断的文学创作表达对性别问题的特别关切。如果将这两个标签从波伏瓦身上揭下，无异于"剥皮抽筋"，波伏瓦必将不波伏瓦矣。

但即便如此，也难以让人们轻易地接受在探讨波伏瓦的文学思想时让两个"主义"一统天下。一个众所周知的理由：波伏瓦的文学活动，远远地早于她的理论自觉。在《事物的力量》中，她回忆道："我跟萨特一样也对这个标签感到恼火，在我见到这个名词之前，我就写出了我那些小说，我是根据自己的人生经验，而不是根据理论体系来写小说的。"[1] 这里的标签特指存在主义。但女性主义的情况也基本类似——是在写作《第二性》的过程中，波伏瓦才开始对女性的处境产生了兴趣。她在回忆录里明确了这一点——"我已年届不惑，竟突然发现了一片就在自己眼皮子底下我却熟视无睹的新天地"[2]，并指出自己对其仍然保持了审慎的态度，强调"我避免让自己困在所谓的'女权主义'之中"[3]。虽然，时序上的先后，自觉意识的有无，并不能切断波伏瓦与这两者之间的实际联系，但是透过这些话语，波伏瓦对于自身思想和

① 西蒙娜·德·波伏瓦：《波伏瓦回忆录第三卷：事物的力量（一）》，陈筱卿译，北京：作家出版社，2012年版，第38页。
② 西蒙娜·德·波伏瓦：《波伏瓦回忆录第三卷：事物的力量（一）》，陈筱卿译，北京：作家出版社，2012年版，第182页。
③ 西蒙娜·德·波伏瓦：《波伏瓦回忆录第三卷：事物的力量（一）》，陈筱卿译，北京：作家出版社，2012年版，第187页。

写作的完整性和丰富性的强调以及拒绝标签化、理论化的态度还是表露无遗。与此同时，人们也能从中发现，这种名实之间的关系可能并没有想象得那么清晰，正如波伏瓦提到自己的"存在主义"标签时所说，"我充分利用了他们给我加上的新的名声"[①]，这里也存在着一般的公众形象和个人实际的接受情况之间的博弈。

另一个原因则是，"存在主义"和"女性主义"这两个概念本身就较为复杂，如不经过具体的考察和谨慎的辨析，人们很容易陷入理论话语布下的迷障，而难以深入问题的实质。限于篇幅，这里不再对女性主义的流派和论争加以讨论，仅以存在主义的情况为例。首先，尽管围绕存在主义的讨论方兴未艾，可是当人们真正面对"什么是存在主义"这个问题，仍然会感到不小的困惑。人们往往将如索伦·克尔凯郭尔、弗雷德里希·尼采、卡尔·雅斯贝尔斯、马丁·海德格尔、加布里埃尔·马塞尔、让-保罗·萨特、西蒙娜·德·波伏瓦、莫里斯·梅洛-庞蒂、阿尔贝·加缪（甚至陀思妥耶夫斯基）等人都纳入存在主义的范畴之中。但问题在于，这些人的作品及思想都颇有个性，共通之处却是笼统的。同时，他们之中的绝大多数不仅抗议被贴上"存在主义者"的标签，甚至还拒绝"存在主义"这一提法。因此，我们不难理解考夫曼会得出这样的结论："存在主义不是一种哲学，只是一个标签，它标志着反抗传统哲学的种种逆流，而这些逆流本身又殊为分歧。"[②]

存在主义这一概念本身的纷繁复杂，或许还可以通过严格界

---

① 西蒙娜·德·波伏瓦：《波伏瓦回忆录第三卷：事物的力量（一）》，陈筱卿译，北京：作家出版社，2012年版，第45页。

② W. 考夫曼编著：《存在主义：从陀斯妥也夫斯基到沙特》，陈鼓应、孟祥森译，北京：商务印书馆，1987年版，第1页。

定（如将范围缩小到萨特的存在主义哲学）等方法得以阐明，然而，存在主义与波伏瓦的文学之间的内在联系却不会因此就得到澄清。很多学者讨论存在主义文学，常常遵循着先揭示存在主义哲学的主要观点，再论述存在主义文学特点的路径，似乎哲学思想可以顺理成章地直接过渡到文学实践，却忽视了哲学与文学有自身的规律。无论如何，研究者们至少应该承认这一点：无论存在主义哲学与文学的关系多么密切，文学都无法被简单地视为哲学的衍生品。对波伏瓦哲学思想的承认，并不能简单地被视为对她文学价值的认同。同样道理，尽管波伏瓦的文学作品体现了她的女性主义思想，但这也不代表因此就该承认她的文学价值。

总而言之，现在问题不在于否认波伏瓦的文学与存在主义及女性主义的根本性联系，而是需要提防理论话语对波伏瓦的机械阐释。方法之一，就是回到波伏瓦完整的创作历程，做一次"现象学还原"。从她留下的日记和回忆录我们可以得知：波伏瓦不仅仅是一个勤勤恳恳的创作者，一个具有哲学家头脑的作家、不幸的妇女故事的贡献者，还是一个疯狂阅读各类书籍，敏锐地接受新生的文艺作品和文艺观念，并以作家的责任感将自己对文学和作家身份的思考、创作实践的得失、对文艺作品的批评完整细致地呈现出来的人。也就是说，她在自己的文学作品之外，还给后世留下了一笔丰富的关于文学的思想财富。因此，我们有理由相信，我们应该返回波伏瓦的文学创作实践和思想历程去寻找她作为文学家的独特价值。

第三节　艰难的小说家之路

一、哲学学生的文学梦想

无论从她的自述，还是传记作家们的讲述来看，波伏瓦似乎都是一个注定要走上文学之路的女孩。出身于一个书香浓郁的资产阶级家庭的她，不仅从小就疯狂地喜爱读书，甚至在六七岁时就已经开始尝试进行文学创作。[①]15 岁，她在朋友的纪念册上写下豪言壮语——"当一个著名作家"，并将其视为在宗教信仰崩塌之后寻找永恒、实现自我的方式：

过去我希望成为小学教师，那是因为我幻想有自己的事业和自己的目标，现在我觉得文学可以使我实现这一愿望。它会使我流芳百世而弥补失去的永恒；不再有上帝来爱我，但我将燃烧在千万人的心里。写一本以我的生平滋养的作品，我将创造出一个全新的我自己，说明我存在的理由。同时，我将为人类尽责：有什么比书籍还更美好的礼物献给人类呢？我既关心自己，也关心他人；我接受自己的"化身"，但不放弃"普世"的概念。这种设想兼顾了一切，满足了十五年间在我心里滋长起来的全部向往。[②]

笔者并不打算质疑波伏瓦这段回忆的真实与准确，但也不想因此就将目光停留在叙事的表面——当一个满怀激情的年轻人声

---

① 传记作家迪尔德丽·拜尔在拜读了她的最早的两部"书稿"——《玛格丽特的不幸》和《科尔松一家》后就认为波伏瓦至少在那时已经展现出了"对小说形式的掌握"以及"讲一个好故事的天赋"。Bair, Deirdre. *Simone de Beauvoir: A Biography* .New York: Simon and Schuster, 1991, p.67.

② 西蒙娜·德·波伏瓦:《波伏瓦回忆录第一卷:端方淑女》，罗国林译，北京:作家出版社，2011 年版，第 102 页。

称选择了某项事业时，我们是不是应该继续讨论，这是否真的是一个适合他／她的选择？不难想象，任何时代和国家，都有怀着作家梦的少男少女，尤其在法国这样一个对作家地位推崇备至，对文学力量深信不疑的国度，波伏瓦将文学事业作为实现人生价值的载体，这一点其实不难理解。但就波伏瓦目前的情况和她以上所列举的原因来说，我们其实还无法对她的"文学之路"做出乐观的判断。归根结底，这几个理由都还停留在主观愿望的层面，还没有涉及具体的作为作家的"潜能"，而波伏瓦自己也清楚，自己当年的"儿童文学"主要依赖于出色的吸收和模仿能力，而非将生活中的所思所感付诸文字的才华。事实上，老师们对她作文的评语"文笔死板"，也使她很早就相信自己并没有从事文学事业的天赋，与此同时，"一本以我的生平滋养的作品"也并不一定必须是文学作品。总而言之，尽管波伏瓦早早就树立了当作家的理想，但她对于人生和事业的定位还充满了未知的可能性。事实上，就在波伏瓦结束中学生涯，思考今后的人生走向时，她开始涉猎并最终深深地喜欢上了哲学。

在波伏瓦看来，哲学首先是一门能打破陈腐思维、深入探求真理的学科，让长期处于灌输式的、教条主义的教育下的她感到惊奇和振奋；报纸上刊登的一位"成功地协调了脑力劳动者的生活和女性种种敏感的要求"[1]的女哲学家的故事也使她意识到，知识女性追求的职业化道路并不只有作家这一种选择，从事哲学的

---

[1] 西蒙娜·德·波伏瓦：《波伏瓦回忆录第一卷：端方淑女》，罗国林译，北京：作家出版社，2011年版，第115页。

女性因稀少而更能受到社会的尊重①；更重要的是，从波伏瓦的个性特点和思维习惯来看，哲学似乎比文学更适合她：

> 我从来不对细节感兴趣。我感知的多半是对事物总的感觉，而不是事物的特殊性。我更爱理解，而不是更爱观看。我总是希望认识一切。哲学满足了我的这种欲望，因为哲学所针对的是现实的整体，立刻处于现实的中心，为我揭示一种秩序、一种道理、一种必然，而不是向我展现一堆纷乱的、令人失望的事实或经验论的规律。科学、文学等其他所有学科，在我看来都是贫乏的亲族。②

因此，当她的母亲弗朗索瓦丝以哲学腐蚀灵魂的理由阻止她填报公立学校的哲学专业时，她在回忆录中这样说道："我同意牺牲哲学去学文学，但坚持要去一所公立中学教书的决定。"③其中的偏好显而易见。事实证明，波伏瓦对哲学专业的热情并不是一时的心血来潮——几年之后，当她的父母不再反对她学哲学，她真的努力地去达成了当年的愿望——以极其优异的成绩通过大中学哲学教师资格考试，并作为哲学和心理学专业教师度过了十年的中学教师生涯。

然而，非常有趣的是，就是在波伏瓦追逐哲学的职业化道

---

① 在关于波伏瓦的传记中，弗朗西斯和贡蒂埃写道："要知道当时获得这种教师资格的女人屈指可数。这些女性先驱人数极少，她们的照片都被放进《名流》里，除了单人照外，还有和家人的合影……"参见弗朗西斯、贡蒂埃：《波伏娃：激荡的一生》，唐恬恬译，桂林：广西师范大学出版社，2009年版，第51页。
② 西蒙娜·德·波伏瓦：《波伏瓦回忆录第一卷：端方淑女》，罗国林译，北京：作家出版社，2011年版，第114页。
③ 西蒙娜·德·波伏瓦：《波伏瓦回忆录第一卷：端方淑女》，罗国林译，北京：作家出版社，2011年版，第116页。

路上，成为作家的梦想或者说对文学的热爱却并未因此消弭，反而在这段时间里与日俱增，以至成为一种终身的激情。其中的一个重要契机是，在表哥雅克和文学教师罗伯尔·加利克的引导下，波伏瓦接触到大量的法国现代作家的作品。这些作品使她对文学的意义有了重新的认识。事实上，从中学毕业到获得教师资格证的这几年，可能是波伏瓦内心冲突最剧烈的时期：家境的败落、宗教信仰的丧失、所选择的教师职业……都让她在所处的资产阶级环境中显得格格不入。让波伏瓦感到更加痛苦的是，自己始终无法得到家人的支持：父亲乔治是一个彻头彻尾的保守主义者，母亲则虔信天主教。两代人之间的价值观冲突，因他们粗暴的沟通方式，也因波伏瓦严肃、极端的个性而愈演愈烈。在波伏瓦这一时期的日记中，"孤独"的旋律反复回荡——"我和我认识的任何一个年轻女孩都不一样，因为我更真诚，也更痛苦"，"没有人能完全了解我或者爱我。我只有我自己……"① 在与父母实力悬殊的交锋中，波伏瓦选择了把自己禁闭在孤独的世界里。但在 20 世纪初的年轻人中，她的孤独并不是唯一的。巴雷斯、克洛岱尔、瓦莱里、纪德、莫里亚克、雅姆、普鲁斯特……这些走在波伏瓦前面的法国现代作家，或多或少也经历了与她相似的人生处境和心灵状态。她从他们的作品里寻找同路人——"我们在同一条船上……他们像我一样是资产者，像我一样感到不自在……"② 也从中得到战斗和抗争的勇气——"文学帮助我从困

---

① Beauvoir,Simone De.*Diary of a Philosophy Student*, ed. by Barbara Klaw et al. Urbana: University of Illinois Press, 2006.

② 西蒙娜·德·波伏瓦:《波伏瓦回忆录第一卷：端方淑女》，罗国林译，北京：作家出版社，2011 年版，第 142 页。

境中振作了起来，感到自豪"①。虽然波伏瓦从小就喜爱读书，也在回忆录中曾提到《小妇人》《弗洛斯河上的磨坊》等作品在她成长道路上的榜样作用，但总体而言，文学在她的生活中并不是不可或缺的，她也很少将其与真实的生活联系在一起。然而，正是这些作家、作品让她明白了，文学并不仅仅是"文物"，只作为欣赏的对象而存在，也可以是对活生生的现实生活的思考和表达，对人生具有积极的伦理意义。她在回忆录中写道："突然，一群有血有肉的人，嘴巴附在我耳边，对我谈论起他们自己和我来了，表达种种向往和不平，正是我不知道如何表达却明白的不平。"②文学面对真实生活的这一维度，也使其不会仅仅作为生活的附属品而存在，而是具有神圣性——"文学在我的生活中占据了宗教曾经的位置。它渗透了我的整个生活，改变了它的面貌……我背诵这些神圣的片段，净化自己生活的每时每刻"③。波伏瓦依旧对哲学保有热爱——康德的纯粹理性批判、柏格森的理论使她振奋，然而，她也意识到了哲学对她的帮助是有限的——原因不仅是"按照索邦大学的搞法，哲学一点也不令人欣慰"④，更是由于正如她所说"哲学家客观的声音不像我喜爱读的作家们的声音，能给予我同样的鼓舞"，"如果有人预言我会成为一个柏格森那样的哲学家，我是不会完全满意的。我不想以那种深奥的口气说

---

① 西蒙娜·德·波伏瓦:《波伏瓦回忆录第一卷：端方淑女》，罗国林译，北京：作家出版社，2011年版，第142页。

② 西蒙娜·德·波伏瓦:《波伏瓦回忆录第一卷：端方淑女》，罗国林译，北京：作家出版社，2011年版，第136页。

③ 西蒙娜·德·波伏瓦:《波伏瓦回忆录第一卷：端方淑女》，罗国林译，北京：作家出版社，2011年版，第136页。

④ 西蒙娜·德·波伏瓦:《波伏瓦回忆录第一卷：端方淑女》，罗国林译，北京：作家出版社，2011年版，第227页。

话，那种口气我听到了也无动于衷"①。

从这时起，我们看到，尽管哲学依旧具有魅力，波伏瓦心中的天平却似乎渐渐已经倾向了文学的一方。她不仅"开始在拉丁区的书店贪婪地看书，一站就是几个小时，读所有经过她手的书籍"②，同时也渴望写作自己"内心生活的小说"③。

二、充满挫折的早期尝试

通过波伏瓦的回忆录和早期日记，我们知道她从十五六岁起就在构思小说，并着手写了一些东西。虽然有研究者指出"她所有短篇小说和小说的情节、人物和主题的种子都可以在她 1926—1927 年的日记中找到"④，但波伏瓦似乎也明白，自己当时的写作远远谈不上成熟。她在很多地方都提到，她的"作家经验"从一开始起就具有一种"想说出一切，却没有任何东西可说"（Avoir tout à dire ,et rien）的内在矛盾⑤，并认为其根本原因在于阅历的贫乏。这一矛盾对一个"写作新手"来说既是正常的，但也可能是危险的。因为波伏瓦很快就发现，自己连"想说出一切"的欲望都没有了。

---

① 西蒙娜·德·波伏瓦:《波伏瓦回忆录第一卷：端方淑女》，罗国林译，北京：作家出版社，2011 年版，第 152 页。
② 弗朗西斯、贡蒂埃:《波伏娃：激荡的一生》，唐恬恬译，桂林：广西师范大学出版社，2009 年版，第 49—50 页。
③ 西蒙娜·德·波伏瓦:《波伏瓦回忆录第一卷：端方淑女》，罗国林译，北京：作家出版社，2011 年版，第 152 页。
④ Beauvoir,Simone De.*Diary of a Philosophy Student*, ed. by Barbara Klaw et al. Urbana: University of Illinois Press, 2006.
⑤ Beauvoir,Simone De.*Les écrits de Simone de Beauvoir: La vie-L'écriture, avec en appndice Textes inédits ou retrouvés*,ed. by Francis, Claude, and Gonthier,Fernande. Paris : Gallimard, 1979, p.439.

事情发生在她的"新生活"刚刚开始时——1929 年 9 月，获得了教师资格的波伏瓦从家里搬出来，获得了梦寐以求的自由。根据波伏瓦后来的剖析，她自由的生活丰富多彩，志得意满，以至于缺少反躬自问的心境，也"完全感觉不到需要自我表达了"，而刚刚与萨特建立的伴侣关系，似乎也向她暗示了一种通过他人来获得自我实现的可能性。她最终拿起笔，履行"当著名作家"的诺言，外部原因是萨特的"监督"，内部原因则是自身因荒废时间而产生的负罪感，同时还有"我还记得从前的决心"。[①] 然而，"没有任何东西可说"的问题依旧困扰着她，写作对她来说"时而觉得是被惩罚做作业，时而觉得是在进行滑稽模仿"[②]。

波伏瓦坚持认为"写一部作品，说到底是向读者展示世界"，可是也明白自己"被世界的原始存在所累，两眼什么也看不见，没有什么可向人展示的，只能照抄其他作家对世界的描述，凑合了事"。[③] 她同意萨特，将"诚实"视为文学最重要的价值，因此意识到当时自己唯一的诚实应该是保持沉默。在有所不甘地挣扎了一段时间之后，她放弃了进行创作。

波伏瓦再次尝试写作，大约是 1931—1932 年在马赛当中学教师的那段时间。她在回忆录中强调马赛的生活是她人生的重要转折，是因为她不得不离开了巴黎和萨特——"诀别了我的过去和所热爱的一切，我将孤立无援地一天天闯荡生活。迄今为止，

---

① 西蒙娜·德·波伏瓦:《波伏瓦回忆录第二卷：岁月的力量（一）》，黄荭、罗国林译，北京：作家出版社，2012 年版，第 39 页。
② 西蒙娜·德·波伏瓦:《波伏瓦回忆录第二卷：岁月的力量（一）》，黄荭、罗国林译，北京：作家出版社，2012 年版，第 40 页。
③ 西蒙娜·德·波伏瓦:《波伏瓦回忆录第二卷：岁月的力量（一）》，黄荭、罗国林译，北京：作家出版社，2012 年版，第 39 页。

我一直紧紧依附别人，接受别人强加的行动范围和目标。而今巨大的幸运降临到我头上。在这里，我不为任何人而存在"[1]；与此同时，充足的个人时间也让她能把精力都投入写作之中，以至于她能"努力描绘一切……相当顽强地坚持着，直到写完"[2]。

相比之前，波伏瓦认为，这时候的作品更有现实的基础。因为她不再满足于模仿，而是能从自己的生活出发进行独立的思考。她把自己之前过于依赖萨特险些丧失自我的事情写进小说，以为"这个错误，我觉得如果能把它写进一部小说里，就能把它洗刷掉，甚至使它得到弥补"——这后来成为她最常用的主题，被评论家称为"他人的幻影（le mirage de l'Autre）"。[3] 如何将个人生活的素材、感受以文学的形式表达出来，并使它们具有普遍性的价值？波伏瓦的策略是：塑造两个女性角色——40 岁的普雷丽雅娜和 20 岁的热纳薇耶芙，并让这两个角色分别承担自己的两种个人倾向——完成一部作品和对生活充满热情。同时，也想象性地改造了童年好友莎莎的故事，通过不幸的婚姻生活来解释莎莎的去世。

事后波伏瓦自我检讨，认为她在创作这部小说时犯了"双重的错误"——过分地依赖理论的观点和原始的事实，使故事严重缺乏真实感。她明白"小说的艺术之所以要求转换，那是为了超越趣闻轶事，阐明并不抽象而是不可分割地融入了生活的某种意

---

[1] 西蒙娜·德·波伏瓦：《波伏瓦回忆录第二卷：岁月的力量（一）》，黄荭、罗国林译，北京：作家出版社，2012 年版，第 65 页。
[2] 西蒙娜·德·波伏瓦：《波伏瓦回忆录第二卷：岁月的力量（一）》，黄荭、罗国林译，北京：作家出版社，2012 年版，第 74 页。
[3] 西蒙娜·德·波伏瓦：《波伏瓦回忆录第二卷：岁月的力量（一）》，黄荭、罗国林译，北京：作家出版社，2012 年版，第 74 页。

义"①，但同时也意识到，自己对描绘生动可信的场景和人物关系，有点儿力不从心。唯一让她感到满意的是小说中对多视角写作技巧的运用，因为它能使"读者被诱导去揣测，而不是被粗暴地强迫接受真相"②——这一技巧在她后来的作品中得以保留。

从以上对波伏瓦早期文学创作情况的简单回顾，我们可以清楚地看到，虽然波伏瓦很早就立志成为作家，但她的"作家之路"从一开始起就不平坦，甚至数度面临夭折的危险。她在后来的反思中，将当时的失败很大一部分归因于自身生活经验的不足。这当然是有道理的。但也应指出，这并不指年轻作家就写不出优秀的作品，否则无法解释为什么萨冈可以在 18 岁就写出《你好，忧愁》，而莫迪亚诺的《星形广场》发表于 23 岁之时。虽然每个作家都有自己的独特的生命轨迹和创作节奏，但这些活生生的文学史案例也使我们更能明白这样的道理：生活经验的简单并不妨碍生命体验的丰富与深刻；同时，成熟的生命体验也不等于成功的文学作品，因为这里还存在着一个如何将其顺利地转化为文学表达的问题。

波伏瓦遇到的最大麻烦可能是，她选择了文学道路，也具有敏感、狂热、浓烈的艺术个性，但她过于发达的抽象思维和对内心体验的孤独沉浸，让她的才华更多地集中地显现在哲学而不是文学方面。她自己也意识到，她对世界的感知方式是抽象的、概念化的。她的写作目的——"揭示生活的真实"——与其说是一

---

① 西蒙娜·德·波伏瓦：《波伏瓦回忆录第二卷：岁月的力量（一）》，黄荭、罗国林译，北京：作家出版社，2012 年版，第 76 页。

② 西蒙娜·德·波伏瓦：《波伏瓦回忆录第二卷：岁月的力量（一）》，黄荭、罗国林译，北京：作家出版社，2012 年版，第 77 页。

种文学伦理，倒不如说是一种生活哲学的宣言，甚至她在小说技巧的运用上也要讲求哲学根据——这一时期，她和萨特兴奋地阅读福克纳、海明威、多斯·帕索斯、卡夫卡等作家的作品，揣摩他们"现代性"的写作手法与其世界观之间的联系。他们相信，正如萨特在《关于〈喧哗与骚动〉·福克纳小说中的时间》一文中所道出的，"一种小说技巧总与小说家的哲学观点相关联。批评家的任务是在评价小说家的技巧之前首先找出他的哲学观点"[1]，但在实际的处理中，所谓"小说家的技巧"往往会变成一种"强加的规则"。

需要指出的是，哲学思维对作家来说并不一定是坏事。但就波伏瓦这个个案来说，她的个性特点和思维习惯，让她不具备很多一般被认为是文学家的基本素养，如想象力、对生活细节的兴趣和敏感、对他人心理同情共感的能力等。这可能不影响她顺利地理解哲学，但对一个合格的作家来说，这些条件的缺失无疑是致命的，因为它让以"揭示真实"为目标的波伏瓦始终无法在小说中营造出，正如亨利·詹姆斯所说的，"令别的优点都无可奈何地，俯首帖耳地依存于它"的真实之感[2]——当人物和故事都无法令人信服，读者们根本无法真正进入她的虚构世界。对自己的这些缺点，波伏瓦也有一定的自觉认识。但她没有打算放弃，而是在不断的自我批判和写作尝试中寻找自己作为作家的出路。

---

[1] 萨特著，沈志明、艾珉主编：《萨特文集（第七卷）》，北京：人民文学出版社，2000年版，第46—47页。

[2] 亨利·詹姆斯：《小说的艺术：亨利·詹姆斯文论选》，朱雯等译，上海：上海译文出版社，2001年版，第15页。

三、"写自己"与"形而上学小说"

几次失败后，波伏瓦决定"写一些完全不一样的东西"，"说一说我知道的世界，披露它的一些缺陷"①。这既可以满足她"揭示生活的真实"的渴望，也可以"扬长避短"。她还给自己设定了一些规则：

> 这次我下决心写一些简短的故事，从头到尾都一丝不苟。我严禁自己编造一些蹩脚的传奇和浪漫；我放弃营造一些我自己都不相信的情节，描绘我自己一无所知的环境；我把人物和环境都限定在我所了解的范围里；我尝试让别人理解我亲身体验过的现实；这会让全书前后一致。②

不过，这部等到 20 世纪 80 年代才以《当精神占据上风》之名出版的作品依旧无法使人满意。尽管波伏瓦从自己的真实经历中提取了大量的素材，许多细节后来又出现在她的回忆录中，但这部小说，正如她自己所说，有地方不太使人信服，教化和讽刺的意味又过于明显。但如何改变呢？波伏瓦决定先把"我生命的炽热注入到这些故事里"。③

波伏瓦第一部获得成功的小说《女宾》是一个关于三角恋的故事，它具有很明显的自传意味——几个主人公的情爱纠葛，几乎就是波伏瓦自己与萨特、女学生奥尔加之间所谓"三重奏"关

---

① Beauvoir,Simone De.*When Things of the Spirit Come First: Five Early Tales,* trans. by O'Brian,Patrick, New York: Pantheon Books, 1982, p.5.
② 西蒙娜·德·波伏瓦：《波伏瓦回忆录第二卷：岁月的力量（一）》，黄荭、罗国林译，北京：作家出版社，2012 年版，第 171 页。
③ 西蒙娜·德·波伏瓦：《波伏瓦回忆录第二卷：岁月的力量（一）》，黄荭、罗国林译，北京：作家出版社，2012 年版，第 173 页。

系的文学变型。通过让女主人公弗朗索瓦丝杀死格扎维埃尔，波伏瓦也感觉自己仿佛"在纸上把奥尔加杀死"，从而"把过去对她的气愤和愤懑都一笔勾销了"①。

这部作品对波伏瓦未来的创作有两方面的意义：首先，她终于在小说中大胆地"交出了自己、坦露了自己"②。虽然她早就梦想着把自己写进书里，但当萨特建议她这么做时，她的回答是："我永远也没有这个胆量"③。其实之前她也在写作中借用了很多真实的人物和细节，只不过都没有像在《女宾》里这样彻底和明显。波伏瓦后来将这种写作中的"坦露"提升到了本体论的层面，宣布"当我要用自己的存在来滋养文学时，文学就变得和幸福、死亡一样重要了"④。她认为，文学可以不只是带给读者慰藉的作品，而是一种与作者本人密不可分的存在方式。在日后阐释"介入文学"的理念时，波伏瓦论述的侧重点就不同于萨特："我们必须让人把文学与自身的存在融为一体，而不把自己的生命分割成好几份。'介入'，归根到底就是作家全身心地存在于自己的创作之中。"⑤ 这与萨特所强调的"作品以政治诉求介入社会"，彼此间的立场完全不同。

---

① 西蒙娜·德·波伏瓦:《波伏瓦回忆录第二卷：岁月的力量（一）》，黄荭、罗国林译，北京：作家出版社，2012 年版，第 266 页。
② 西蒙娜·德·波伏瓦:《波伏瓦回忆录第二卷：岁月的力量（一）》，黄荭、罗国林译，北京：作家出版社，2012 年版，第 266 页。
③ 西蒙娜·德·波伏瓦:《波伏瓦回忆录第二卷：岁月的力量（一）》，黄荭、罗国林译，北京：作家出版社，2012 年版，第 247 页。
④ 西蒙娜·德·波伏瓦:《波伏瓦回忆录第二卷：岁月的力量（一）》，黄荭、罗国林译，北京：作家出版社，2012 年版，第 247 页。
⑤ 西蒙娜·德·波伏瓦:《波伏瓦回忆录第三卷：事物的力量（一）》，陈筱卿译，北京：作家出版社，2012 年版，第 41 页。

波伏瓦这一"文学与自身存在融为一体"的理论是从她的亲身实践中来的。所谓的"写自己",其根本道理,正如徐岱教授在《边缘叙事》中所说,就是"取道个人的生命意识进入到人类共通的生命体验"。毕竟,"真实的人的生命体现于作为个体的人的身上"[①],而"任何人只有从自己身上才能了解人生"[②]。就像波伏瓦总结《女宾》创作经验时所说的,我有一个具体的实验,它最初是建立在心理层面上的。然而,如果我们只停留在心理层面,也就是说,仅仅将其视为一些轶事,这本书就无法写出来。当我找到一种方法,将这份独特的经验转化为一种普遍性内容时,这本书开始在我的脑海中慢慢成形。[③] 波伏瓦的这番话没有任何问题,但问题是,如何将个人的特殊体验转为普遍性的文学财富?

这就涉及第二个意义:通过《女宾》的创作,波伏瓦似乎还找到了一种很适合自己的表达形式——"形而上学小说",试图将讲故事的欲望和哲学的视角(主要是存在主义哲学)融合在一起。《女宾》的扉页上引用了黑格尔《精神现象学》中的一句话"每一个意识都在追求另一个意识的死亡",将"自我"与"他人"的对立作为这个多角恋爱故事的根本落脚点。最后,波伏瓦让感受到"他人"威胁的女主角弗朗索瓦丝杀死了威胁了她的"他人"格扎维埃尔,确证了黑格尔的话,将具体的个人经验转化为具有普遍意义的文学表达。同时,在具体的叙述方式上,波伏瓦也大量地使用哲学化的表达,比如小说开始时对弗朗索瓦丝的描写——

① 徐岱:《边缘叙事》,上海:学林出版社,2002 年版,第 329 页。
② 徐岱:《边缘叙事》,上海:学林出版社,2002 年版,第 177 页。
③ Beauvoir,Simone De.*Les écrits de Simone de Beauvoir: La vie-L'écriture, avec en appndice Textes inédits ou retrouvés*,ed. by Francis, Claude, and Gonthier,Fernande. Paris: Gallimard, 1979, pp.440—441.

"她的存在能使事物摆脱无意识状态，她赋予它们色彩和气味"[1]，解释弗朗索瓦丝的谋杀的动机时——"但是一个不属于她的意识怎么能存在？那么，就该是它不存在。"[2] 在小说中，这样的表述方式比比皆是，以突出作者的个性化视角。她的做法受到哲学家莫里斯·梅洛-庞蒂的高度认可，在随笔《小说与形而上学》中，他率先将《女宾》作为"一种文学形而上学的发展，一种'道德'文学的终结"的先声加以讨论"。[3] 第二次世界大战后，随着"存在主义"这一名词在法国文化界声势日上，波伏瓦更加兴致勃勃地实践以存在主义哲学和伦理学为主要内容的"形而上学小说"。她在二战后发表的几部作品——《他人的血》《吃闲饭的嘴》《人都是要死的》，因时代的原因，更具政治介入的色彩，也不再明确地将个人经历作为叙事原型，但依旧保留了她独特的"哲学味道"。虽然这些作品在当时的历史环境下确实产生了一定的反响，[4] 不过她也因此受到质疑，被批评为了哲学牺牲了文学。在这种情形下，波伏瓦发表了一篇以"文学与形而上学"（Littérature et métaphysique）为主题的论文，引入存在主义的哲学观为自己

---

[1]　西蒙娜·德·波伏瓦：《女宾》，周以光译，上海：上海译文出版社，2013 年版，第 4 页。

[2]　西蒙娜·德·波伏瓦：《女宾》，周以光译，上海：上海译文出版社，2013 年版，第 498 页。

[3]　张颖：《存在于世的含混境况——论梅洛-庞蒂对〈女宾〉的解读》，法国研究，2011 年第 2 期，第 11 页。

[4]　仅从数据来看，《他人的血》再版了 32 次，《吃闲饭的嘴》上演了 50 次，《人都是要死的》印刷了 7.5 万册。参见弗朗西斯·贡蒂埃：《波伏娃：激荡的一生》，唐恬恬译，桂林：广西师范大学出版社，2009 年版，第 223—225 页。

的文学创作进行辩护。①

　　文章中，波伏瓦指出，单一的学科无法满足心灵广阔的需求，而对哲学与文学的调和则具有悠久的传统。所谓"形而上学小说"并非其意义可以被简单的公式所概括的肤浅小说，在那样的作品中作家先在的预设限制了读者的自由；形而上学也并非脱离于个体存在的封闭系统，每个人在心理和社会属性之外，也具有形而上的把握。因此"形而上学小说"不应该被罢黜，它"被真诚写出，真诚阅读，以其他表达方式力所不能及的方式揭示存在"——"我们镌刻在时间和永恒之中的命运，生活的整体性和根本的模糊性"②。

四、哲学小说与哲理小说

　　波伏瓦这篇文章，与其说表达了存在主义的文学观念，不如说是借流行的存在主义哲学说法将她原本的文学思考进行了整合。归根结底，其核心其实还是在于：她要用文学的方式表达自己对世界的独特感受。作为一个对哲学与文学兼具敏感的人，她的人生体验中无可避免地带有形而上的思考。问题只是在于，如何在文学想象的层面使二者亲密融合。波伏瓦在理论层面上从反对体系化的哲学的预设，模仿生活的模糊性、瞬时性以及诉诸读者与作者的自由的角度（免于说教），将一种"形而上学小说"与

---

① 　波伏瓦先于 1945 年做了一个演讲，名为"小说与形而上学"（Roman et métaphysique），后将其发展为《文学与形而上学》这篇文章。虽然从标题上看，文章似乎更侧重一般概念的"文学"而非具体的"小说"体裁，但波伏瓦其实并未在文章中对二者进行明确的区分。《文学与形而上学》所讨论的主要也是小说创作的问题。

② 　Beauvoir,Simone De. *Philosophical Writings*, ed. by Simons, Margaret A. et al. Urbana:University of Illinois Press, 2005. p.276.

传统的哲理小说区别开，为一种更具包容性的文学形式做出了有力的辩护。但事实上在具体的创作实践中，所谓的"形而上学小说"往往还是会失去平衡，沦为哲学或伦理观念的传声筒。比如，她指出她的小说《人都是要死的》中的"道德伦理同《皮洛士与齐纳斯》（波伏瓦的哲学论文）的结果一致，但它却并非成为一种教育形式"①，她不想让任何一种观点占据主导地位，认为"书中的主题并不是论点，而是朝向一些看不见什么是目的地的方向走去"。②但事实上，这部"冗长、重复、累赘"（她自己的原话）的小说既难唤起大多数读者的阅读兴趣，其中所谓的模糊性更让人怀疑。徐岱教授在《边缘叙事》中就直接指出这本书"几十万字的故事只是表达了'人活得太久没意思'这样一个意思"③。这个见解还是很中肯的。

其实，回到更大的文学史乃至文化史的视野，所谓的"形而上学小说"，或者说一种融合文学与哲学的写作倾向和形式，也并不是波伏瓦这一代作家和哲学家的独特发明。柏拉图就通过生动的对话阐发他的思想，奥古斯丁写《忏悔录》思考神学的问题……我们无须把问题追溯到哲学和文学的起源，仅从与他们传统较为接近的前辈来说，哲学和文学的结合就是法国启蒙运动时期重要的议题和创作的方向；而就存在主义的谱系来看，克尔凯郭尔的写作也是混杂了多种形式的。可以说，文学可以为哲学提供语言和逻辑无法说出的东西，而高度抽象和凝练的哲学也能使

---

① 西蒙娜·德·波伏瓦：《波伏瓦回忆录第三卷：事物的力量（一）》，陈筱卿译，北京：作家出版社，2012年版，第63页。
② 西蒙娜·德·波伏瓦：《波伏瓦回忆录第三卷：事物的力量（一）》，陈筱卿译，北京：作家出版社，2012年版，第64页。
③ 徐岱：《边缘叙事》，上海：学林出版社，2002年版，第181页。

文学获得超越时代的潜质。文学和哲学的融合是严肃地对待写作的人无法避免的创作倾向。

从理论层面来说，"形而上学小说"这一理念不仅有其悠久的历史传统，也有其深刻的内在依据。但从波伏瓦的具体实践来说，她显然没有搞清楚，"哲理小说"与"哲学小说"，完全是两种不同的文学形态。通常而言，杰出的"哲理小说"不仅有生动的故事，而且这些故事往往能激发读者展开关于人生、世界、社会、历史等等各种各样的思考，从中提取出自己的心得与领悟。这样的"哲理"就是"思想"。古往今来，任何堪称"杰出"和"伟大"的小说从来不会缺少这些思想内涵。这些思想达到足够的深度也就是"哲理"。但它们不仅能与生动的形象融为一体，而且是一种"经验性"的东西。彼此并不对立，而是相互依存。从托尔斯泰穿越历史之作《战争与和平》，到貌似日常生活琐事的《傲慢与偏见》，题材的大相径庭并不妨碍它们其中都存在洞明世事的哲理。最能说明问题的是石黑一雄的小说《千万别丢下我》。这部描写"克隆人"的小说讨论的是一个严肃而沉重的伦理问题：究竟什么是人性？如何看待人之为人？众所周知，这样一种主题先行的创作方式和突出的创作意图，很容易写出一部概念化的小说。但石黑一雄让人赞赏的高明之处就在于，他完全没有落入这个窠臼，用生动而感人的故事更为丰富和近乎完美地表达了关于人类命运的深刻思考。不仅以一个最佳案例让我们清楚地明白，"哲理思想"与"小说艺术"并不排斥；而且也很好地向我们展示了什么才是真正的"哲理小说"。

与之不同，所谓"哲学小说"，更准确地讲，其实是"理论小说"。在其中，故事与人物形象（如果还存在的话）都只是作者表达其理性观点的手段和工具。由于这种"作者本位"性总是压倒甚至完全无视读者的接受心态，这类作品的阅读体验往往很糟糕，其"审美之味"也常常无从谈起，其"艺术之道"同样不见踪影，其"作为语言艺术的小说"的价值也就十分可疑。问题当然并不在于其中的"哲理"，而是这些所谓的哲理其实都是一些概念化的说教。如果说"说教小说"也是文学的一种，那么肯定不会是优秀小说，更不可能是伟大小说。它们的问题并不在于出售思想，而在于它们所推销的思想只是一种借助于概念的脚手架搭起来的人为的理论建构，往往显得苍白而肤浅。这就是作为文学家与思想者的波伏瓦，在她的文学创作中一直面临的问题的症结。

耐人寻味的是，波伏瓦自己对这些作品的缺陷也有一定程度的认识。1948年，她在给情人尼尔森·埃尔格林的信中这样写道（后者刚刚读了英文版的《他人的血》）："你说这本书写得太哲学了，我想你是对的，不过这是我独特的感觉方式；我对任何发生在自己身上的事情都会先在心里作一番推论，一切都是混合的：感觉、事件和哲学，置之不理对我来说反而是很不自然的；总之我确信会有比一堆的抽象的胡扯更好的表达方式。实际上，如果我现在去写小说实在太冒险了。我看到了之前那些小说的缺陷，可是我还是不想放弃我自己的感受方式，我也不知道我应该怎么做才好。明年，等我写完这本女人的论文，我要去寻找解决之道。"① 她的寻找结果就是1954年出版的《名士风流》。这部试图描摹二战后的法国社会万象和知识分子百态的作品使波伏瓦获得了当年的龚古尔文学奖，也见证了她作为一名作家的成长和

----

① Beauvoir,Simone De.*A Transatlantic Love Affair: Letters to Nelson Algren,* trans. by Gordon,Ellen et al. New York: The New Press, 1998, pp.212—213.

成熟。回忆录中，她就强调《名士风流》不是"把一种思想强加于人"而"排斥了其他各种思想"的"主题小说"[①]。她的努力也得到了一定的认可。比如美国学者里玛·德雷尔·雷克（Rima Drell Reck）就鲜明地指出，《名士风流》具有波伏瓦早期小说所缺乏的模糊性，原因就在于这部小说"在艺术中赋予了生活以感性的形式。作者的哲学预设是让读者发现的，而不是限制他们的"。[②] 在给埃尔格林的信中，她高兴地写道："第一批评论很好。奇怪的是右翼、左翼人士，连共产党人都喜欢这部书。右翼说书写的是失败的故事：法国左翼知识分子的失败；共产党人说是关于学习、改造的故事，是法国知识分子发现真理，他们必须靠拢共产党的故事。两种解释都不对，我想也许正因为如此，这本书比我的其他的书都好，你可以从中找到各种不同的东西，其中的含意更含蓄。"[③]

五、《名士风流》的得与失

可见，写《名士风流》时，波伏瓦克制住了自己的"形而上学"冲动，在"独特的感觉方式"上做出了让步。这一让步既来自她在创作理念和写作技巧上的不断反思和改进[④]，也有非常深刻的

---

① 西蒙娜·德·波伏瓦：《波伏瓦回忆录第三卷：事物的力量（一）》，陈筱卿译，北京：作家出版社，2012年版，第261页。

② Reck, Rima Drell. "Les Mandarins: Sensibility, Responsibility." *Yale French Studies* 27 (1961), p.33.

③ Beauvoir,Simone De.*A Transatlantic Love Affair: Letters to Nelson Algren,* trans. by Gordon,Ellen et al. New York: The New Press, 1998, p.507.

④ 《名士风流》可能是波伏瓦投入精力最多的小说。她从1949年开始动笔，1951年完成第一稿，此后又用了4年时间重写、修改，直到1954年5月交稿。在这期间，她还曾因萨特的批评决心放弃此书。

思想根源。在回忆录《岁月的力量》的序言中，谈及 1939 年以来的变化，波伏瓦写道：

> 突然，历史撞上了我，我被撞得粉碎。醒来后我发现自己散落在地球的四面八方，每一根神经都和他人、和所有人维系在一起。思想、价值观，一切都被颠覆了，甚至我个人的幸福都变得无足轻重……那时起，我不再把自己的生活看作是一个自足自主的完整体系。我应该重新审视自己和一个面目全非的世界的关系。①

第二次世界大战的爆发撕裂了波伏瓦被安全感和优越感包裹起来的生活，也使她真正开始思考个人自由和群体命运之间的联系②；而对波伏瓦和萨特这一类视写作为安身立命之本的知识分子来说，重新审视"自己和一个面目全非的世界的关系"，首先就意味着对"为什么写作"这一问题的新的回答。1940 年 5 月 27 日，萨特在给波伏瓦的信中这样写道："有时我觉得我与您像有怪癖：当别人像苍蝇一样在北方死去，当整个欧洲的命运危在旦夕，我却固执地写我的小说。"接下来他又自我开解："可我有什么办法呢？"③但他并没有停留在这里——从战俘营回到巴黎以后，他开始采取积极的政治行动并呼唤一种为他人、为时代而写作的"介入文学"。波伏瓦也经历了同样的思想历程：她从黑格尔、克尔凯

---

① 　西蒙娜·德·波伏瓦：《波伏瓦回忆录第二卷：岁月的力量（二）》，北京：作家出版社，黄荭译，2012 年版，第 1—2 页。
② 　波伏瓦在回忆录中写道："从理性的观点来看，这种群体和个体相冲突的观点平淡无奇；不过对我而言，却是一种奇特而切身的体会"。参见西蒙娜·德·波伏瓦：《波伏瓦回忆录第二卷：岁月的力量（二）》，北京：作家出版社，黄荭译，2012 年版，第 103 页。
③ 　萨特：《寄语海狸》，沈志明等译，北京：人民文学出版社，2013 年版，第 552 页。

郭尔、海德格尔的哲学中寻找答案，最终明白"个人不能超然于他所处的社会，在容忍这个社会的同时，个人也影响社会，哪怕他的表现是无动于衷"①。这一将个人自由和社会责任结合在一起的存在主义伦理观的得出，正如传记作家克洛德·弗朗西斯和弗朗德·贡蒂埃所说，让她"穿过了自己的黑夜，和萨特一样，走到了自由道路的同一个十字路口"②，而她也迫切地想将这一发生于哲学思想上的转折落实于自己今后的文学创作。

波伏瓦的文学转变首先从对写于战争期间的《女宾》的批判开始，她一方面承认这部作品只是"轻佻的爱情故事"，另一面又向读者辩白自己的写作是"为了表达我正在超越的过去"③。虽然相关的传记作品显示，波伏瓦那段时间可能并没有她自己所说的那么"超越"，而是一直处于"他人"的威胁之中，饱受醋意的折磨，但她确实已经开始非常有意识地在此后的作品中表达自己的历史感受和对他人的责任意识。1945—1946年是波伏瓦的高产期，上文提到的《他人的血》《吃闲饭的嘴》《人都是要死的》这几部作品，或直击当下，或借古喻今，将存在主义伦理同法国占领时期的政治现实和人们的道德选择结合在一起；虽仍没有摆脱"哲学小说"的阴影，却已经有了明确的"介入"意识。加缪曾盛赞《他人的血》是"一部洋溢着兄弟般情谊的书"，这也使波伏瓦真切地感到"如果我的声音在成千上万人的心里回响，我就会感觉

---

① 西蒙娜·德·波伏瓦：《波伏瓦回忆录第二卷：岁月的力量（二）》，北京：作家出版社，黄荭译，2012年版，第104页。

② 弗朗西斯、贡蒂埃：《波伏娃：激荡的一生》，唐恬恬译，桂林：广西师范大学出版社，2009年版，第199页。

③ 西蒙娜·德·波伏瓦：《波伏瓦回忆录第二卷：岁月的力量（二）》，北京：作家出版社，黄荭译，2012年版，第1页。

自己的存在得到了更新、升华"①——从"为他人"的写作中得到了个人作为作家的满足感。然而，这几部作品的艺术缺陷也显而易见。鉴于上文已有提及，在此不再赘述。根本的问题可能还是在于，她并没有在"自我"和"他人"之间找准平衡：一方面，在当时的历史环境和萨特的影响下，她意识到了作家的政治和社会责任，决心写作"宏大、积极介入的小说"②；但另一方面，一旦她把目光转向他人，不再用真切的生命体验支撑自己的写作，她又回到了最初的问题——笔下的人物和情节严重"失真"，整部作品变成了典型的"抽象概念的传声筒"。

《名士风流》则正是从这一矛盾中突围出来。在这部小说里，波伏瓦既不再执着地用抽象思考赋予个人罗曼史以普遍价值，也不再试图以脱离个人经验的历史想象寄托某种政治诉求。她的策略是把自己放进历史里，作为时代的亲历者和见证者而写作，用自己的独特视角和切身体会观照、书写法国二战之后的一段历史。简而言之，她写的是她自己和周围人的故事，所关注的却不仅仅是作为个体的"我"的爱恨纠葛，而是作为群体的"我们"——他们这一代知识分子的处境、困惑和不同选择。作为历史的当事人，波伏瓦并没有给出确切的答案，而是努力地去把握住这个时代的种种矛盾——记忆与遗忘、写作与行动、信仰与友情、个人幸福与历史责任……正如她在回忆录中所说："我想要呈现我战后的既可辨认又模糊不清、既纷繁复杂又变化不定的方方

---

① 西蒙娜·德·波伏瓦：《波伏瓦回忆录第二卷：岁月的力量（二）》，北京：作家出版社，黄荭译，2012年版，第183页。

② 西蒙娜·德·波伏瓦：《波伏瓦回忆录第二卷：岁月的力量（二）》，北京：作家出版社，黄荭译，2012年版，第177页。

面面"①，可以说，正是这种历史关怀和个人体验的结合，帮助波伏瓦多少克服了"概念化"或者说"说教"的毛病，既为人们保留了珍贵而生动的历史记忆，也在模糊犹疑中显现出了人性的复杂和深刻，使《名士风流》成为法国文学史上的佳作。

《名士风流》的成功之处在于波伏瓦找到了书写历史的方式——调动自己的回忆，但不可否认的是，这种"记忆＋虚构"的小说创作模式也存在着巨大的争议。首先是来自被作为素材的"当事人"的不满。波伏瓦的美国情人尼尔森·埃尔格林就对波伏瓦将他们的私人情事写进小说感到愤怒——尽管后者已经在写给他的信中做过多次预告了。在接受记者采访时，他就指出："把本来属于两个人之间的很私密的关系暴露于公众面前，无疑就是对这种关系的摧毁"，因为"性爱最主要的无非就是使你们通过身体的交流而变得你中有我、我中有你，融为一体。当你把这种关系与所有读这本书的人一起分享后，这种闺房秘事的意义就大打折扣了，变成了一件无所谓的事情。我猜想这对于提高书的发行量是有益的，但是你必定会在其他方面遭到损失"②。

如果说埃尔格林选择了公开发泄他的愤怒，小说的另一位"当事人"加缪则更倾向于暗自舔舐苦涩。波伏瓦在小说中塑造的亨利一角似乎从他的身上借鉴了不少素材：亨利主持的《希望报》就无法不使人联想到他的《战斗报》（"希望"也是加缪在伽利玛出版社主编的一套丛书的名字），而亨利和情妇波尔、若赛

---

① 西蒙娜·德·波伏瓦:《波伏瓦回忆录第三卷：事物的力量（一）》，陈筱卿译，北京：作家出版社，2012年版，第257页。
② 转引自：黑兹尔·罗利:《面对面：让-保罗·萨特与西蒙娜·德·波伏瓦》，时娜译，北京：中信出版社，2006年版，第221页。

特的关系似乎也移植自他和妻子弗朗辛、女演员卡萨雷斯的情感纠葛——这个"八卦"在巴黎尽人皆知。问题在于，这位亨利并不是什么光彩的角色。他注重享乐，道德立场也很不坚定，居然会在情妇的恳求下出庭为一名士兵做伪证，而他的情妇在占领时期一直都和德国人不清不楚。这是波伏瓦通过小说对两年前与他们决裂的加缪进行打击报复吗？至少加缪本人就是这么认为的。1954 年 12 月 12 日，尚在罗马旅行的他在得知波伏瓦获龚古尔文学奖后，在私人笔记中这样写道：

> 拿到一份报纸。已被我抛却脑后的巴黎剧场。龚古尔奖闹剧。这次颁给《名士风流》。据说我就是书中的主角。事实上该作者除了背景之外（抗德组织出身的报纸总编辑），其余包括想法、情感和行为，全部都是捏造。更有甚者：把萨特过去的那些可疑行径，毫不吝啬地全推给我。此外根本是个垃圾。但不是有意的，有点像人会呼吸那样。①

两天之后，他又写下了这样的话："存在主义。他们在控诉自己的时候，可想而知一定是为了要去谴责别人。一群忏悔型的审判者。"②

他还告诉夏尔·蓬塞，波伏瓦利用了他和萨特的失和来为自己谋利："你无法设想她的厚颜发展到了什么地步。例如，她把萨特做过的不少可疑的事情转移到小说的主人公亨利头上。小说

---

① 阿尔贝·加缪：《加缪手记（第三卷）》，黄馨慧译，浙江：浙江大学出版社，2016年版，第181—182页。
② 见 12 月 14 日的加缪手记。在此提出的"忏悔型的审判者"后成为加缪小说《堕落》的核心观念。参见阿尔贝·加缪：《加缪手记（第三卷）》，黄馨慧译，浙江：浙江大学出版社，2016年版，第182—183页。

里，亨利把一出戏拿到一家剧院去演，它的老板娘在占领期间和德国人的关系不清不楚。可是，在战争期间给过波伏瓦剧本的人不是我，而是萨特。"①

加缪的愤怒很快超出了对"文品"的谴责，变成了对波伏瓦个性和私生活的指控，把她的写作归结为其在情感方面的嫉妒和失意。② 这一并不绅士的做法背后是一个感到深深受到伤害的加缪。历史学家托尼·朱特在《责任的重负》中也简述了这个故事："西蒙娜·德·波伏瓦在她这部以真人真事为题材的小说里颠倒黑白，把萨特所有最恶劣的个性和行为都移花接木到了加缪的形象之中"，"加缪立即把这些接受为自己的毛病，并将其推而广之到整个巴黎知识界范围之下，然而以其人之道还治其人之身，仿效他知识界敌手的方式，对其加以无情地解剖、拷问"③，敏锐地把握住了加缪痛苦、敏感的内心。

与此同时，从接受的角度来说，小说的读者们似乎也更愿意把《名士风流》理解为对真实事件的影射而非虚构的文学作品。英国女作家莱辛直言："在《名士风流》还没有传入这个国家前，它已成为人们津津乐道的茶余风尚。大家都知道这部小说是关于让-保罗·萨特和西蒙娜·德·波伏瓦的政治生涯和情色故事，以及

---

① 奥利维耶·托德：《加缪传》，黄晞耘、何立等译，北京：商务印书馆，2010年版，第617页。这里的戏指《苍蝇》。
② 加缪曾告诉好友蓬塞："她很难忍受我和萨特之间一度有过的友谊……有一天她到我的办公室来找我，告诉我她的一个朋友希望和我上床。我回答说，关于这种事情，我总是习惯独自决定。对像她这样的女人来说，这样的回答是一种羞辱。"参见奥利维耶·托德：《加缪传》，黄晞耘、何立等译，北京：商务印书馆，2010年版，第617页。
③ 托尼·朱特：《责任的重负：布鲁姆、加缪、阿隆和法国的20世纪》，章乐天译，北京：中信出版社，2014年版，第153页。

他们那群各怀鬼胎的朋友"①。奥利维耶·托德（Olivier Todd），萨特挚友尼赞的女婿，萨特口中的"我叛逆的儿子"，也指出这部作品是波伏瓦对加缪的"秋后算账"，是她"处心积虑滥施诽谤的产物"②。当然，最激烈的批评可能来自波兰诗人切斯瓦夫·米沃什，他在《米沃什辞典》的"波伏瓦"词条下愤然写道：

我不能原谅她与萨特联手攻击加缪时所表现出的下作。这是一幕道德故事中的场景：一对所谓的知识分子以政治正确的名义朝一位可敬的、高尚的、讲真话的人，朝一位伟大的作家吐唾沫。是什么样的教条导致的盲目，使她居然要写出一部名为《名士风流》的长篇小说，来诋毁加缪，将他的观点与人们对他私生活的流言蜚语搅在一起。③

在《事物的力量》中，波伏瓦声称"如果读者的目光同时瞄准着虚构和现实，那他就会双眼模糊不清，只有非常恶劣的作家才会让读者去受这种罪"④，拒绝人们将小说人物和现实中的人物一一对号入座。但无论从当事人的感受还是这几位作家、读者的反应来看，她也许正是犯了"最恶劣的作家"的错误。她的这套说辞是为了掩盖自己在小说中的挟私报复吗？或者更具体一点，就像美国学者罗纳德·阿隆森在其研究专著《加缪和萨特——一

---

① 多丽丝·莱辛：《时光噬痕：观点与评论》，龙飞译，北京：作家出版社，2010年版，第178页。
② 奥利维耶·托德：《加缪传》，黄晞耘、何立等译，北京：商务印书馆，2010年版，第620页。
③ 米沃什：《米沃什辞典》，西川等译，北京：生活·读书·新知三联书店，2004年版，第53—54页。
④ 西蒙娜·德·波伏瓦：《波伏瓦回忆录第三卷：事物的力量（一）》，陈筱卿译，北京：作家出版社，2012年版，第259页。

段传奇友谊及其崩解》一书所问的："真如加缪的一派人所言，波伏瓦是在诋毁加缪吗？"[①]恐怕事实也并不完全是这样。确实，小说两个男主人公迪布勒伊和亨利身上的诸多特点分别与萨特和加缪二人的公共形象高度匹配：前者就像萨特一样，是一个积极介入的角色，他深信知识分子"绝不能放弃政治而让政客去搞"[②]，因而放弃自己的作家生涯，全心全意地投入政治社会活动，组织一个名为"革命委员会"的独立左派；而后者，正如我们在前文中所说，无论在事业还是生活上都有加缪的影子。但波伏瓦的写作目的却并不是像托德在《加缪传》中所说的那样"把杜布赫伊（迪布勒伊）塑造成一个太阳般的角色，而贝隆（亨利）只是一颗小行星"[③]，去歌颂"太阳的光辉"而贬低"小行星"的卑微，恰恰相反的是，她在小说中揭示出了迪布勒伊巨大威望背后的虚幻与脆弱，并将成长的机会和更多的同情给了亨利。在她笔下，"积极介入"的迪布勒伊其实是一个丧失自我、幼稚梦幻、缺乏生命活力的悲剧性角色。相对而言，在一系列的政治和道德选择中显得犹疑、摇摆，甚至退缩的亨利，反而更具人性的魅力。他确实迫切地希望远离政治纷扰，去葡萄牙旅行，写作一本"欢乐的小说"，沉醉于和漂亮女演员的爱情，但这并不意味着他彻底放弃了自己的公共责任——他能顶住压力率先报道苏联劳动营事件，也会对马达加斯加的殖民问题勇敢发声，不失知识分子的担当。

[①] 罗纳德·安隆森：《加缪和萨特：一段传奇友谊及其崩解》，章乐天译，上海：华东师范大学出版社，2005年版，第254页。

[②] 西蒙娜·德·波伏瓦：《名士风流I》，许钧译，上海：上海译文出版社，2010年版，第10页。

[③] 奥利维耶·托德：《加缪传》，黄晞耘、何立等译，北京：商务印书馆，2010年版，第618页。

他的问题是，他在阶级对立的政治环境中缺乏真正的归属感，因而在战后各方势力的夹击下感到格外孤独和迷茫，甚至会做出自私的选择。然而，波伏瓦的着眼点并非攻击他的道德薄弱，而是通过长篇的心理铺垫，使读者理解其行为动机背后的真正矛盾。如果读者继续阅读波伏瓦回忆录，就会发现作者实则是将自己在这一时期的许多思想特点赋予了亨利——身份的焦虑、对生活乐趣的寻求，有关写作的思考……并且，即使读者们认为小说中亨利和迪布勒伊友谊的破裂多多少少有现实生活中加缪和萨特之争的影子，但也应该看出波伏瓦围绕这一关系的描写并不乏温情和善意。正如阿隆森对小说结局的观察："即使加缪坚持把昂利（亨利）看作自己，他也会注意到波伏瓦赏给他一个幸福的结局，为他设计了一场冰释前嫌，把他送进了'她的'家庭，让他和他过去的对手共同办一份非共产主义左翼周报"[1]。他的说法有一定的道理。

笔者认为，《名士风流》在接受过程中引起的争议和混乱，很大一部分原因还是在于波伏瓦在写作上一直存在的那些问题：一方面，她太缺乏文学想象与共情的能力，只好不断动用自己经历过的、观察到的现实素材来弥补这一点，但又无法成功地让现实元素与虚构内容在想象层面达到统一，最终导致一种似是而非的拼凑效果，比如亨利的矛盾心绪（波伏瓦代入了自己在政治和写作上的摇摆）就与他被设定的身份（一个像加缪一样手握重要左派报刊的知识分子）产生了龃龉，让亨利在政治上的不成熟和软弱显得没有根基；另一方面，她又有特别强烈的在文学创作中进

---

[1] 罗纳德·安隆森：《加缪和萨特：一段传奇友谊及其崩解》，章乐天译，上海：华东师范大学出版社，2005年版，第254页。

行自我表达的诉求，致使一旦脱离了她的生活语境和主观意愿，小说中的很多设计就无法得到合理的解释，比如安娜和刘易斯的越洋爱情除了可以让作者"把一件我很上心的事情按浪漫主义的方式写进小说中去"[①] 以外，在这部主要以法国知识界为背景的小说中似乎并没有任何必要性。

埃尔格林事后写信向波伏瓦忏悔，承认自己"胡言乱语"，但实际上他的指责并非一时兴起，也并非毫无根据。在他们关系彻底破裂之后，他把关于"摧毁性爱关系"的指控就升级为对波伏瓦文学能力和艺术道德的全面质疑——"德·波伏瓦女士以无比精确的笔触描绘着她的眼睛看到的景象，没有人是生活在透明的玻璃罩子里的。这就是为什么她小说里的人物，尽管直接取材于现实生活，仍然让人感觉苍白无力的原因。""德·波伏瓦女士早就下决心'以故意将作者剥得一丝不挂的献身精神写一些文章'，而她惯用的伎俩就是把除自己之外的所有人作为牺牲品"[②]。作为情人的波伏瓦，或许有理由对此感到愤怒，但作为作家的她，或许更应该反思的是，自己是否需要对自己的创作方式进行调整。

第四节　文学的另一种可能

通过上一节的论述，我们基本可以判定，尽管波伏瓦凭借《名士风流》获得了龚古尔文学奖，但她从创作之始就存在的问

---

① 西蒙娜·德·波伏瓦：《波伏瓦回忆录第三卷：事物的力量（一）》，陈筱卿译，北京：作家出版社，2012年版，第259页。
② 黑兹尔·罗利：《面对面：让-保罗·萨特与西蒙娜·德·波伏瓦》，时娜译，北京：中信出版社，2006年版，第223页。

题——缺乏想象与共情的能力——却依旧限制着她在小说领域的发展。她在创作中大量调动个人记忆素材，既可以说是出于"把文学与自身的存在融为一体"①的理想，也可以说是一种弥补自己先天不足的方式。问题在于，当她从中汲取灵感的生活素材同时也是为公众所熟知的内容时，她所谓对记忆的"折射、混杂、锤炼、稀释、结合、移植、扭曲"②常常也会造成东拼西凑、似是而非的效果，使读者不得不"同时瞄准虚构与现实"，以至于"双眼模糊不清"③。

一个缺少文学天才的人就必须放弃写作吗？信奉存在主义的波伏瓦显然不会这样想，但多年的小说创作实践毕竟让她积累了必要的"文学感"，经过一波三折的"写作创伤"以后，这个问题似乎也变得避无可避。我们看到，在《名士风流》中，她就让安娜的女儿纳迪娜"带着夸张的口吻"提出了它——"有人根本没有这份天赋，却硬着头皮要写，我实在费解"④，然后又通过小说家亨利之口（她在亨利身上投射了一部分的自我）回答了这个或许曾经深深地困扰过她的质疑——"有人写作，那是因为他相信文学"⑤。换而言之，对波伏瓦来说，问题的关键可能并不在于一个人到底写

---

① 西蒙娜·德·波伏瓦：《波伏瓦回忆录第三卷：事物的力量（一）》，陈筱卿译，北京：作家出版社，2012 年版，第 42 页。

② 西蒙娜·德·波伏瓦：《波伏瓦回忆录第三卷：事物的力量（一）》，陈筱卿译，北京：作家出版社，2012 年版，第 261 页。

③ 西蒙娜·德·波伏瓦：《波伏瓦回忆录第二卷：岁月的力量（一）》，黄荭、罗国林译，北京：作家出版社，2012 年版，第 259 页。

④ 西蒙娜·德·波伏瓦：《名士风流 I》，许钧译，上海：上海译文出版社，2010 年版，第 229 页。

⑤ 西蒙娜·德·波伏瓦：《名士风流 I》，许钧译，上海：上海译文出版社，2010 年版，第 229 页。

得怎么样，而在于写作对他来说究竟具有怎样的意义。

那么对于波伏瓦来说，她为什么"相信文学"呢？在她回忆录的相关论述中，我们不难找到答案——写作不仅是她作为女性参与公共生活的职业寄托，也是一种——按照他们存在主义的说法——揭示自身、占有世界、超越个体的分隔的方式。但这样一来，文学也并不一定要被限定在小说创作的范围内。事实上，波伏瓦和梅洛-庞蒂等人曾经提出的"形而上学小说"其实就是使哲学和文学相互交融的实验，只不过并不成功。在《名士风流》以后，她似乎又找到了新的路径，不再向虚构世界发起挑战，而是把全部身心都投入了回忆录的创作。

从 1956 年开始创作《端方淑女》到 1981 年出版封笔之作《告别的仪式》的这二十多年里，波伏瓦只在写回忆录的疲乏期创作了几部中短篇小说。但这并不能说明波伏瓦放弃了自己的文学追求，只能说她找到了一种更适合自己，也更能为读者接受的表达方式。在 1966 年的演讲"我的作家经验"中，波伏瓦就指出，她通过两种方式来表达萨特所说的"存在于世的真实感觉"（le sens vécu de l'être dans le monde）——一开始是小说，后来则是自传（l'autobiographie）[1]。小说通过想象世界的塑造，超越了具有局限性的个人经验，并能够把要表达的意义清晰、完整地呈现出来；自传则可以包容生活世界琐碎、偶然的因素，并使作家和读者直接沟通——换而言之，小说适合于展现现实生活的必然性，而自传则可以体现其偶然性和现实性。

---

[1]　Beauvoir,Simone De.*Les écrits de Simone de Beauvoir: La vie-L'écriture, avec en appndice Textes inédits ou retrouvés*,ed. by Francis, Claude, and Gonthier,Fernande. Paris : Gallimard, 1979, p.442.

波伏瓦认为，这两种体裁有各自的优势，自己并没有特定的偏好。作者无法用单一的文体同时把握到生活体验的意义和生活体验的现实。① 在《清算已毕》中，她写道："不管是小说、自传、小品文、历史著作还是别的什么，作者总是借助自己体验的独一无二性与他人取得某种沟通；他的作品必须使这种体验显现得一目了然，并熔上这种体验的烙印。而作者正是依靠其文体、语气和节奏把他的体验融入作品。没有哪种作品乍看起来就是不受一般法则制约的，也没有哪种作品先天注定是要失败的"② 。但无论从她实际上的投入程度，还是从她对自传价值的竭力维护来看，她的个人"偏好"还是很明显的——"无论如何，我知道我进入自传的领域，完全不是因为要批评《原样》杂志和新小说派，而是出于对小说的不足之处的个人反思。我很生气，因为我只能通过一种扭曲的方式，通过大量的精心建构，通过大量有意义的情节来展示这个世界。所以我认为，相比消除偶然性、真实性，就像我们在小说里做的那样，还有一种相反的方式……"③

波伏瓦也相信，个人的自传／回忆录事实上可以具有普遍性的价值。她承认，有的女性自传确实陷入了自我迷恋之中，因为她们并不在乎自己琐碎的生活对其他人是否也有价值，但她本人却并不仅仅要传达出"我"的经验，也要表达出具有普遍性的"我

---

① 厄苏拉·提德：《导读波伏瓦》，马景超译，重庆：重庆大学出版社，2014 年版，第 117 页。

② 西蒙娜·德·波伏瓦：《西蒙·波娃回忆录第四卷：清算已毕》，陈标阳、高兴华等译，南京：江苏文艺出版社，1992 年版，第 131 页。

③ Beauvoir,Simone De.*Les écrits de Simone de Beauvoir: La vie-L'écriture, avec en appndice Textes inédits ou retrouvés*,ed. by Francis, Claude, and Gonthier,Fernande. Paris : Gallimard, 1979, p.449.

们"的经验——这既包括了作为时代的"见证者"，对一代人共同的历史体验的书写，也涵盖了作为性别化的主体，对自身所处的性别文化转型时期的体验，当然，还有作为一个"存在于世"的个体，对于某些人类的共通处境的呈现。①

波伏瓦还指出，可能会有一些批评家（主要是《原样》派）要根据罗兰·巴特对"写家"（écrivaint）和"作家"（écrivain）的区分批评回忆录的创作者，认为其创作的无非是一些事实性的文献，但事实上，自传也是需要在个人回忆的基础上进行二次创作的。② 同时，从她的存在主义视角——"存在是对现在的不断超越"③ 来看，按照时间顺序展开的自传也能更好地展现我们作为活在时间中的有血有肉的人的生命体验，成为一种"揭示生活的运动"。④

通过回忆录的写作，波伏瓦似乎终于让她的生活与写作这一对终日争吵不休的双生子获得了和解。因为此时的她不再想方设法地使她的生活变成一种艺术，而是直接将生活和对于生活的

---

① Beauvoir,Simone De.*Les écrits de Simone de Beauvoir: La vie-L'écriture, avec en appndice Textes inédits ou retrouvés*,ed. by Francis, Claude, and Gonthier,Fernande. Paris : Gallimard, 1979, p.450.

② Beauvoir,Simone De.*Les écrits de Simone de Beauvoir: La vie-L'écriture, avec en appndice Textes inédits ou retrouvés*,ed. by Francis, Claude, and Gonthier,Fernande. Paris : Gallimard, 1979, p.452.

③ Beauvoir,Simone De.*Les écrits de Simone de Beauvoir: La vie-L'écriture, avec en appndice Textes inédits ou retrouvés*,ed. by Francis, Claude, and Gonthier,Fernande. Paris : Gallimard, 1979, p.452.

④ 波伏瓦在 1966 年提出这个观点时，还没有创作最后一部回忆录《清算已毕》，这部作品并没有按照时间顺序，而是围绕几个主题组织开来的。但从某种意义上来说，这种方式也体现了波伏瓦的"时间感觉"，因为她认为，当时她感受到的时间已经没有向前延展的感觉了。

叙述的价值置于了创作一件艺术作品的价值之上。用她自己的话说："艺术作品就像一幢别墅的花园里的雕塑，枯燥乏味……我的自传并不是一部艺术作品，而是我激情、失望、激荡的生活"①。她认为，回忆录写作既是一种书写个体生命历程的写作活动，也是通过写作感受自己、思考自己、表达自己的生命过程，因此她在《岁月的力量》的结尾这样总结道："人永远都不可能真正认识自己，只能去讲述自己"②，"我想让自己的血液在这一叙述之中流动起来，我想全身心地积极地投入到这中间去，而且要在所有的问题消弭之前，充分地剖析自己"③。

还应指出的是，对波伏瓦来说，自传／回忆录不仅是一种可以容纳复杂、偶然的人生经验的文学载体，也是一种直接有效的"介入"社会和大众生活的方式。正如厄苏拉·提德所概括的，文学写作是主体间性的特殊领域，而作家的任务是打破个人间的分离，因为实际上，将人们分隔开的东西，也正是将人们联系起来的东西。④ 我们看到，通过自传／回忆录的写作，波伏瓦不仅能够在个体经验的层面上与读者进行坦诚沟通，充分阐述她对社会发展趋势的观察与思考，明晰表达她所率先实践的那些尖锐、前卫甚至是"出格"的思想与情感。读者们在她独特的视角和故事中寻找和自己生命经验的共鸣，在分享她的反叛经验的过程中克

---

① 西蒙娜·德·波伏瓦：《波伏瓦回忆录第三卷：事物的力量（一）》，陈筱卿译，北京：作家出版社，2012 年版，第 2 页。
② 西蒙娜·德·波伏瓦：《波伏瓦回忆录第二卷：岁月的力量（一）》，黄荭、罗国林译，北京：作家出版社，2012 年版，第 287 页。
③ 西蒙娜·德·波伏瓦：《波伏瓦回忆录第三卷：事物的力量（一）》，陈筱卿译，北京：作家出版社，2012 年版，第 2 页。
④ 厄苏拉·提德：《导读波伏瓦》，马景超译，重庆：重庆大学出版社，2014 年版，第 117 页。

服自身的孤独感和恐惧感，在读者与作者之间建立起一种精神默契和"兄弟般的情谊"①。因此，不仅波伏瓦本人对自己的回忆录颇为重视，普通读者和评论家也对之报以欢迎。波伏瓦的人生经验启发、鼓舞了一代又一代的女性读者，也潜移默化地推进了现代欧洲乃至整个世界的日常生活理念改变。正如克洛德·卢瓦所说，"数千万计原本循规蹈矩的青年姑娘变得放荡不羁，她们努力地攻读波伏瓦的回忆录——新的、成年人的、颇怀敬意的礼仪读本……她的道路将变成她的学生们要走的道路，从童年到晚年，从青春期到衰老期，从渴望生活到苦涩的死亡"②。与此同时，波伏瓦对20世纪法国文化界和政治界的描述也具有重要的历史价值。历史学家托尼·朱特就认为，波伏瓦有关战时与战后时期的两部回忆录是"真诚的且有益的高质量叙述"③。

综上所述，尽管波伏瓦的文学探索曲折往复并充满挫败感，但有一点应该可以肯定：我们既不能因为波伏瓦拥有"存在主义小说家"的标志，而像那些偏好说教性"理论小说"的批评家那样给予她名不副实的赞誉；也不能反过来因为她创作了大量并不十分成功的小说，而彻底否定她的文学创作成就，无视她作为一名文学创作者为当代世界文学做出了相当贡献的事实。通过上文的梳理，我们可以看出，虽然全身心投入回忆录写作的波伏瓦在主观上并不认为自己从小说到回忆录的新尝试具有多少艺术

---

① 西蒙娜·德·波伏瓦：《西蒙·波娃回忆录第四卷：清算已毕》，陈标阳、高兴华等译，南京：江苏文艺出版社，1992年版，第136页。
② 李清安、金德全选编：《西蒙娜·德·波伏瓦研究》，北京：中国社会科学出版社，1992年版，第742页。
③ 托尼·朱特：《未竟的往昔：法国知识分子，1944—1956》，李岚译，北京：中信出版社，2016年版，第444页。

性，但从现在来看，这种作为"记忆叙事"的回忆录写作，却成了她最具代表性也最被她重视的"文学作品"。不过这同时也代表着，作为文学家的波伏瓦给评论家们留下了一个难题。如果说艺术之道无非就是"生命体验的真诚表达"，那么我们应该怎样评判这种表达的真诚与否，以及它的价值和意义？波伏瓦的尝试是成功的吗？个人经历的特殊性，生命体验的主观性，让这个评判变得尤为复杂。不过，现在也是时候让这个问题进入我们的讨论视域了。

本章小结

本章试图通过对波伏瓦文学实践之路的梳理，把握她的回忆录在其整个思想与创作体系中的位置。

本章首先回顾了波伏瓦的学术史地位，指出无论从她的自述，还是人们通常的印象来看，波伏瓦最重要的身份就是"作家"。但在很长一段时间里，她的文学创作都被视为对萨特的存在主义哲学的小说化阐释，故而为文学批评家所轻视。女性主义的蓬勃发展提升了波伏瓦的学术地位，越来越多的人开始相信，波伏瓦是一名具有独立价值的知识女性，而绝不是某位男性大师（萨特）的思想附庸。关于她的研究也日益兴盛。

问题在于，这些研究关切的主要是波伏瓦在哲学领域中的独特贡献，对波伏瓦的文学成就仍然有所忽略。虽然也有一些讨论，但基本上是围绕"存在主义"和"女性主义"的相关理论来谈，波伏瓦具体的文学观念、创作得失很少得到真正的关注。这恰恰反映了，人们对波伏瓦的认知程度和波伏瓦的影响力实际上是不匹配的。作为作家的波伏瓦依旧处于被遮蔽的状态，对她的文学事业的中肯评判仍待进一步落实。

围绕这一目标，本章又对波伏瓦的创作历程进行了细致的考察，发现尽管波伏瓦很早就立志成为作家，但她的天赋更多地体现在哲学方面，比如热爱理解和求知，关注事物的普遍性而非特殊性等，却缺乏优秀的文学家应该拥有的基本素养——丰富的想象力、与他人同情共感的能力、把握细节的能力等。天赋与志向的错位，使得波伏瓦的文学创作之路从一开始就充满坎坷。早期的几部作品皆以失败告终，其主要原因就在于她一直无法营造出真实可信的文学世界。因此，波伏瓦不断反思自己，力图找到既能满足自己"揭示生活真实"的创作理想，又能符合自己独特感知方式的文学形式。

在长期的摸索中，波伏瓦找到了两种解决路径：第一是"写自己"，即大量借用个人的真实经验，她相信这可以使文学与作家自身的存在融为一体，并使个人的特殊经验转化为具有普遍性的文学财富；第二是"哲学化"，即在小说故事的讲述中突出她所熟悉的哲学视角和哲学观念。她第一部获得出版的小说《女宾》就是通过这两种路径进行创作的，并受到了哲学家莫里斯·梅洛-庞蒂的高度认可，认为其发展了所谓的"文学形而上学"。波伏瓦自己也提出了"形而上学小说"这一说法，反对在小说中进行理论预设，但认为小说可以承载形而上的思考并模仿现实的模糊性。不过，在实际的创作中，波伏瓦并没有分清"哲学小说"（"理论小说"）和"哲理小说"的区别，她的《人都是要死的》等小说充满了抽象的说教和作者本位的意识，完全无视读者的接受心态。

波伏瓦自己对这些作品的缺陷也有一定程度的认识，她在写

《名士风流》时努力地克服了叙述抽象化的毛病，并把目光投向了更广阔的世界，作为亲历者和见证者来讲述战后法国知识界的情况。不过，波伏瓦对现实元素与虚构内容的机械拼凑也引起了很多争议。这反映了波伏瓦在写作中一直存在的问题：一方面，她太缺乏文学想象力；另一方面，她又有特别强烈的在创作中进行自我表达的诉求。这些问题限制了作为小说家的她写出真正优秀的作品。

本章最后指出，波伏瓦可能也意识到自己在文学上的天赋是有限的，但却依然坚定不移地相信写作在她生命中的重要性。不过，她不再把文学写作仅仅限定在小说的范围内，而是从1956年开始，将主要精力投入回忆录的创作之中。波伏瓦相信小说和自传（回忆录）都能够表达出萨特所说的"存在于世的真实感觉"，区别在于小说适于展现生活的必然性，回忆录更能体现生活的复杂与偶然。两种文体在传递生活体验时各有优势、互为补充。从波伏瓦实际的投入程度和辩护力度来看，她应该还是更倾向于回忆录的创作。在她看来，回忆录写作不仅可以表达出个体的经验，也可以传达出普遍的、共通的人类经验；它不是材料的堆砌，也需要艺术的加工和创作；它既是书写个体生命经历的写作活动，也是作家通过写作感受自己、思考自己、表达自己的生命过程；它不仅可以容纳个体的人生经验，也是一种直接"介入"社会和大众生活的方式，能够在读者与作者之间建立精神默契与兄弟情谊。可以说，回忆录既满足了波伏瓦对文学的想象与要求，也淡化了文学天赋的不足对其创作的限制，是一种非常适合她的文学表达方式。对她的这一文学尝试的价值与缺憾的评价，还有待进一步的研究和讨论。

第二章

决绝的反叛:《端方淑女》中的成长故事

第一节 《第二性》的主要思想

本书的第二、三、四章都将涉及波伏瓦对女性问题的思考。因此，在正式进入这些讨论前，笔者将先对她集中呈现在理论著作《第二性》中的女性主义思想进行概述，以为后文的具体讨论提供知识背景的支撑。

《第二性》出版于1949年，分为上下两卷。上卷名为"事实与神话"（*Les Faits et les Mythes*），下卷为"实际体验"（*L'expérience vécue*）。整部书贯穿了波伏瓦对这样一个问题的追踪：为什么女性会成为依附于男性的"第二性"？她的大致观点是：在人类发展过程中，男性逐步获得了主体地位，整个社会的政治、经济、法律、文化系统都偏向他们的利益，女性则被建构为相对于男性的他者，在公共生活中处于边缘位置。在这种父权制度下，男性可以自由地参与外部世界的竞争，从事创造性的工作，女性却被限定在家庭内部，作为母亲和妻子去延续物种和料理家庭，在枯燥、重复的家务劳动中体现自己的人生价值。

　　波伏瓦从生物、经济、历史等方面道出了两性不平等命运的由来，但她坚持认为"女人不是天生的，而是后天形成的"①，相信并没有什么先天规定的"女性气质"或"女性本能"，女性所受到的压迫是由文化决定的，因而也可以被改变。问题在于，正如她的序言里所说的："将女性确立为他者的男人，会发现女人扮演了同谋的角色"②，女性也没有对她的"二等公民"地位提出抗议。从存在主义伦理观出发，波伏瓦提出"凡是个体都力图确立自身是主体"，否则就会"成为外来意志的牺牲品……被剥夺了一切价值"，但"人身上还有逃避自由和成为物的意图"，以避免"本真地承担生存所带来的焦虑和紧张"③——在存在主义的话语体系中，这种"逃避"被称为"自欺"。如果说男性的"自欺"体现在对女性主体地位的排斥，那么女性的"自欺"则表现为：当她们认为自己"没有成为主体的具体办法"，也就"乐于担当他者的角色"④，即否认自身作为自由的、具有创造性的主体的潜能，接受男性的保护和限制。因此，波伏瓦不仅认为男性应承认女性是他势均力敌的同伴，也希望女性能真实地面对自己的处境，通过积极地介入社会，获取经济和政治上的自由，对传统的性别角色提出挑战。在她看来，男女两性的真实关系就在于他们能互相承认对方是自由的主体，"他们关系的相互性，不会取消人类分为两

① 西蒙娜·德·波伏瓦：《第二性Ⅱ：实际体验》，郑克鲁译，上海：上海译文出版社，2011年版，第9页。
② 西蒙娜·德·波伏瓦：《第二性Ⅰ：事实与神话》，郑克鲁译，上海：上海译文出版社，2011年版，第15页。
③ 西蒙娜·德·波伏瓦：《第二性Ⅰ：事实与神话》，郑克鲁译，上海：上海译文出版社，2011年版，第14—15页。
④ 西蒙娜·德·波伏瓦：《第二性Ⅰ：事实与神话》，郑克鲁译，上海：上海译文出版社，2011年版，第15页。

个不同类别而产生的奇迹……相反，当一半人类的奴役状况和它带来的整个虚伪体制被消灭时，人类的'划分'将显示它的本真意义，人类的夫妻关系将找到它的真正形式"[①]。

　　作为一本写于"混乱笔战时代的结束时刻"，意图对之前的女性主义争论加以总结的著作[②]，《第二性》体现了波伏瓦对启蒙时代以来诸如玛丽·沃尔斯通克拉夫特等自由主义女权思想家的思想观念的吸收和继承。波伏瓦的独特之处在于，正如上文所展示的，她是从她的存在主义视角来看待这一切的。因此，她的论述不仅更哲学化，也更具内省的意识——即更针对女性自身的问题。对女性经验和价值观的剖析和批判占据了大量的篇幅。整一卷《实际体验》就具体地展示了女性如何从婴儿时期就接受了社会分配给她们的性别角色，如何将其内化为消极的心理特点和人生态度，并呼唤女性有意识地改变这一切。哲学视角的切入以及对女性生命体验和内心力量的重视，让《第二性》无论在理论深度还是文学感染力上都超越了此前的同类作品。很多女性都声称它帮助她们分析了自身的处境，甚至改变了她们的生活。它在女性主义思想领域的重要性一再被提起。陶丽·莫阿写道："这本书确实改变了无数女性的生活：我无法想到另一部在 20 世纪的影响力可以同日而语的著作。"[③]萨利·肖尔茨也指出，《第二性》"从根本上改变了女性如何了解自己、了解自己的社会关系以及对她们

[①]　西蒙娜·德·波伏瓦：《第二性 II：实际体验》，郑克鲁译，上海：上海译文出版社，2011 年版，第 598 页。

[②]　西蒙娜·德·波伏瓦：《第二性 I：事实与神话》，郑克鲁译，上海：上海译文出版社，2011 年版，第 23 页。

[③]　Moi, Toril. *Simone de Beauvoir: The Making of an Intellectual Woman.* Oxford: Oxford University Press, 2008, p.25.

性别期望的传统观念……除此之外，没有一本书如此深刻地影响了全世界妇女的处境和地位"[1]。

第二节　女性的成长经验：《第二性》与《端方淑女》的互文关系

《第二性》集中呈现了波伏瓦对女性生存境遇的思考，这一对女性处境的整体性研究与波伏瓦对自身经历的个性化探索是分不开的。在回忆录《事物的力量》中，谈到自己为什么会写《第二性》时，波伏瓦就明确地公布了这两者之间的关系：

其实，我是想写我自己……首先有一个问题冒了出来：做一个女人对我来说有什么意义？我一开始以为这个问题总是很好回答。我从来就没有低人一等的感觉，没有人跟我说："您之所以这么想，是因为您是一个女人。"我的女性特征对我没有丝毫的妨碍。我对萨特说："对我而言，可以说这不在话下。"萨特说道："反正，您并没有像一个男孩子那样成长：您必须仔细地研究这一点。"我仔细地考虑了，并且有所发现：这个世界是男人的世界，我的童年被灌输的是一些男人制造的神话，而我却并未像一个男孩子似的对此作出反应。我对此非常感兴趣，所以我放弃了自己剖析自己的计划，以便关注普遍意义上的女性生存条件。[2]

事实上，波伏瓦不仅谈到《第二性》与自传计划有着千丝万

---

① 萨莉·J·肖尔茨：《波伏娃》，龚晓京译，北京：中华书局，2002 年版，第 1 页。
② 西蒙娜·德·波伏瓦：《波伏瓦回忆录第三卷：事物的力量（一）》，陈筱卿译，北京：作家出版社，2012 年版，第 93 页。

缕的联系，也坦承《第二性》中具有的一些自传痕迹：她写这本书时（尤其第二卷）向她和萨特的记忆借鉴了大量的素材——"是我们俩这些年来对各种各样的人的关注之所得"[①]。

与通常的理解所不同的是，波伏瓦并不是从一个女性主义者的身份开始写《第二性》的，而是从一个非女权论者，仅仅是一个想知道什么是"女人"的普通妇女的身份开始了自己的思考，并在思考过程中大量地参照了自己的经验和观察。[②]可以说，虽然大多数理论的得出都有一个从经验到理性、从特殊到普遍的过程，但波伏瓦在《第二性》中发表的普遍性的女性主义思想似乎更加依赖于她独特的作为女性的生存体验。

笔者要进一步指出的是，当波伏瓦真正开始投入自己的回忆录写作时，她在理论探索中得出的普遍结论便也被运用于对个人特殊经验的理解，而她的理论著作与自传书写不可避免地呈现出一种互文性。这突出地体现在波伏瓦讲述自己早年生活经历的首部回忆录《端方淑女》中。

在这部作品中，波伏瓦按照时间顺序，详尽地讲述了自己的早年经历（1908—1929），包括她的出生、家庭、早期的友谊、教育经历、个性的形成、文学与哲学对她的交替影响等方面的情况，力图从自己的"实际体验"，具体展现一个资产阶级少女如何感受和应对社会分配给她的性别角色。比如，当波伏瓦向读者介绍她出生的家庭时，她同时也非常有意识地描绘了她家庭中的性

---

① 西蒙娜·德·波伏瓦：《波伏瓦回忆录第三卷：事物的力量（一）》，陈筱卿译，北京：作家出版社，2012年版，第182页。
② 参考电影《西蒙娜·德·波伏瓦》中萨特与波伏瓦的对谈。（李清安、金德全选编：《西蒙娜·德·波伏瓦研究》，北京：中国社会科学出版社，1992年版，第394页。）

别分工：父亲"每天早上去'宫'里，腋下夹着个公文包，里面装满碰不得的东西，被称为资料……他逗我玩、关心我、让我感到高兴，可是他在我生活中所扮演的角色不很明确"，而"路易斯和妈妈的主要职责是喂养我"[①]；等到了上学的年纪，父亲开始培养"我"对知识的兴趣，但父亲并不关心"我"的"物质生活和道德培养"，这属于妈妈的责任——她"时时把教育者的任务挂在心上，征求基督教母亲协会的意见，与那些小姐互相切磋。她亲自送我去上学，旁听我上课……指导我阅读，带我去做弥撒和参加圣体降福仪式……"[②] 可以见出，波伏瓦对父母家庭角色的描述与她在《第二性》中对传统两性社会角色分工的描述基本是一致的，同时她注意去描写自己如何理解这种分工。

　　波伏瓦同时强调这种性别分工背后的权力关系：她的父亲乔治和母亲弗朗索瓦丝虽都出身于法国的特权阶层，但他们接受的教育和信仰的价值却有很大不同。乔治是一个无神论者，深信自己属于贵族阶级，对宗教和资产阶级的道德戒律不屑一顾。弗朗索瓦丝则受到了传统的天主教资产阶级文化的熏陶，常常教导波伏瓦"自我收敛、控制自己的言语，节制自己的欲望，只说和做自己该做的事"[③]。但接下来她又强调，父母的观念分歧以及他们对待波伏瓦的不同方式，无论在他们自己，还是在他们所处的圈子或童年波伏瓦的心目中都没有引起任何的争议。小波伏瓦反

---

① 　西蒙娜·德·波伏瓦：《波伏瓦回忆录第一卷：端方淑女》，罗国林译，北京：作家出版社，2011年版，第4页。
② 　西蒙娜·德·波伏瓦：《波伏瓦回忆录第一卷：端方淑女》，罗国林译，北京：作家出版社，2011年版，第27页。
③ 　西蒙娜·德·波伏瓦：《波伏瓦回忆录第一卷：端方淑女》，罗国林译，北京：作家出版社，2011年版，第28页。

而觉得"父母之间保持的和睦，加强了我对他们各自的尊敬"①。
"由爸爸体现的我的智力生活和妈妈引导我的精神生活，是两个
截然不同的范畴，二者井水不犯河水。"② 但其实她已经道出了原
因："在家里，他（父亲）的优势是无可争议的，比他小八岁的母
亲，心悦诚服地承认这一点，因为是他引导了她懂得了生活和读
书。'妻子嘛，丈夫把她塑造成什么样就是什么样，她要靠丈夫
培养。'父亲常常这样说。"③ 而母亲不仅接受了自己的依附地位，
"觉得女人就应该顺从男人"④，还成为这一性别秩序的维护者——
"习俗使她不得不原谅男人言行上的越轨，她便把严厉集中到女
人头上。"因此，她除了坚持将"肉欲和罪孽"混为一谈，"在其他
所有方面，她都同意父亲的意见，没有显示出将父亲的意见与宗
教协调一致有什么困难"。⑤ 不难看出的是，波伏瓦对自己童年视
角的运用是具有反讽意味的。在她天真，甚至有些夸张的话语背
后，是她对这种"和睦"关系背后所存在的不公正的性别文化的
揭示，以及对这种文化是多么让人感到习以为常的展现。同时她
也以母亲的案例，具体呈现女性如何在心理上接受男性的保护和
限制，否认自身的自由，把自己置于"他者"的位置。

---

① 西蒙娜·德·波伏瓦：《波伏瓦回忆录第一卷：端方淑女》，罗国林译，北京：作家
出版社，2011 年版，第 28 页。
② 西蒙娜·德·波伏瓦：《波伏瓦回忆录第一卷：端方淑女》，罗国林译，北京：作家
出版社，2011 年版，第 29 页。
③ 西蒙娜·德·波伏瓦：《波伏瓦回忆录第一卷：端方淑女》，罗国林译，北京：作家
出版社，2011 年版，第 25 页。
④ 西蒙娜·德·波伏瓦：《波伏瓦回忆录第一卷：端方淑女》，罗国林译，北京：作家
出版社，2011 年版，第 26 页。
⑤ 西蒙娜·德·波伏瓦：《波伏瓦回忆录第一卷：端方淑女》，罗国林译，北京：作家
出版社，2011 年版，第 27 页。

波伏瓦还"现身说法"地呈现了资产阶级少女在自我发展与性别认同过程中的核心矛盾：一方面，家庭的性别文化潜移默化地塑造了她最早的性别意识，让她把母亲视为自己的榜样，致力于成为一个信仰上帝、循规蹈矩的女孩，并通过阅读和游戏，比如给玩具娃娃布隆迪娜当妈妈，加深自己的性别认同；但另一方面，父母为她提供的良好的生活和教育环境，又使她能充分、自信地发展自我，拒绝接受女性屈从的未来。[①]

不仅如此，波伏瓦还给出了自己应对这一矛盾的办法——由认同母亲转向认同父亲。这不仅是因为在她的眼中，父亲为政治忧心忡忡，因事业心力交瘁，却"倾向于质疑世界，而不是顾影自怜"，这使他的形象具有一种戏剧人物的美感，更是由于和父亲的相处使她得以经历一些与母亲所掌管的女性世界完全不同的自由的体验：

> 夏天晴和的日子，有时晚饭后，他会带我们去卢森堡公园里遛个弯儿。我们坐在梅迪契广场的台阶上吃冰淇淋……我的每一天都重复老一套，安排得像四季交替一样严格，稍许偏离都会让我处于非常状态。在妈妈通常拴上大门的时候，在温馨的暮色中漫步，这既令人惊喜，也富有诗意，无异于山楂树在隆冬时节开了花。
>
> 有一个不同寻常的晚上，我们坐在普雷沃台阶上饮巧克

---

① 很多年后她也这样对采访她的杰拉西说："我很幸运，我来自于社会的一个阶层，资产阶级，他们不仅可以把我送到最好的学校，而且还可以让我在闲暇时胡思乱想。这就是为什么我毫不费力地融入了男性世界。"1976年和约翰·杰拉西（Jonn Gerassi）的访谈。参见 Francis, Claude, Fernande, Gonthier. *Les écrits de Simone de Beauvoir: La vie-L'écriture, avec en appendice Textes inédits ou retrouvés*. Paris : Gallimard, 1979, p.548.

力……一条活动灯光新闻，报道了在纽约进行的卡彭捷和登普西比赛出人意料的结果。当卡彭捷被击倒在地的时候，有一些男人和女人泪如雨下。我回到家里，为观看了这一重大事件而感到自豪。但是，我同样喜欢我们每天在门窗紧闭的书房里度过的晚上：父亲给我们朗读《佩里松旅行记》……我打量着父母和妹妹……接着又想："我们多么幸福！"①

很明显，在这段描述中，母亲带给女儿的世界（重复的、严格的、封闭的），与父亲为她揭开的那个世界（出人意料的、热情的、重大的）形成了鲜明的对照。而这种对照又可以在她的《第二性》找到具体的论述："孩子越成熟，其世界越扩展，男性的优势更确立。与母亲等同往往不再是一个满意的解决办法；如果女孩一开始接受主妇的使命，并非她想放弃：正相反，这是为了支配；她想当主妇，因为她觉得主妇圈子有特权；但如果她的交游、她的学习、她的游戏、她的阅读，把她拉出母亲的圈子，她就会明白，世界的主宰不是女人，而是男人。这一发现——远远超过阴茎——不可抗拒地改变了她的自我意识"②。所不同的是，前者归根结底是理论层面的推演，后者则以个人故事的形式来渗透她的性别主张。两者互相交织、相辅相成的关系，分别诉诸读者的理性思考和生命体验。

不难发现，波伏瓦正是以作为《第二性》作者的理论自觉和素养，对父权制下的家庭性别文化与自我发展之间的张力和矛盾

---

① 西蒙娜·德·波伏瓦：《波伏瓦回忆录第一卷：端方淑女》，罗国林译，北京：作家出版社，2011年版，第50页。
② 西蒙娜·德·波伏瓦：《第二性Ⅱ：实际体验》，郑克鲁译，上海：上海译文出版社，2011年版，第31页。

进行了生动的呈现。她的许多描写与她在《第二性》中对女性为
什么会成为相对于男性的"他者"的论述形成了互文的关系。但
笔者还要进一步指出的是，区别于在《第二性》中对逐渐接受社
会规定的"他者"身份的女性成长经验的悲观描述，波伏瓦实际
是要通过回忆录的写作为读者提供一份自己的成功经验：对这一
性别规范的坚定反叛。为了更好地展现这一反叛的艰难与必要，
她把自己与一位女友的命运进行了对比。下文就将重点讨论波伏
瓦如何通过书写别人的故事，理解和呈现自己作为女性的成长
经验。

第三节　莎莎之死的启示：成长的阻碍与叛逆的决心

　　在波伏瓦形成独特个性、追逐自主人生的道路上，有一位童
年好友对她产生了至关重要的影响。这位好友名为伊丽莎白·拉
库安，波伏瓦亲昵地称她为"莎莎"（Zaza）。[①]

　　莎莎出生于一个富裕的资产阶级家庭，9岁时转学到了波伏
瓦所在的德西尔学校，并很快成了后者最好的朋友。我们现在还
可以从波伏瓦少女时期的日记中感受到她们当时的深情厚谊——
在那里，年轻的波伏瓦不断地确认、强调莎莎对她的意义——
"莎莎是我的好朋友，我把她和我未来的梦想紧密地联系在一
起"，"和莎莎的亲密无间让我感到她就是为我而生的……我没有

---

① 拜尔在《西蒙娜·德·波伏瓦：一部传记》中提到，"莎莎"之名是波伏瓦在回忆
录中为了保护伊丽莎白·拉库安的隐私而发明出来的。见 Bair, Deirdre. *Simone de
Beauvoir: A Biography* .New York: Simon and Schuster, 1991, p.76. 事实上，莎莎原本就
是伊丽莎白的昵称，具体可参见波伏瓦的日记和莎莎的通信集。

高估她的意义，她就是完美的。我爱她"[1]等等。在波伏瓦去世以后，她的养女西尔维也向传记作家透露："她爱莎莎，是莎莎教会了她爱的快乐"，波伏瓦甚至还将莎莎称为"我年轻时的理想之爱"[2]。

可惜的是，莎莎在1929年就因病去世了。她的突然离去给波伏瓦造成了巨大的心理冲击，却也成了后者持久的创作动力。1931—1934年，她分别在马赛和鲁昂创作了两部小说（均未出版），其中都有一个名为安娜（Anne）的悲剧性角色，人物原型就是莎莎。这位"安娜"还出现在她写于1935—1937年的小说《当精神占据上风》中（这部作品直到1979年才获出版），而根据回忆录《事物的力量》里的说法，在写完《名士风流》以后，波伏瓦又"把很久以前写的一些片段理出来，另起炉灶，写了一部关于莎莎的中篇"[3]。

波伏瓦对莎莎之死的执着引起了许多学者的注意。埃莲娜·莱卡梅-塔博内就在论文中总结道："1958年以前，莎莎的故

[1]　分别见波伏瓦1926年11月30日、1927年9月27日的日记。Beauvoir,Simone De.*Diary of a Philosophy Student*, ed. by Barbara Klaw et al. Urbana: University of Illinois Press,2006.

[2]　Bair, Deirdre. *Simone de Beauvoir: A Biography* .New York City: Simon and Schuster, 1991, p.510. 不少研究者也将波伏瓦对莎莎的感情视为她有同性恋倾向的证据。参见Simons, Margaret A. "Lesbian Connections: Simone de Beauvoir and Feminism." *Signs: Journal of Women in Culture and Society* 18.1 (1992), pp.136—161. Tidd, Ursula. *Simone de Beauvoir, Gender and Testimony.*Cambridge University Press, 1999, p.124.

[3]　西蒙娜·德·波伏瓦:《波伏瓦回忆录第三卷：事物的力量（二）》，陈筱卿译，北京：作家出版社，2013年版，第22页。在西尔维·德·波伏瓦的努力下，这部在波伏瓦生前不被看好的中篇小说已于2020年获得出版，即《形影不离》（Les Inséparables）。

事一直都是波伏瓦创作中的主线"①。她的观察有一定的道理。波伏瓦常常感到之前的小说并没有把莎莎之死的实质和意义阐释出来，"莎莎 - 安娜"的故事常常显得既不真实，又缺乏批判的力度，而直到《端方淑女》问世，她才成功地为这位英年早逝的女伴找到了一个文学化的形象。因此，她浪漫地宣称写《端方淑女》是为了"还债"，还指出自这部书出版以后，莎莎再也没有出现在她的梦中。我童年和我青年时代的故事与我完全隔绝了。②

波伏瓦的"还债"一说多少有一些神秘主义的味道，但可以肯定的是，她确实在回忆录中将莎莎置于了一个关键性的位置。仅从形式上看，几乎每一章的结尾部分都是关于莎莎的内容（只有第二章不是），整部书更是以莎莎的死来画上句号；此外，莎莎也是这部作品中除了波伏瓦自己以外唯一一位拥有独立声音的人物（通过信件的展示）。由此可见，波伏瓦其实是将莎莎的故事融入了个人的成长经历中，既通过回忆录来"复活"莎莎，也借对莎莎的回忆为自我形象的塑造提供了一种比较性的视角。

一、回忆录中浪漫自由的莎莎形象

在《端方淑女》第一章的最后一个部分，波伏瓦写道："我进入四年级的那天——我就要满十周岁了——紧挨着我的座位坐了一位新来的女同学：一位小个子、黑发棕肤、头发剪得短短的女

---

① Lecarme-Tabone, Éliane. "D'Anne à Zaza: Une lente résurrection." *L'Herne 100* (2012), p.207.

② Beauvoir,Simone De.*Les écrits de Simone de Beauvoir: La vie-L'écriture, avec en appndice Textes inédits ou retrouvés,*ed. by Francis, Claude, and Gonthier,Fernande. Paris : Gallimard, 1979, p.183.

同学……她名叫伊丽莎白·马比耶，和我同岁"。①

　　伊丽莎白·马比耶就是莎莎。波伏瓦为她设计的这一登场看似随意，实则已经过了精心的布置。在她出现的前一节中，波伏瓦将回忆录中一直回荡的自我中心和个人主义倾向推向了顶点，认为自己就像《小妇人》里的乔一样，在一众姐妹中最为优秀，还幻想"已经有一个目光扫视了槌球场和四个穿米色罩衫的小姑娘，然后停留在我身上，一个声音低语道：'这个与其他几个不一样。'"但紧接着她便预告了莎莎的到来："如果说有时候我感觉自己不同凡响，但绝不至于再相信自己无与伦比。从这以后，我的自负被另一个女孩子在我心里唤起的感情抑制住了。我有幸遇到了友谊"②，从而使文中逐渐加强的自我肯定戏剧性地转向了对另一个人的由衷赞美，而在这一章接下来的部分中，波伏瓦继续推进、强化了自己对莎莎的热烈感情。她不仅用回忆录中罕见的抒情语调写道："我被一阵难以名状的激动所淹没，任凭心中的快乐像奔腾的激流将自己席卷而去，那感觉恰似飞瀑的水一样湍急而清凉，像美丽的花岗岩无须掩饰"，还直白地宣布："没有她我无法生活"，"做我自己并爱莎莎，我想象不出世间有比这更美好的事情"③。

　　爱默生曾称有格调的友谊是"用英雄的手去握住另一个英

① 西蒙娜·德·波伏瓦：《波伏瓦回忆录第一卷：端方淑女》，罗国林译，北京：作家出版社，2011年版，第63页。
② 西蒙娜·德·波伏瓦：《波伏瓦回忆录第一卷：端方淑女》，罗国林译，北京：作家出版社，2011年版，第63页。
③ 西蒙娜·德·波伏瓦：《波伏瓦回忆录第一卷：端方淑女》，罗国林译，北京：作家出版社，2011年版，第66页。

雄的手"①，不难看出，波伏瓦也从一开始就致力于把她和莎莎的友谊塑造成两个出类拔萃的"英雄"的故事。她们友谊的基础首先是波伏瓦在知识和智力上的优越感。波伏瓦相信"我可以把我对书籍的兴趣、我的学习成绩，看成是我的未来将证实的某种价值的保证"②，而莎莎不仅同她一样热爱读书，也可以在成绩上与她比肩。波伏瓦还认为莎莎使她真正感受到了思想交流的乐趣——她回忆第一次去有九个孩子的马比耶家做客时，只有她和莎莎躲进了小书房中，"远离吵闹，促膝交谈。这是一种全新的乐趣……我和莎莎进行真正的交谈，就像晚上爸爸和妈妈交谈一样"。③

我们甚至看到波伏瓦似乎愿意把莎莎描述为一个比自己更有魅力的角色。在她的笔下，莎莎聪颖灵活，生性敏感，狂傲不羁，又极具艺术气质。她列举了很多细节，比如莎莎会"用织毛衣的针把橘子片、椰枣、李子干穿起来，放进正在煮带醋味的平底锅里"，为家人撰写、油印《家庭记事》，让它看起来就像"一份真正的报纸"，灵巧自如地"在草地上侧手翻、劈叉、翻各种筋斗、爬树并用双脚钩住倒挂在树枝上"④等。波伏瓦尤其强调，在进入青春期以后，当她自己开始变得难看，在不合身的衣服中显得畏畏缩缩，莎莎却仍保持了"女孩子纯真自然的举止"，"又没

---

① 爱默生：《爱默生随笔精选》，程悦译，武汉：长江文艺出版社，2016年版，第49页。

② 西蒙娜·德·波伏瓦：《波伏瓦回忆录第一卷：端方淑女》，罗国林译，北京：作家出版社，2011年版，第63页。

③ 西蒙娜·德·波伏瓦：《波伏瓦回忆录第一卷：端方淑女》，罗国林译，北京：作家出版社，2011年版，第64页。

④ 西蒙娜·德·波伏瓦：《波伏瓦回忆录第一卷：端方淑女》，罗国林译，北京：作家出版社，2011年版，第65页。

有失去男孩子的胆气"①。她骑马在树林里奔跑，毫不在意抽打她的树枝，也会在假期中畅游意大利，回来后对波伏瓦谈论那些名胜、名画、雕像的美。更重要的是，莎莎情感热烈，爱憎分明，对很多事情都能大胆地发表自己的观点。波伏瓦还详细地描绘了一个记忆中的场景——这个场景很好地展现了童年莎莎对她的触动，她也把它写进了小说《当精神占据上风》：在一次钢琴试奏会上，莎莎当着全校的同学和老师弹奏一首高难度的曲子，漂亮地完成后竟然"洋洋得意地看了她母亲一眼，还朝她吐了舌头"。波伏瓦对这件事的评论是，莎莎的大胆让台下的老师同学"气得发抖""板起面孔"，在她看来却代表了一种"荣誉的光环"。因为"我这个人一向规矩、死板，受成见束缚，但也喜欢新奇、由衷、本能的行为。莎莎的活泼机灵、独立不羁征服了我"。②

其实，如果从波伏瓦在后文中的叙述来看，莎莎似乎不仅仅是"征服"了她，也使她或多或少地产生了自卑的心理。她回忆道，根据一次慈善义卖中，笔迹学家对二人的书法所做的分析来看，"莎莎显示出早熟、敏锐、文化和惊人的艺术天赋"，而她自己则"显示出幼稚"。但波伏瓦接受了这个评价，认为自己相比莎莎"只是一个用功的学生，一个乖孩子，仅此而已"③，她甚至还这样写道："在她身上我看到了一种东西，像泉水一样喷涌而出，像大理石一样结实牢固，像丢勒的画一样扎实有力……我拿莎莎

---

① 西蒙娜·德·波伏瓦：《波伏瓦回忆录第一卷：端方淑女》，罗国林译，北京：作家出版社，2011年版，第80页。

② 西蒙娜·德·波伏瓦：《波伏瓦回忆录第一卷：端方淑女》，罗国林译，北京：作家出版社，2011年版，第65页。

③ 西蒙娜·德·波伏瓦：《波伏瓦回忆录第一卷：端方淑女》，罗国林译，北京：作家出版社，2011年版，第85页。

与自己空虚的内心进行比较，便蔑视自己"。①

很多学者都已经指出，在波伏瓦和莎莎的早期关系中，莎莎似乎扮演了一个更具主动性和引导性的角色。② 莎莎与成年人的平等交谈，对老师和学校的大胆质疑，对诸多习以为常的事物的冷嘲热讽，都为循规蹈矩的波伏瓦提供了一种挑战权威的典范，而她浪漫主义的个性和行为方式，也向深受家庭束缚的小波伏瓦展现出了自由的魅力。她甚至接受了在与莎莎的情感关系中自己所处的相对弱势的地位，承认莎莎并没有对她报以同等程度的友爱——"我知道她对我的珍惜远远比不上我对她的珍惜。她喜欢我甚于喜欢其他同学，但是学校生活的重要性对于我和对于她是不一样的"③，"甚至当莎莎对我表现得完全友好时，甚至当她和我在一起显得很开心时，我也担心引起她讨厌……与她单独交谈，几乎成了我一种虔诚的幻想"。④

但我们会发现，即便如此，波伏瓦也并没有打算出让自己在回忆录中的优势位置。她对"一个我长期以来深信不疑的神话"的解释很好地印证了这一点。在第二章中，她将自己和莎莎比作了安德烈·罗黎在《雅典的小学生》中刻画的两个角色：一位是"严肃、专注而有理智的学生泰阿热纳"，另一位则是"高雅、正直、精明、风趣而又放肆"的年轻贵族欧佛里昂，而泰阿热纳也

① 西蒙娜·德·波伏瓦：《波伏瓦回忆录第一卷：端方淑女》，罗国林译，北京：作家出版社，2011 年版，第 80 页。
② Pilardi, Jo-Ann. *Philosophy Becomes Autobiography: The Development of the Self in the Writings of Simone de Beauvoir.* Westport, Conn:Greenwood Press, 1999, p.49.
③ 西蒙娜·德·波伏瓦：《波伏瓦回忆录第一卷：端方淑女》，罗国林译，北京：作家出版社，2011 年版，第 84 页。
④ 西蒙娜·德·波伏瓦：《波伏瓦回忆录第一卷：端方淑女》，罗国林译，北京：作家出版社，2011 年版，第 86 页。

像她一样，忠诚地爱着自己魅力四射的朋友。但波伏瓦又补充道："可是最终泰阿热纳比他的朋友活得长久，能够谈论他的朋友：他代表记忆和知觉，是主体。如果有人建议我成为莎莎，我一定拒绝。我更愿意拥有世界而不是拥有一张面孔。我保持这样的信心，只有我能成功地揭露现实，而既不使它走样也不使它缩小"①。

波伏瓦上述的话不仅体现了她主体意识的强烈，也预示着她即将对莎莎所代表的自由和个性做进一步反思。她用与"世界"相对的"面孔"一词来指莎莎时，似乎就已经隐含了对她的批评。因为相对于"世界"的广阔与坚实，面孔无疑是局限和脆弱的。也就是从这里开始，波伏瓦由对莎莎形象的浪漫主义刻画转向了对她的个性和处境的深入分析，试图从中为她的英年早逝找到合理的说法。

不过在我们对波伏瓦的"说法"进行正式的讨论之前，也许可以先把目光从她的记忆世界抽离出来，转向一些其他的关于莎莎的生平经历的材料。尽管这些材料对于还原一个真实、完整的莎莎来说依然是极其有限的，但它们也向我们提供了不同的叙述，可以帮助我们更好地展现波伏瓦对莎莎的独特理解。

二、书信、传记、他人回忆录中的莎莎

对于莎莎的家庭情况，传记作家的调查和波伏瓦的讲述基本是一致的：莎莎的父亲莫里斯·拉库安曾求学于巴黎综合工科学校，后成为雪铁龙公司的总工程师，她的母亲玛格丽特（娘家的

---

① 西蒙娜·德·波伏瓦：《波伏瓦回忆录第一卷：端方淑女》，罗国林译，北京：作家出版社，2011年版，第81页。

姓氏是 Lafabrie ）出身名门，负责在家中教养他们的九个子女。这是一个信仰天主教的大资产阶级家庭。莎莎的父母相信，女儿应选择"门当户对"的婚姻，在妻子和母亲的身份里实现自己的人生价值。

从已出版的手记和通信来看，年轻的莎莎不仅对包办婚姻深恶痛绝，而且希望像波伏瓦一样追求学业上的成就。可惜她在这两个方面的想法都没有获得家人的支持。拉库安夫人深信知识分子的生活将玷污天主教信仰的纯洁，不允许她考取大中学教师资格证书。为了避免让莎莎受到失去信仰的波伏瓦等人的影响，她还计划把女儿送到柏林。莎莎对母亲的做法极为不满，在给波伏瓦的信中讽刺地写道："现在妈妈想要我出去，这样我就可以和索邦、学习、知识分子断得干干净净。就像过去这个地方的那些家庭，如果他们想让自己的儿子获得一份体面的婚姻，就把他们送到国外几个月，好切断他们跟附近的客栈老板娘或者农家女儿可能的联系。可悲的类比，却如此真实。"[1] 从柏林回来后，她不仅没有同曾经的朋友断交，反而对所谓的"淑女"生活更加厌倦，三个月的自由体验、智性追求让她更加难以接受在家庭事务中耗费生命。她的很多信都体现了她对自身处境的焦虑："我的时间都被碾碎了，什么都没留下"[2]，"莎莎·拉库安小姐是愚蠢的存在，她是一个致力于亲情、俗世的聚会，读一些时下的无聊小说

[1] Lacoin, Elisabeth. *Zaza: Correspondance et carnets d'Elizabeth Lacoin 1914—1929.* Paris : Éditions du Seuil , 1991, p.141.
[2] Lacoin, Elisabeth. *Zaza: Correspondance et carnets d'Elizabeth Lacoin 1914—1929.* Paris : Éditions du Seuil , 1991, p.256.

的年轻女孩"①。我们还不无惊奇地发现，莎莎对女性教育的反思实际上是非常深刻的："今晚的招待会，足足占用了一大家子所有的时间。一个人必须用点什么东西来将自己填满，这样他就会相信自己是充实的。我们挺忙。我们的晚餐主要是'资产阶级式'的以及'传统式'的。在某一个时刻，我看着那些紧紧地坐在一起的女人，以同样安静、同样驯服的身体，以一种不可改变的诚实和空虚的表情。我们会不会有一天也变成那样？这就是教育的结果吗？这种缓慢的沉睡，让女人和年轻漂亮的姑娘们变成了温顺、无害的存在，但这实在让人丧气……这是一种不可避免的命运吗？"②

最让莎莎感到痛苦的还是家人对她婚恋自由的干预。早在 15 岁时，她就陷入了一场轰轰烈烈的恋爱，甚至计划和男友安德烈到南美洲定居。但这场恋情遭到了两个家族的合力打压，使莎莎意志消沉，几近自杀。在给波伏瓦的信里她回忆道："当家人强迫我们断绝关系时，我痛不欲生，好几次差点自杀了。记得有一天晚上，看见地铁行驶过来，我险些扑到列车底下，我已经没有一丁点儿生存下去的愿望。"③惨痛的初恋并没有使莎莎退缩，三年后，她又开启了一段新的恋情，而这次的恋爱对象是波伏瓦的知识分子朋友，后成为著名哲学家的莫里斯·梅洛-庞蒂。

可以确定的是，莎莎早就通过波伏瓦认识了梅洛-庞蒂，不

---

① Lacoin, Elisabeth. *Zaza: Correspondance et carnets d'Elizabeth Lacoin 1914—1929*. Paris: Éditions du Seuil , 1991, p.277.

② Lacoin, Elisabeth. *Zaza: Correspondance et carnets d'Elizabeth Lacoin 1914—1929*. Paris: Éditions du Seuil , 1991, p.295.

③ 西蒙娜·德·波伏瓦：《波伏瓦回忆第一卷：端方淑女》，罗国林译，北京：作家出版社，2011 年版，第 183 页。

过直到 1929 年 6 月他们才有了比较频繁的接触。是莎莎主动给梅洛 - 庞蒂写信，他才坦白了自己的感情。可惜的是，三年前的那一幕又重演了——拉库安夫人不能接受这段恋情（对象还是西蒙娜·德·波伏瓦的知识分子朋友），逼迫她与梅洛 - 庞蒂断交。

为此，莎莎给她母亲写了两封解释信。在第一封信中，莎莎先温柔地写道："我知道您之所以这么累，很大一部分是因为我的缘故，这使我真的感到万分难过。我热烈地爱您，却只会让您痛苦"，但逐渐地她展现出了自己强硬的一面，既针对母亲的指责为朋友和自己竭力辩护："西蒙娜的灵魂还没有迷失，正如你和我的灵魂还没有被拯救"，"您对我的想法让我无法忍受"，也直白地提出："会不会有一天，您能同意让我遵照自己的意愿活着？"莎莎的第二封信表达了她对母女关系的看法，指出自己虽然也希望能继续与母亲保持亲密无间的爱，但这必须建立在母亲能"承认我是一个自由的，能为自己负责的人，愿意接受我真正的样子"的基础上，而不是利用母亲的权威"评价、曲解、指责"她。①

吉耶曼·德·拉科斯特（Guillemine de Lacoste）在分析这两封信时指出，莎莎表现出了"将她对母亲的关心和一种摆脱母亲控制的自我坚持结合在一起的能力"。②拉科斯特的评价是非常准确的。无论结果如何，从这两封信中，我们看到了一个有理有据有节地争取自我权利的年轻女性，锐利而又成熟。但事情的复杂

---

① Lacoin, Elisabeth. *Zaza: Correspondance et carnets d'Elizabeth Lacoin 1914—1929*. Paris: Éditions du Seuil , 1991, pp.300-303.
② Lacoste, Guillemine De. "Zaza's Way: Sacrificial Victim or Alternate Role Model?" *Simone de Beauvoir Studies* 9.1 (1992), p.92.

之处在于，这一次莎莎需要面对的不仅是家人的不理解，还有梅洛-庞蒂含糊不清的态度。莎莎的母亲认为一个不愿意正式上门提亲的男人是可疑的，而梅洛-庞蒂正是坚定地拒绝这样去做。他告诉来质问他的波伏瓦，他的哥哥即将去多哥，唯一的姐姐也刚刚订婚，他不能在此时向母亲暗示他也要离开了——这显然不是什么令人信服的理由。不仅如此，当莎莎想方设法地安排和他的见面，他却总是因为叔父刚刚过世、哥哥准备动身等理由不断推脱。这些表现对感到"孤单一人，抵御着苦涩的思考和母亲一次次悲观的警告"①的莎莎来说都无异于雪上加霜。当时，同时爱上梅洛-庞蒂的还有波伏瓦的妹妹埃莱娜以及一个叫若西（Josée）的女孩（波伏瓦也承认对他有过好感），拉科斯特推测，这些情况或许也增加了莎莎感情上的不安全感。

在《端方淑女》出版后，波伏瓦从莎莎的一个妹妹那里得知了梅洛-庞蒂当年的隐衷。传记作家贝尔对这件事的描述大致是这样的：莎莎的父亲知道女儿很顽固，所以按照大资产阶级的传统雇用了一个私家侦探对梅洛-庞蒂进行了婚前调查，结果发现梅洛-庞蒂的母亲曾经给一个已婚的大学教授当过多年的情妇，她的两个小一点的孩子（包括梅洛-庞蒂）其实都是私通所生，而萨特的母亲芒西夫人也向波伏瓦证实了这件事，在一次晚宴上，她看见这个男人坐在情妇和妻子中间。据说在拉罗谢尔，这已是一件公开的丑闻。②

---

① Elisabeth, Lacoin. *Zaza: Correspondance et carnets d'Elizabeth Lacoin 1914—1929*. Paris : Éditions du Seuil , 1991, p.370.

② Bair, Deirdre. *Simone de Beauvoir: A Biography* .New York: Simon and Schuster, 1991, pp.152—153.

弗朗西斯和贡蒂埃提供的信息同贝尔的略有出入。在她们的传记中，拉库安家一开始的时候并没有反对这桩婚事——"所有人都在说他的好话。L.（Lacoin 的缩写）家有九个孩子，他们看到自己的第三个女儿非常幸福地准备结婚时并没有任何不快"①，所以才按照习俗进行了背景调查；她们也认为直到拉库安先生"带他去布洛涅森林和他进行了一次男人间的对话"②之前，梅洛-庞蒂都并不了解自己的身世。莎莎的家人以公布此事作为要挟，逼迫梅洛-庞蒂离开莎莎，否则他姐姐的婚事就会受到影响——这就是为什么梅洛-庞蒂后来会在这段感情中显得犹豫不决。两位作者还将莎莎的死与这件事直接联系起来：

> 莫里斯不知道扎扎（即莎莎）已经什么都明白了，伊丽莎白也不想他知道她已经了解了他母亲的罪恶。扎扎不能放弃莫里斯，但是她又不能不顺从她的双亲……伊丽莎白发现自己思考和做决定都越来越吃力了，她当时对西蒙娜说的那些都是谎言。
>
> 慌乱矛盾的她逐渐精神失常了……在发病的前一天，伊丽莎白扯掉自己的衣服全裸着从 L. 家的楼梯上走了下来……第二天，她去了梅洛-庞蒂夫人家，问她莫里斯是不是已经到了天国，问她为什么讨厌自己。梅洛-庞蒂夫人看着这个年轻的姑娘发着高烧、又没有戴帽子，十分慌乱，她宽慰扎扎说自己根本就不反对这门亲事。莫里斯坐出租车送她回家，家人把她送到了纳伊的一个诊所。L. 家告诉莫里斯他们不再反对他和扎扎的婚姻。但是已

---

① 弗朗西斯、贡蒂埃：《波伏娃：激荡的一生》，唐恬恬译，桂林：广西师范大学出版社，2009 年版，第 86 页。
② 弗朗西斯、贡蒂埃：《波伏娃：激荡的一生》，唐恬恬译，桂林：广西师范大学出版社，2009 年版，第 87 页。

经太晚了，伊丽莎白兴奋异常，已接近了死亡了。[①]

　　弗朗西斯和贡蒂埃的叙述可能是受到了波伏瓦的影响，她们在她不知道的隐情和《端方淑女》里的描写的基础上糅合了自己的理解。其实莎莎的妹妹还提供了故事的另一个版本：1992 年，她写信告诉拉科斯特，莎莎去世之前，情况其实已经乐观了起来——"她们家人最终也明白不能完全违逆莎莎要和梅洛-庞蒂约会，甚至嫁给他的激情和决心"；（她在后来发现的）莎莎的秘密日记似乎也支持了这个说法，因为她和梅洛-庞蒂已经充分地讨论并决定积极地面对他们的困难。[②]

　　1929 年 11 月 11 日，莎莎给梅洛-庞蒂写了最后一封信——两天后，她就住进了医院，并于当月 25 日去世。她在信中告诉梅洛-庞蒂："在阅读克洛岱尔《十字架之路》的那一周，我常常潸然泪下，这主要是想到您母亲所遭受的痛苦的缘故……如果我们还有一些小小的困难要克服，那就是妈妈是一个非常自然的母亲。我答应过自己，要将其尽可能地变得超自然。让我们特别为她祈祷。昨天你勇敢、慷慨地在痛苦中拥抱我，今天我在快乐中拥抱你和所有的人。把这个吻悄悄送给你母亲，我们都知道如何做个足够好的基督徒，使我们的家，无论多么广阔都只依赖于爱。"[③]

　　这封信是否能印证波伏瓦以及弗朗西斯和贡蒂埃所说的，莎莎在临终前已经精神错乱了？还是像拉科斯特所说，"表达了她

[①]　弗朗西斯、贡蒂埃：《波伏娃：激荡的一生》，唐恬恬译，桂林：广西师范大学出版社，2009 年版，第 87—88 页。

[②]　弗朗西斯、贡蒂埃：《波伏娃：激荡的一生》，唐恬恬译，桂林：广西师范大学出版社，2009 年版，第 94 页。

[③]　Lacoin, Elisabeth. *Zaza: Correspondance et carnets d'Elizabeth Lacoin 1914—1929.* Paris : Éditions du Seuil , 1991, p.381.

对他们所面对的困难的担心，还有通过对上帝深沉、深刻的爱与信仰以及对美好未来的坚定信念克服它们的决心？"[1] 莎莎的死到底是由于精神的崩溃，还是仅仅是受到了某种生理性的病毒感染？[2] 在莎莎死去之后，这一切都已经无从考证。突如其来的死亡，让她生前的行为和话语都变得神秘莫测，但这也给波伏瓦留下了想象和重塑的巨大空间。

三、波伏瓦对莎莎之死的小说化改编

正如前文所说，波伏瓦第一次尝试着将莎莎的故事写出来是在马赛当老师时。作品中的两位女主人公都是她自己在某个方面的投射。为了使这个故事更为丰满（"展示世界的深度"），她将"我心中的悲剧性浪漫故事"[3] 即莎莎的死也穿插了进去。不过这位"安娜"的遭遇与莎莎的实际生活却并不怎么相似——她已经结婚，丈夫是一位思想正统的中产者。安娜的矛盾在于，一方面她被女主人公普雷丽雅娜女士的圈子深深吸引，在后者的鼓励下决定追求自己的音乐之路，另一方面她的丈夫却"禁止她有这些交往"，使她在挣脱束缚的渴望与爱、责任和宗教信仰的冲突中

---

[1] Lacoste, Guillemine De. "Zaza's Way: Sacrificial Victim or Alternate Role Model?" *Simone de Beauvoir Studies* 9.1 (1992), p.94.
[2] 拉科斯特认为莎莎应死于某种病毒感染。他给出的理由是：莎莎在住院的三天前曾邀请埃莱娜一起去游泳，还在给后者的信中写道："尽管那里有很多细菌，但我不怕细菌。"而那年秋天巴黎已经出现了20例病情。笔者认为，他给出的证据并不可靠，莎莎和埃莱娜实际约定的时间是"下周四"，即11月14日，莎莎可能没有来得及去游泳就住院了。Lacoin, Elisabeth. Zaza: *Correspondance et carnets d'Elizabeth Lacoin 1914—1929*. Paris : Éditions du Seuil , 1991, p.381.
[3] 西蒙娜·德·波伏瓦：《波伏瓦回忆录第二卷：岁月的力量（一）》，黄荭、罗国林译，北京：作家出版社，2012年版，第75页。

感到"左右为难"，"不久就离开了人世"[1]。

很显然，这是一个严重缺乏可信度的故事。波伏瓦后来自己也在回忆录《岁月的力量》中做出了反思，承认这位安娜所感受到的道德冲突远不至于将她撕裂，她的做法是只将一种理论观念——"中产阶级的僵化与求生的意愿之间的冲突"与一件原始材料——"莎莎之死"机械地拼凑在一起，是非常缺乏生活经验和艺术思维的表现。她的自我分析非常透彻，但1932年她在鲁昂创作另一个版本的"安娜"时可能还完全没有意识到这些：这里的安娜依然是一个在"责任与幸福不可兼得的煎熬中渐渐死去"的已婚女人，只不过这一次让她陷入"煎熬"的是她与一个叫皮埃尔的角色展开的一段柏拉图式的婚外情。可以说，波伏瓦又犯了同样的错误：她想通过安娜的悲剧告诉读者，"资产阶级的唯灵论不仅显得可笑，而且害死人"[2]，却依旧没有讲清楚安娜的绝望与她的死亡之间究竟存在着怎样的逻辑。

以上两个故事的失败让我们不禁怀疑，波伏瓦对莎莎的最后的处境是否所知不深。因为她只是抽象地强调了安娜在个人意志和道德责任的冲突中感受到了矛盾，却无法赋予这一矛盾实质性的内容。她把莎莎的死归咎于资产阶级和宗教的保守主义道德，却无法描写出合情合理的"犯罪过程"。这与她在莎莎去世之前的一段时间里，不仅处于信息受限的境地，也没有和她进行及时的交流其实有很大的关系。在莎莎的书信中，我们发现波伏瓦在那

---

① 西蒙娜·德·波伏瓦：《波伏瓦回忆录第二卷：岁月的力量（一）》，黄荭、罗国林译，北京：作家出版社，2012年版，第76页。

② 西蒙娜·德·波伏瓦：《波伏瓦回忆录第二卷：岁月的力量（一）》，黄荭、罗国林译，北京：作家出版社，2012年版，第105页。

段时间经常处于"失联"的状态。10月底,在给另一位好友的信中,莎莎就写道:"本月初,我又见了西蒙娜三次,但在过去的12天里,我对她一无所知。她向我解释说她下周很忙。看她一直没动静,我给她写了一个便条,三天过去了,她还没有回,我很担心。"[1] 波伏瓦在回忆录里也提及了自己当年对莎莎的刻意疏远:莎莎"下不了决心站到我一边",所以"我以不与她分忧表示我对她的怨恨"[2],"十天后,我偶然在波卡迪酒吧遇到她","四天后,我收到马比耶太太的一封短信:莎莎病倒了……"[3] 我们不难从字里行间感受到她的悔恨,但我们也必须承认:她的这段记忆是碎片化的。波伏瓦试图在批判资产阶级和宗教文化的框架中去理解莎莎,却还没有学会如何让这个形象变得更丰满、可信、有力量。

因此,在创作《当精神占据上风》时,波伏瓦就开始大量调用真实经历中的素材来写莎莎,以弥补自己在想象力上面的不足。这个版本的安娜与现实生活中的莎莎已经非常接近了,也是一位出生于大资产阶级家庭、信仰天主教的年轻女性。通过女友尚塔尔(Chantal)——波伏瓦的文学替身,安娜认识了年轻的知识分子帕斯卡(Pascal)并与他坠入爱河。她的母亲维尼翁(Vignon)夫人强烈反对这桩情事。安娜不忍放弃爱情,也不想违逆母亲,最后只得抱恨而终。具有讽刺意味的是,安娜死后,

---

[1] Lacoin, Elisabeth. *Zaza: Correspondance et carnets d'Elizabeth Lacoin 1914—1929.* Paris : Éditions du Seuil , 1991, p.377.

[2] 西蒙娜·德·波伏瓦:《波伏瓦回忆录第一卷:端方淑女》,罗国林译,北京:作家出版社,2011 年版,第 214 页。

[3] 西蒙娜·德·波伏瓦:《波伏瓦回忆录第一卷:端方淑女》,罗国林译,北京:作家出版社,2011 年版,第 266 页。

维尼翁夫人和帕斯卡似乎结成了"同盟",他们彬彬有礼地交换安娜生前的信件,对她所经历的痛苦却只字不提。维尼翁夫人甚至自欺欺人地称女儿的死"对上帝的荣耀并不是无用的",而后者也"同情地点了点头"——毫无良心上的不安。[①]

在这部作品里,波伏瓦不再空泛地让一个代表资产(中产)阶级的丈夫成为安娜和幸福之间的障碍,而是把批判的矛头具体地对准了这个故事中的每一位参与者。埃莲娜·莱卡梅-塔博内对此的分析非常到位,波伏瓦不仅质疑了安娜周围的人,"还有这些人所指向的虚幻而危险的价值观:社会偏见和基督信仰的混合(维尼翁夫人)、用理想主义来粉饰的软弱的爱(帕斯卡),自我毁灭式的顺从(安娜)……"[②]。这也使安娜的死变得更有说服力。除此之外,波伏瓦还试图表达出莎莎之死对于她自己的触动——不仅是长久压抑的负罪感——正如许多学者所认为的,也是激励她勇敢前行的动力。所以在小说的最后,她从尚塔尔的视角升华了整件事情:"从现在起,她的生活将永远背负着一个美丽而悲惨的故事……这个奇妙的负担沉重地压在她的心头:她还不能预见它能给她带来多少财富,但她已经觉得它使她的存在变了样。她能比以前更好地去爱、理解、启发和得到安慰。或许有一天,她甚至能把她的痛苦经历变成一本宁静美丽的书。'安娜,我最亲爱的,我永远也不会忘记你',她恳切地答应。"[③]

---

① Beauvoir,Simone De.*When Things of the Spirit Come First: Five Early Tales,* trans. by O'Brian,Patrick, New York: Pantheon Books, 1982, p.163.

② Lecarme-Tabone, Éliane. "D'Anne à Zaza: une lente resurrection." *L'Herne* 100 (2012), p.209.

③ Beauvoir,Simone De.*When Things of the Spirit Come First: Five Early Tales,* trans. by O'Brian,Patrick, New York: Pantheon Books, 1982, p.166.

四、莎莎是一个悲剧角色吗？

现在可以继续我们对回忆录的讨论。与之前的小说相比，《端方淑女》有两个明显的特点：首先，它较为完整地叙述了莎莎从童年到少女时代的成长过程，而不仅仅局限在她临近死亡的时段；其次，波伏瓦让自己和莎莎以相互对照的形象出现，在刻画莎莎的同时，也试图道出自己之所以成为今日之波伏瓦的秘密。

从小说向回忆录的转变，不仅体现了波伏瓦对真实、立体的人物形象的进一步探求，也表明了随着人生阅历的丰富，她对于莎莎的个性及她对自己的意义有了更深的体认。如在上文引用的《当精神占据上风》的结尾段落，尚塔尔"觉得它（莎莎的死）使她的存在变了样"，但从小说的语境来看，尚塔尔的所谓的"觉得"更多只是一种矫揉造作的自欺欺人。波伏瓦声称这是自己的有意为之，为了体现出"安娜周围所有人都是虚假的"[1]，尚塔尔只是担任了一个"不可靠的叙述者"的角色。我们暂不去追问这究竟属于她当时的真正想法还是事后的自我反思。仅从这段话产生的效果看，对一个"不可靠视角"的反讽显然无法揭示出主人公的深层悲剧。[2] 相比之下，同样要表达将莎莎的死内化成自身的精神养料这个意思，《端方淑女》的结尾则明确而有力："夜梦中，她常常出现在我面前，蜡黄蜡黄的，戴一顶粉色阔边软帽，责备地看着我。我们曾经一块与等待着我们的命运搏斗——有好

---

[1]　西蒙娜·德·波伏瓦：《波伏瓦回忆录第二卷：岁月的力量（一）》，黄荭、罗国林译，北京：作家出版社，2012年版，第172页。

[2]　波伏瓦自己也有意识："我让安娜信任一个根本不值得信任的人，其实是贬低了她。"西蒙娜·德·波伏瓦：《波伏瓦回忆录第二卷：岁月的力量（一）》，黄荭、罗国林译，北京：作家出版社，2012年版，第172—173页。

长时间我都在想，她的死是为我的自由付出的代价。"① 很明显，这一次，波伏瓦试图作为莎莎整个人生的深度参与者，甚至将自己和莎莎视为命运的共同体来对莎莎的死进行总结。

由此可见，虽然回忆录的写作的确可以避免一部分的想象性工作——这正是波伏瓦所不擅长的，但它对另一种想象力，即创造性地融合事实世界与可能世界的能力却似乎提出了更高的要求。作为回忆录作家的波伏瓦，可能既需要像小说家一样，从记忆材料中开掘出令人信服、具有伦理深度的故事，也需要像历史学家和哲学家一样，对自己的记忆本身进行反思和提炼，创造性地呈现出对事实真相的"良知"。而这些知性"加工"，都需要通过她的生命体验得以贯通。

从最终呈现的结果来看，波伏瓦对自己在这两个方面的任务应该是有所自觉的。她对童年时代的细致补充，既增加了这个故事的历史厚度，也充分地体现出了莎莎身上所具有的矛盾感。在小说《当精神占据上风》中，安娜屈从的个性从一开始就通过尚塔尔的视角得以确立——"安娜太顺从了，她通过这种基督徒的顺从来确保她自己的幸福"②，而安娜和尚塔尔之间的关系也被明确、直接地呈现为"被拯救者"和"救世主"的关系，尽管是失败的——"尚塔尔常常要为她抗争，是尚塔尔说服了她追求学业，借给她自己的书，介绍了帕斯卡·德胡夫给她。"③ 但回忆录中的莎

---

① 西蒙娜·德·波伏瓦：《波伏瓦回忆录第一卷：端方淑女》，罗国林译，北京：作家出版社，2011 年版，第 267 页。

② Beauvoir,Simone De.*When Things of the Spirit Come First: Five Early Tales*, trans. by O'Brian, Patrick, New York: Pantheon Books, 1982, p.132.

③ Beauvoir,Simone De.*When Things of the Spirit Come First: Five Early Tales*, trans. by O'Brian, Patrick, New York: Pantheon Books, 1982, p.133.

莎，正如我们已经在第一部分中讨论过的，显然不是一个一味消极被动的角色。她自由灵动，聪颖好学，思想独立，一度是波伏瓦热爱、甚至于崇拜的对象，在她的个性和她的陨落之间存在着更微妙也更引人深思的关系。

可以看到，从第二章起，波伏瓦已由对莎莎的浪漫印象转向了更加深入和理性的审视。跳出童年的视角，她首先对"莎莎身上给我印象最强烈"的"玩世不恭"进行了分析，认为它其实是一种自卑心理和"愤恨情绪"的混合：作为一个有九个孩子的大家庭中的一员，莎莎"很小时就感到自己或多或少被遗弃了"。她的优越感主要来自家庭，当她"仅仅以自己的面目出现"时，便暴露出自身的缺陷——"人长得丑，不受宠爱，自己很不可爱，也没得到多少爱"，便只好"以冷嘲热讽来弥补这种自卑感"[①]；同时，莎莎也与自己的生活环境较着劲——"周围的人都大谈上帝、慈悲、理想。但莎莎很快发现，所有这些人看重的只是金钱和社会地位。这种虚伪令她反感。她决计用玩世不恭来防止自己虚伪。"但波伏瓦也进一步暗示，莎莎的"抗议"看似极端，其实也留有余地——"在德西尔学校，大家都说她的言谈举止不合常理，但我从未发现她有撕破脸皮或咬牙切齿的情形。"[②]

波伏瓦曾在《第二性》中讨论了少女在青春期的"叛逆"，认为这类行为实际上都有"一种反抗与共谋纠缠不清的混乱"："在所有这些行为中，少女没有力图超越自然和社会的秩序，她不想

---

① 西蒙娜·德·波伏瓦：《波伏瓦回忆录第一卷：端方淑女》，罗国林译，北京：作家出版社，2011年版，第83页。

② 西蒙娜·德·波伏瓦：《波伏瓦回忆录第一卷：端方淑女》，罗国林译，北京：作家出版社，2011年版，第84页。

缩小可能性的限制，也不想进行价值的蜕变；她满足于在边界和法律都得到保持的既定世界中表现自己的反抗……在自欺的烦恼黑暗中，她既拒绝又接受世界和她自己的命运"①。对《端方淑女》仔细阅读会发现，波伏瓦也正是从这个层面来理解莎莎在青春期的表现的。她认为莎莎确实保留了自己的独立思想和批判意识，但她在自己的自由意志受到威胁或阻碍时又没有坚决抵抗。比如她这样来解释莎莎在15岁时产生的抑郁情绪（以及为什么她们两人的关系日益疏远）："她所担心的命运临近了，我可能觉得她既没有力量抗争，也没有力量屈从，所以希望永远睡着，不再忧虑。我心里责备她自认失败，觉得这种情绪已经意味着放弃……我们两个都脱离社会，莎莎是因为绝望，我则是因为狂热的希望。我们的孤独感无助于我们的团结。相反，我们隐隐约约地互不信任，我们之间的沉默日益加深。"② 她也再一次把莎莎为了逃避一次远足而用斧头砍伤自己的脚的事情写了进去 ③，并评价道："我赞叹不已。我知道人到绝望时，会怎样渴望清静……不，莎莎没有泄气，也没有听天由命。她心里暗暗憋着一股狠劲，使我有点害怕。"④ 但如果我们还记得《第二性》也引用了这个细节，就

---

① 西蒙娜·德·波伏瓦:《第二性Ⅱ：实际体验》，郑克鲁译，上海：上海译文出版社，2011年版，第115页。波伏瓦解释，少女身上之所以出现这种现象，是因为她们正从独立的童年期向顺从的女人期转变。参见西蒙娜·德·波伏瓦:《第二性Ⅱ：实际体验》，郑克鲁译，上海：上海译文出版社，2011年版，第89页。

② 西蒙娜·德·波伏瓦:《波伏瓦回忆录第一卷：端方淑女》，罗国林译，北京：作家出版社，2011年版，第134—135页。

③ 除《端方淑女》外，波伏瓦还在《当精神占据上风》中写过这个细节。参见Beauvoir, Simone De.*When Things of the Spirit Come First: Five Early Tales*, trans. by O'Brian, Patrick, New York: Pantheon Books, 1982, p.131.

④ 西蒙娜·德·波伏瓦:《波伏瓦回忆录第一卷：端方淑女》，罗国林译，北京：作家出版社，2011年版，第186页。

会发现波伏瓦所谓的"赞叹不已"实际上只是对年轻的自己的反讽，因为她早已把这种自残行为归到了"虐待—被虐狂的举动"之列，认为它是这个年龄所常见的"象征性的抗议"，"看来了不起，却没有效果"。[1] 从根本上来说，是因为这位少女既渴望自由，却又并没有真正地的打算与束缚她的世界决裂，正如她在《第二性》中写下的："她宁可在自己的笼子里挣扎，也不寻求逃出笼子；她的态度是消极的、反射性的、象征性的"[2]。

事情的复杂之处在于，如果我们仅仅将莎莎视为一个软弱而不真诚的角色，对她来说显然是不公允的。无论在理论还是实践方面，莎莎都体现出了超乎她这个年龄的敏锐与成熟。波伏瓦在写回忆录时其实也没有刻意遗忘这一点，反而相信莎莎所经历的种种事件能够使她的内心世界变得更加丰富和深邃。在得知莎莎和安德烈的故事后，她就这样写道："她那种浪漫的情怀，还有她对爱情那种异乎寻常的洞察力。她已经懂得倾尽满腔热血去爱"[3]——钦佩之情溢于言表。她在《第二性》中的这段话放在这里也是合适的："少女保守自己的秘密，骚动不安，忍受着难以排解的冲突。这种复杂性使她情感丰富，她的内心生活比她的兄弟们更加深入地发展起来；她更关注心灵的活动，这些活动变得更细腻、更复杂；她比转向外界目标的男孩子有更多的心理感受。她能够重视与世界的对抗。她避免过于严肃和循规蹈矩造成的陷

---

① 西蒙娜·德·波伏瓦：《第二性Ⅱ：实际体验》，郑克鲁译，上海：上海译文出版社，2011 年版，第 113 页。

② 西蒙娜·德·波伏瓦：《第二性Ⅱ：实际体验》，郑克鲁译，上海：上海译文出版社，2011 年版，第 113 页。

③ 西蒙娜·德·波伏瓦：《波伏瓦回忆录第一卷：端方淑女》，罗国林译，北京：作家出版社，2011 年版，第 184 页。

阱。她周围的人异口同声的谎言，受到她的讥笑，她洞若观火。她每天都感受到自己处境的不明朗：她超越无力的抗议，有勇气对既存的乐观主义、现成的价值观、虚伪的和安定人心的道德观重新提出质疑。"[1] 这里的描述其实也非常符合莎莎的情况。

如果是这样，我们又该如何理解莎莎身上的悲剧？其实波伏瓦的心中早有答案。在反思最初两部作品的问题时，她就指出："要理解安娜的故事，就要从她的童年入手，了解她所处的家庭环境、她对母亲的敬爱（夫妻之爱根本不能与这种敬爱等量齐观）。一位母亲从孩子幼年起就能受到孩子的敬爱，无疑会对孩子保持着可怕的影响，哪怕是孩子遗憾地感到思想狭隘、滥施权威"[2]。因此，在《当精神占据上风》中，尚塔尔的任务就变得非常明确——将安娜从母亲的影响下解救出来。尽管回忆录中的莎莎不再像安娜一样，仅仅只是悲伤而机械地重复着波伏瓦让她说的话："我所能做的就是顺从……我必须服从她"[3]，而是有更丰富、更顽强的个性以及各种层面的"抗争"行为。但波伏瓦还是强调了，莎莎的"软肋"以及她和波伏瓦的分歧所在正是她同母亲的关系。波伏瓦一直相信自己的自由和未来的成功是建立在对自己所属的阶级、性别、宗教的彻底反叛之上的，而莎莎本质上则对其母亲及她母亲代表的价值观有着非常深的认同。为了让她和莎莎之间的对比展现得更为鲜明，波伏瓦点出了几个细节，比如当

---

[1]　西蒙娜·德·波伏瓦：《第二性Ⅱ：实际体验》，郑克鲁译，上海：上海译文出版社，2011 年版，第 119 页。

[2]　西蒙娜·德·波伏瓦：《波伏瓦回忆录第二卷：岁月的力量（一）》，黄荭、罗国林译，北京：作家出版社，2012 年版，第 76 页。

[3]　Beauvoir,Simone De.*When Things of the Spirit Come First: Five Early Tales*, trans. by O'Brian, Patrick, New York: Pantheon Books, 1982, p.152.

她决心追求知识分子的道路时，莎莎嘲笑了她，认为"像我妈一样生九个孩子，和写几本书一样有价值"①；再比如她发表不当母亲的想法时，又拿莎莎作为对比："莎莎见到皱巴巴的婴儿时那么痴迷，真令我吃惊"。②

同小说中的尚塔尔和维尼翁夫人一样，回忆录里的波伏瓦和莎莎的母亲马比耶夫人的矛盾也日益加剧：前者试图引导莎莎追求知识和独立，甚至宣布："我决心竭尽全力进行斗争，使生命在她身上战胜死亡"③，而后者则以"母爱"的名义将莎莎束缚在女性的传统命运中，用繁重的家务劳动和社交活动消耗莎莎对生活的热情，也阻止她自由地追求她所渴望的知识和爱情。在这场拉锯战中，波伏瓦时常感到自己是无能为力的，不仅仅是因为马比耶夫人"开始以不好的眼光看我了"④，强硬地干预她和莎莎的交往，更是因为她感到莎莎本人也对自己的"反抗"充满了矛盾和内疚，在个体自由和母亲的教导之间游移不定——"她无法让自己信服，奔走于沙龙和大商店之间就是忠实地遵循了福音书的训诫。也许她作为基督徒的义务就是服从母亲吧……她担心，如果相信自己的判断，她会犯自高自大的过错；如果屈服于外在的压力，她又会犯胆小懦弱的过错。这种疑虑加剧了长期以来撕裂着她的内心的冲突：她爱自己的母亲，但也喜欢母亲不喜欢的许多东西。她

---

① 西蒙娜·德·波伏瓦:《波伏瓦回忆录第一卷:端方淑女》，罗国林译，北京:作家出版社，2011年版，第101页。
② 西蒙娜·德·波伏瓦:《波伏瓦回忆录第一卷:端方淑女》，罗国林译，北京:作家出版社，2011年版，第103页。
③ 西蒙娜·德·波伏瓦:《波伏瓦回忆录第一卷:端方淑女》，罗国林译，北京:作家出版社，2011年版，第208页。
④ 西蒙娜·德·波伏瓦:《波伏瓦回忆录第一卷:端方淑女》，罗国林译，北京:作家出版社，2011年版，第175页。

常常忧愁地对我引述拉米兹的一句话：'我所喜爱的东西彼此并不喜爱'。"[1] 莎莎的不坚定也时常让波伏瓦觉得："不管怎样她还是相信上帝，相信她母亲和她的职责的，而我呢，又落得很孤单了。"[2]

但回忆录与小说根本性的不同，正如前文也已经提到的，是波伏瓦对事实世界的尊重。她确实有她特定的观察角度和批判态度，但她也对莎莎最后各种自相矛盾且让人难以理解的行为予以了保留。尤其在《端方淑女》的最后一个小节里，她大量地引用了莎莎留下的信件，以试图还原她在生前最后一段时间的思想和情感的经历——主要关于为她死亡埋下伏笔的与梅洛-庞蒂（回忆录中为让-普拉德勒）的恋情。她也让自己退到了一个不可靠的叙述者的位置，仅仅从"见证者"和"探究者"的角度来讲述自己的印象和判断，而不是像在小说中一样给予事件明确的逻辑和伦理导向。[3] 不难看出，波伏瓦对事件的描述基本是忠于她的亲身经历的，比如她在小说中让帕斯卡的妹妹替代了他母亲的角色而在回忆录中又改正了过来，她也对事件中的重要疑点给予了展现，比如"我生普拉德勒的气，她责备我错怪了他。她选择了放弃，我鼓励她自我保护，她硬是不愿意"[4]——这其实是由于她

---

[1] 西蒙娜·德·波伏瓦：《波伏瓦回忆录第一卷：端方淑女》，罗国林译，北京：作家出版社，2011年版，第204页。

[2] 西蒙娜·德·波伏瓦：《波伏瓦回忆录第一卷：端方淑女》，罗国林译，北京：作家出版社，2011年版，第189页。

[3] Hewitt, Leah D. *Autobiographical Tightropes: Simone de Beauvoir, Nathalie Sarraute, Marguerite Duras, Monique Wittig, and Maryse Condä*.Lincoln: University of Nebraska Press, 1990, pp.34—45.

[4] 西蒙娜·德·波伏瓦：《波伏瓦回忆录第一卷：端方淑女》，罗国林译，北京：作家出版社，2011年版，第265页。

不知道真相而导致的。但在这种基本的忠实中，波伏瓦还是努力地为自己的解释开辟出了一定的空间——结尾中莎莎的死是经过神秘化的：波伏瓦把自己最后一次见莎莎时，莎莎展现出的乐观情绪描写成一种疯狂的前兆，也小说化地想象了莎莎去世前几天的情形——去普拉德勒家说胡话，最终让她的死成为一种精神性的隐喻，强化了她对资产阶级文化的批判，对争取自由的力量的强调。可以说，波伏瓦在这里终于将生活的真实和理论的观点结合在了一起，塑造了一个丰富生动的莎莎形象。如果仅仅从这个层面上看，她的写作是非常成功的。但问题是，她真的理解莎莎吗？从我们在传记和书信中找到的那些信息来看，也许波伏瓦还是有些绝对化了。莎莎没有将母爱和自由对立起来，并不代表着莎莎是一个悲剧的角色。[1] 事实上，莎莎展现出的聪慧、自信，感受爱、给予爱的能力，甚至是在痛苦中争取爱的能力，与拉库安夫人对她的关爱和教育，还有她身上体现出的女性化的品质是分不开的。正如拉科斯特的到位总结："莎莎拒绝母亲控制她，但她没有拒绝母亲。"[2]

---

[1] 在《清算已毕》中，波伏瓦写道："她本来热爱生活、爱情，也许还爱写作。究竟是什么因素导致了她的挫折，以致死亡？她不幸的本质何在？我相信，其中首先有她幼年的因素。她父亲不像关心她的姐姐那样关心她；扎扎对母亲十分依恋，她母亲很慈爱，但活儿太多，空余时间少。这样，在散漫、随便的外表背后，扎扎其实极端脆弱，也缺乏自信；她的遗言'我是个废物'就说明了这一点。种种矛盾使她四分五裂，而她没有足够的力量克服这些矛盾，它们因此就毁灭了她。在她十五岁时，她对母亲的爱恋，与对她表兄的爱情，以及后来对普拉德尔的爱情发生了冲突。她根深蒂固的脆弱使她因这些冲突而丧生。"参见西蒙娜·德·波伏瓦：《西蒙·波娃回忆录第四卷：清算已毕》，陈标阳、高兴华等译，南京：江苏文艺出版社，1992 年版，第 11 页。

[2] Lacoste, Guillemine De. "Zaza's Way: Sacrificial Victim or Alternate Role Model?" *Simone de Beauvoir Studies* 9.1 (1992), p.95.

本章小结

作为 20 世纪女性文化史上最具代表性的人物，波伏瓦对女性主义的贡献，不仅体现于她在这一领域中的理论建树，也体现于她对自己提出的那些颠覆性思想观念的亲身实践。但相比她的理论著作《第二性》，她讲述自己生平经历的几部回忆录在国内学界却没有引起足够的重视，其中的女性主义价值和文学价值也有待进一步的开发。本书的第二、三、四章即以此为目标，通过对波伏瓦的创作经历与回忆录文本的梳理和分析，探讨她的女性主义理论、作为女性的生活体验与回忆录写作之间的动态关系。

本章首先梳理了波伏瓦的女性主义理论著作《第二性》的主要思想观点，指出《第二性》主要贯穿了波伏瓦对女性为什么会成为依附于男性的"第二性"这个问题的追踪和解答。立足于她的存在主义视角，波伏瓦利用多种学科的资源和方法，提出了"女人不是天生的，而是后天形成的"这一核心观点，认为并不存在先天规定的女性气质或女性本能，女性的依附性地位是由父权制文化所塑造的。因此，她不仅通过对各个时期、各种职业、各种群体的女性经验的讨论，具体展现女性如何在成长过程中接受了对她不利的性别角色，还进一步倡导现代女性应该正视自己的主体自由，对传统的性别角色发起挑战。这种理论建构与经验分析并重的论述，使《第二性》受到了很多女性主义者的欢迎。

本章接着指出，波伏瓦在《第二性》中对女性处境的整体性研究与她对自身经历的个性化探索是分不开的。当她投入回忆录的写作时，她也不可避免地将理论探索中得出的普遍结论运用于对个人经验的特殊理解，从而使她的回忆录写作呈现出明显的性别意识，与她的《第二性》形成了一种互文关系。这突出地体现在她对个人成长经历的描述中，她的首部回忆录《端方淑女》就是围绕这个主题展开的。在这部作品里，波伏瓦以自己的成长经历为主要线索，追踪了父权制的性别文化如何在她的成长中对她发生影响，并展现了她在既定的性别规范中寻求身份认同和自我突破的具体过程。波伏瓦揭示了她作为资产阶级少女的成长矛盾：一方面，她所受到的良好教育鼓励她充分地发展自我；但另一方面，母亲和其他女性家庭成员的处境又向她展现了女性屈从性的未来。因此，她由认同母亲转向了认同父亲。这些影响了波伏瓦自我意识的成长事件在她的《第二性》中也都有相应的理论化表达。但区别于《第二性》中较为悲观的、对女性"他者化"过程的叙述，波伏瓦的回忆录以"现身说法"的方式，为女性指明了一条通向自我实现的道路——坚定地反叛社会分配给她的这一身份。为了更好地展现出叛逆在女性自我实现道路中的必要性，波伏瓦在自己的成长叙事中引入了一个对照性的角色，即她的童年好友莎莎。

因此，本章的最后一个小节是围绕着波伏瓦从小说到回忆录中对莎莎形象的建构和对女性成长经验的思考来展开的，共分为四个部分：第一部分详细论述了波伏瓦在《端方淑女》中如何描写童年和少女时期的莎莎，又是如何通过莎莎这一形象进行自我反思的。笔者指出，波伏瓦一方面写出了莎莎身上自由、灵性、无拘无束的一面，写出她如何以浪漫主义的个性和行为方式，向深受家庭束缚的年轻自己展现了自由的魅力和挑战权威的典范，坦诚她在与自己的早期关系中扮演了一个更具主动性和引导性的角色；但另一方面，她又力图去反思这种浪漫个性的脆弱与局限，并最终转向了对莎莎的处境的深度反思，试图为她的英年早逝找到合理的说法。

在第二部分中，笔者从传记、书信、其他人的回忆录和评论等多种材料入手，力图还原现实生活中莎莎的个性、遭遇和死亡的真相，与回忆录的叙事进行对照，发现年轻的莎莎其实也对资产阶级的包办婚姻深恶痛绝，并希望像波伏瓦一样追求学业上的成就，可惜她的想法并没有得到家人的支持，甚至她的两次恋爱（第二次是和哲学家莫里斯·梅洛-庞蒂）都受到了家人，尤其是她母亲的强烈阻挠。但莎莎并不是一个软弱的、一味退让的角色，而是有理、有据、有节地争取着自己的独立。本章还重点分析了莎莎的死与她受到阻挠的婚事之间的关系，并推测莎莎去世前她和梅洛-庞蒂的婚事已经出现了一些转机，只不过她突如其来的死亡让这一事件有了多种阐释的可能。

第三部分梳理了波伏瓦在小说创作中对莎莎之死的文学诠释，指出波伏瓦的这些小说都不算成功，原因在于她对莎莎命运的理解是片面的。在以莎莎为原型的小说人物安娜身上，她抽象地展现了个人意志和道德冲突的矛盾，却无法赋予这一矛盾实质性的内容和合情合理的故事逻辑。因此她只有不断调用真实的素材使之变得真实可信，对莎莎形象的文学改编不断趋于传记化。

本章第四部分指出，相比之前的小说作品，波伏瓦在回忆录中对莎莎形象的塑造还是比较成功的。她努力地揭示，莎莎在青春期的种种"叛逆"行为，并不是对自身的既有处境的真正抗议，而很大程度上来源于她内心深处的自卑感和作为年轻人的愤世嫉俗的心理。理解莎莎应该从她的天主教信仰以及她对母亲的依恋着手。莎莎始终无法在对母亲的爱与自我实现的渴望的矛盾中做出选择，这最终导致了她的悲剧。通过莎莎的故事，波伏瓦有力地揭示出成长过程中的巨大阻力以及毫不妥协地与之抗争的必要性。

最后，本章指出，回忆录作家需要像小说家一样，从记忆材料中开掘出令人信服、具有伦理深度的故事，也需要像哲学家和历史学家一样，对自己的记忆本身进行理性反思和内蕴提炼，创造性地将事实世界和可能世界加以融合。在第一个任务上，波伏瓦做出了非常好的示范，她一方面有自己对这个事件的独特理解，另一方面又尽力地保留了事件原来的矛盾性和模糊性；但在第二个任务上，她的思考和写作可能还是留下了遗憾，因为她忽略了母亲在莎莎成长中的积极力量以及莎莎其实也在努力抗争并有能力解决自身困境的事实。这在某种程度上也加深了她自己生活和思想中的激进和绝对化倾向。

第三章

矛盾的女儿:《端方淑女》和《安详辞世》中的母女关系

第一节　波伏瓦的"厌母症"

作为《第二性》的作者和第二波女权主义运动的领导者，波伏瓦经常被年轻一代的女性主义者们称为"母亲"[1]，但众所周知的是，这位"女权之母"本人对母职（motherhood）的看法却相当消极。[2] 美国学者克里斯蒂·麦克唐纳（Christie McDonald）曾这样写道："波伏瓦代表了这样一种女人，她把她的成就建立在对生

---

[1]　Ascher, Carol. "Simone de Beauvoir: Mother of Us All." *Social Text* 17 (1987), pp.107—109.

[2]　在波伏瓦的"朋友圈"中，就流传着不少关于她如何厌恶母职的逸闻趣事。比如给《现代》杂志当了三十年秘书的杰尔曼娜·索贝尔女士（Germaine Sorbets）曾在自己的回忆录中生动地写道：一天，波伏瓦如往常一样来到《现代》办公室，礼貌地同索贝尔女士握手问好，杰尔曼娜开心告诉她自己最近当上了外婆。谁知波伏瓦闻后如临大敌，立刻就将手缩回，并告诉与自己同岁的这位女士："对不起，但是我就是在想为什么您身上有尿臭"——但事实上，杰尔曼娜还没来得及抱自己的外孙。参见杰尔曼娜·索贝尔：《喂？我给您接萨特：〈现代〉杂志女秘书的回忆》，马振骋译，北京：人民出版社，2005 年版，第 93—94 页。克洛德·列维—斯特劳斯也有类似表述。参见克洛德·列维—斯特劳斯：《亦近，亦远：列维—斯特劳斯谈话录》，汪沉沉译，深圳：海天出版社，2017 年版，第 83—84 页。

物学母性的拒绝之上，并且始终围绕这个主题进行表述"[1]；尤兰达·阿斯塔莉塔·帕特森（Yolanda Astarita Patterson）也发表了类似的观点，认为波伏瓦不仅很早时就决定不当母亲，也把提醒其他女人做母亲的危险当作自己的责任[2]。

波伏瓦对母性问题的思考在《第二性》得到了集中的展现，其"母亲"一章常常被认为是"最具争议性"的部分。[3] 在这里，波伏瓦不仅对当时饱受争议的避孕、堕胎等社会问题，也对女性生育、养育子女的内在经验进行了讨论。琳达·M.G. 泽里利（Linda M. G. Zerilli）曾在一篇文章中将波伏瓦和茱莉亚·克丽丝蒂瓦这两位女性主义理论家对怀孕的描述进行了对比，认为波伏瓦"用恐怖的话语表达了存在主义对于失去个体自主权的焦虑"。[4] 她的观察是非常敏锐的。事实上，波伏瓦对为母经验的讨论不仅借助了存在主义伦理学的分析和价值框架——指出母亲身份中所包含的丧失主体性的危险，也具有非常强烈的个性特征和文学色彩。不难注意到，她的主观情感在谈到母女关系的问题时体现得尤为激烈，甚至使用了"嫉妒""仇恨""迫害""积怨""失望""受挫""诅咒""刻毒""神经质"等饱含极端负面情绪的词，用"施虐"和"受虐"来定义母女之间的关系。她相信作为"第二性"的母亲会将自己对自身性别的厌恶感传递给女儿，

[1] McDonald, Christie. "The Death of Maternity? Simone de Beauvoir's *A Very Easy Death*." *French Politics, Culture & Society* 28.2 (2010), p.58.

[2] Patterson, Yolanda Astarita. "Simone de Beauvoir and the Demystification of Motherhood." *Yale French Studies* 72 (1986), p.87.

[3] 萨莉·J·肖尔茨：《波伏娃》，龚晓京译，北京：中华书局，2002年版，第7页。

[4] Zerilli, Linda M. G. "A Process Without a Subject: Simone de Beauvoir and Julia Kristeva on Maternity." *Signs: Journal of Women in Culture and Society* 18.1 (1992), p.112.

嫉妒、阻碍她的成长。不仅如此，她还悲观地宣布"这种不幸的链条会无限地延伸下去"，随着女儿成为母亲而循环往复、代代相传。

在波伏瓦的小说作品里，我们也很难看到像柯莱特笔下的茜多、伍尔夫笔下的拉姆齐夫人那样独立、聪慧、乐观向上，被女儿深深爱戴的母亲。母亲和女儿的关系如果不是毁灭性的，至少也是令人不安的。典型的例子有我们已经谈到的《当精神占据上风》中的维尼翁夫人，她被波伏瓦刻画为一个当代的"女伪君子"[1]，自私、虚伪、有很强的控制欲，用所谓的"母爱"阻止女儿安娜自由追求她的幸福，使她最后抱憾而终；《名士风流》中的吕茜（虽然她只是一个次要角色）也是一个极为糟糕的母亲，总是致力于将女儿若赛特塞进有权有势的男人的怀抱，训练她利用自己的美貌从他们那儿获取利益——在一次酒会上，她甚至无耻地掀起了若赛特的裙子，好向某位男士展示她可爱的大腿，而她的女儿若赛特虽然也不无抱怨，但其实已经接受了母亲扭曲堕落的道德观，学会了自如地用眼泪和谎言打动男人；在晚年出版的短篇小说集《精疲力尽的女人》中，波伏瓦还刻画了三个处于精神危机中的女人，一个对儿子的叛逆无能为力，一个自欺欺人地宣称女儿的死不是自己造成的——但她的女儿其实正是因为她的精神折磨而自杀的，还有一个则被丈夫的婚外情所困扰。总而言之，这些选择了婚姻和孩子的女人并没有得到幸福，反而在疲惫、神经质、被抛弃的感觉中消耗了生命的热情，甚至对家人造成了伤害。除此之外，《女宾》中的弗朗索瓦丝、《名士风流》中

---

[1] Patterson, Yolanda Astarita. "Simone de Beauvoir and the Demystification of Motherhood." *Yale French Studies* 72 (1986), pp.87—105.

的安娜和纳迪娜母女多多少少地也和自己的母亲或女儿保持了一种"敌对"的关系。

对于上述作品中体现出的倾向，艾莉森·菲尔（Alison Fell）有过这样的论断："母性、母道、母女关系萦绕着波伏瓦的写作，无论是在小说、哲学还是自传中。这一方面确是出于波伏瓦对母性制度的去魅，但也和她自己的母亲弗朗索瓦丝有关"①；达妮埃尔·萨乐娜芙也在《战斗的海狸：西蒙娜·德·波伏瓦评传》中表达了类似的看法，认为"从时间上看"，弗朗索瓦丝"始终是海狸笔下无情批判的'不独立女性'长廊中的第一人"②。总而言之，不少学者相信，波伏瓦对母亲的敌意以及在母女关系问题上的悲观，可能同她自己曾经作为"端方淑女"的经验有关。其实，这不仅是他们的共同感觉，也是波伏瓦有意识地通过对个人生活的讲述展现出来的重要结果。本章将重点围绕波伏瓦的两部回忆录《端方淑女》和《安详辞世》对波伏瓦的相关叙事展开讨论。

第二节 《端方淑女》中对立的母女关系

在《端方淑女》中，波伏瓦对母女亲密关系的叙述从一开始就是有所保留并充满警惕的。萨特曾经在自传《词语》中写到了母亲对幼年时期的他的照顾："我乖乖地让母亲往我的鼻子里滴药水，让她为我穿鞋、刷牙、洗脸、穿衣、脱衣、沐浴、打扮；我

① Donnell, Alison, and Polkey, Pauline, eds. *Representing Lives: Women and Auto/biography.* Basingstoke: Macmillan, 2000, p.251.
② 达妮埃尔·萨乐娜芙：《战斗的海狸：西蒙娜·德·波伏瓦评传》，黄荭、沈珂、曹冬雪译，北京：作家出版社，2009年版，第20页。

觉得再也没有比装成一个好孩子更有趣的事情了。"[1] 他的口气轻松而戏谑，对自己"被客体化"的状态仅仅做了一番温和的调侃，并未给予多少重视；相比之下，波伏瓦的态度则要严肃得多："吃不仅是一种探索、一种征服，而且是我最严肃的责任……我预感到喂养将停止，再没有人理、再没有人管，有的是接踵而来的种种痛苦……我仍然吃着，为自己不断长大而自豪；我不希望自己永远是一个娃娃"[2]。换而言之，她接受被母亲和保姆路易丝"喂养"，只是为了满足自己特定阶段的基本需要（她在这里用"探索""征服""责任"去突出自己的主体性，而萨特则使用了"乖乖地"一词），而如果超出了这个限度，他人的照顾也会变成个体成长的阻碍。年长的波伏瓦还进一步反思，童年时自己对母亲的依恋事实上已经将她置于了失去自我的危险境地——"母亲和我，我们处在一种相互依存之中，我不可以模仿她，而是任由她塑造"[3]，"母亲的任何责备，哪怕是她皱一下眉头，都会使我失去安全感；没有她的许可，我都觉得自己没有权利存在。"[4]——她对这种关系的描述几乎可以被精神分析学家当成母女间"共生幻想"的完美范本。

可以说，无论从"过去之我"还是"现在之我"的叙事声音来看，波伏瓦都成功地突出了自己最重要的个性特点：强烈的自我

---

[1] 萨特：《萨特自述》，苏斌译，石家庄：河北人民出版社，2000 年，第 14 页。

[2] 西蒙娜·德·波伏瓦：《波伏瓦回忆录第一卷：端方淑女》，罗国林译，北京：作家出版社，2011 年版，第 5 页。

[3] 西蒙娜·德·波伏瓦：《波伏瓦回忆录第一卷：端方淑女》，罗国林译，北京：作家出版社，2011 年版，第 28 页。

[4] 西蒙娜·德·波伏瓦：《波伏瓦回忆录第一卷：端方淑女》，罗国林译，北京：作家出版社，2011 年版，第 27 页。

意识。因此，随着她的理性精神和批判意识的发展，"母亲的关心成了我的负担"似乎也是这种个性将会导致的必然的结果。尽管波伏瓦也坦诚地指出，母亲对她"滥用权力"最早只是体现在一些很小的家务要求上，从不干预她正常的学习和交友活动，但她还是把自己强硬的姿态展现了出来："如果她经常和我对立，我想她只能逼我进行反抗……但我暗暗意识到我们之间会有冲突。她所受的教育和所处的环境，使她深信对一个女人而言，做母亲是一个最美好的角色。可是只有我扮演我的角色，她才能担任她的角色"①。从她的角度来看，母女矛盾的激化和爆发正是发生在她决定不再"扮演我的角色"之时。

有两件事可以被看作是波伏瓦脱离母亲影响的标志：首先是她不再接受母亲封闭保守的性思想：青春期的到来，不仅让波伏瓦有了朦胧的性意识，产生了对异性和爱情的向往和好奇，也使她迫切地希望对自我的身体和欲望有所了解，但在她所处的文化氛围中，人们相信女性的美德就是在有关性的问题上保持懵懂无知——弗朗索瓦丝从小接受的就是这种教育，她也把自己对性的严厉态度带给了她的女儿。在这个"谈性色变"的环境中，波伏瓦的阅读也受到了严格的限制，弗朗索瓦丝会将"儿童不宜"的内容预先用曲别针夹起，一旦波伏瓦越界，她就会感受到来自母亲的巨大压力——"她的声音里带着恳求，脸上现出不安的神情，比责备更让人信服"②，波伏瓦甚至将其和触电的记忆联系在一起。

---

① 西蒙娜·德·波伏瓦:《波伏瓦回忆录第一卷：端方淑女》，罗国林译，北京：作家出版社，2011 年版，第 75 页。

② 西蒙娜·德·波伏瓦:《波伏瓦回忆录第一卷：端方淑女》，罗国林译，北京：作家出版社，2011 年版，第 58 页。

童年的波伏瓦会自觉地跳过这些禁忌，但自从她从堂姐玛格德莱娜那里得知了相关的知识（实际上也就那么回事），"禁书也就不像从前那样让我惧怕了"①。她开始偷偷阅读父亲的藏书，自由地接触不同的作家的作品，有的里面还包括了爱情和性的描写，这种与书籍的秘密独处为她营造了一个独立于母亲的思想空间，也增进了她的批判意识——尤其是对资产阶级的虚伪道德的认识，她因此感到自己"摆脱了童年，踏进了一个复杂、冒险、未曾预料到的世界"②。

但最关键的可能还是她和母亲在宗教信仰上的分歧。在波伏瓦眼里，弗朗索瓦丝是一个极其虔诚的天主教信徒——"我的任何一位姨妈……都没有像她那样虔诚地信奉宗教。她经常领圣体，勤谨地祷告，阅读许多虔敬的书籍"。③波伏瓦在很小的时候就接受了母亲对她的宗教教育，她的信仰也一度非常坚定——12岁时，她甚至将自己反锁在卫生间中，用石头摩擦身体直至出血，还用脖子上的金项链抽打自己，以禁欲苦修的方式表达自己对上帝的爱。但她严肃、真诚的探求从未得到任何的回应，反而因为神甫庸常的训诫感到失望透顶——"过去这些年，我一直把他视为上帝的代表……原来他的教士长袍不过是一种伪装，掩盖着一个靠流言蜚语过日子的长舌妇"④。随着知识和理性的增长，

①　西蒙娜·德·波伏瓦：《波伏瓦回忆录第一卷：端方淑女》，罗国林译，北京：作家出版社，2011年版，第71页。
②　西蒙娜·德·波伏瓦：《波伏瓦回忆录第一卷：端方淑女》，罗国林译，北京：作家出版社，2011年版，第78页。
③　西蒙娜·德·波伏瓦：《波伏瓦回忆录第一卷：端方淑女》，罗国林译，北京：作家出版社，2011年版，第27页。
④　西蒙娜·德·波伏瓦：《波伏瓦回忆录第一卷：端方淑女》，罗国林译，北京：作家出版社，2011年版，第26页。

对信仰的疑问也在她的心中不断滋生，终于在一个晚上——"我将双手伸进桂樱清凉的叶丛中，聆听泪泪的水声，明白没有什么能让我放弃尘世的快乐"，"我不再信奉上帝"，"如果还信奉上帝，就不会乐于追求冒犯上帝的心灵快乐"，"我过于极端，不可能生活在上帝的眼皮子底下，而对尘世既说是又说不"。① 萨乐娜芙指出，波伏瓦"抛弃上帝不仅仅是一种拒绝：这是一个合乎逻辑的结果"②。波伏瓦在写自己失去信仰的经历时，其实也在描述存在主义的经验起点："宇宙的面貌改变了……我迷失在广袤无边的地球表面，迷失在太空之中，形单影只……我胸膛里的气息，我血管里的血液，我脑子里的胡思乱想，这一切都不是为了任何人而存在"③。在这种无边的孤独感中，波伏瓦意识到只有自己才可以决定自己的未来，决心更刻苦地投入对学业的追求，并为自己设置了远大的目标——当一名作家。

由于家道中落，父亲乔治早已告诉波伏瓦和埃莱娜："你们没有嫁妆，必须工作"，对波伏瓦来说，自由追求职业道路反而可以增进她对个人力量和未来前途的确信。不过，这种选择在他们所处的阶级中似乎是一种误入歧途的标志。她的奋力追求反而加深了她和家庭的矛盾。乔治将"两个失去社会地位的女儿"看作人生失败的证明，而弗朗索瓦丝更担心的是波伏瓦在道德和灵魂上的堕落，她不仅表现得"惶惶不安"，"为我在尘世间误入歧

---

① 西蒙娜·德·波伏瓦：《波伏瓦回忆录第一卷：端方淑女》，罗国林译，北京：作家出版社，2011年版，第98页。
② 西蒙娜·德·波伏瓦：《波伏瓦回忆录第一卷：端方淑女》，罗国林译，北京：作家出版社，2011年版，第27页。
③ 西蒙娜·德·波伏瓦：《波伏瓦回忆录第一卷：端方淑女》，罗国林译，北京：作家出版社，2011年版，第99页。

途而唉声叹气"，还试图"拯救"这个"濒危的灵魂"。波伏瓦虽然感到相比母亲，父亲的冷漠和敌意"对我的刺激大很多"①，但不得不承认的是，母亲似乎才是那个在日常生活中对她"行使权力"的人。如果说父亲的疏离让她感到更多的是不被理解的痛苦，来自母亲的"盘问"和"探查"则激起了她对主体权利的竭力维护：

> 我总觉得她是通过一个锁孔在窥视我。仅仅她申明对我拥有权利这一点就让我寒心。她把这种做法的失败归咎于我，想方设法制服我的反抗，办法就是对我关心，可是她的关心使我的反抗更强烈。②

> 这天早晨，母亲不准我去看他（雅克），猛烈攻击他和他对我施加的影响……我热切地盼望这次相会盼望了好几个礼拜，可是母亲的一次心血来潮就让它告吹了！我不寒而栗地明白了自己的依附地位。③

尽管事情已经过去了三十年，但从上面我们引用的这两段文字所体现出的情绪中我们仍能感受到波伏瓦的愤愤不平——她的用词非常激烈，甚至还不断加重"反抗"的字眼。母亲的威胁感如此之强，原因可能在于，相比带领她走向了热爱文学、追求知识和理性的道路的父亲，母亲不仅是在现实层面干预她的自由的人，也在象征的意义上向她展现了一种需要她竭力逃脱的女性命

---

① 西蒙娜·德·波伏瓦：《波伏瓦回忆录第一卷：端方淑女》，罗国林译，北京：作家出版社，2011年版，第128页。
② 西蒙娜·德·波伏瓦：《波伏瓦回忆录第一卷：端方淑女》，罗国林译，北京：作家出版社，2011年版，第140页。
③ 西蒙娜·德·波伏瓦：《波伏瓦回忆录第一卷：端方淑女》，罗国林译，北京：作家出版社，2011年版，第154页。

运和必须斩断的母性传统。从波伏瓦对她的描述，我们会发现弗朗索瓦丝似乎就是一个标准的"第二性"：她所受到的教育使她深信作为"贤妻良母"是幸福的，但实际上，经济的拮据、繁重的家务却在真实地消耗着她的生命激情。由此而来的强烈的不平衡感使她无法建立一个稳固自足的自我，她难以控制的情绪、对生活小事的敏感、对女性的严厉和嫉妒、对女儿的严密控制其实都反映了她的脆弱和不安。正如《第二性》所揭示的——"她在她身上寻找一个替身，把她同自我的一切暧昧关系，全都投射到女儿身上；当这个 alter ego（第二自我）的他性、相异性逐渐被证实时，母亲便感到自己被出卖了"①。弗朗索瓦丝对波伏瓦的成长寄予厚望和支持，但也专横地控制着她的一切，当女儿发展出了自己的独立意志，她就采取激进的打压手段，导致母女的隔阂越来越深。

总而言之，《端方淑女》使人意识到，母亲对波伏瓦的精神塑造起了非常重大的作用，她既给早年的波伏瓦带来了精神创伤，也激发了她的反叛和批判意识；对波伏瓦这个想要获得自我实现的女儿来说，成长过程中最核心和艰难的一步是从对母亲的依附中将自我剥离出来，而她成功地做到了这一点——尤其是与莎莎的悲剧相比。她对弗朗索瓦丝形象的刻画，以及对年轻的自己的成长心理和过程的描写，似乎不仅可以有力地印证她在《第二性》中对女性处境的忧虑和对母亲神话的怀疑，也向人们展示了她作为一个非凡女性的独特价值以及存在主义要求自我选择的道德伦理。因此，我们也看到，在很长一段时间里，波伏瓦都把从

① 西蒙娜·德·波伏瓦：《波伏瓦回忆录第一卷：端方淑女》，罗国林译，北京：作家出版社，2011 年版，第 586—587 页。

母亲的阴影中逃离看作自己最重要的生命事件之一，并通过持续的写作揭示并强化这种逃离的意义。她塑造了一个个可悲又可恨的母亲形象，直言"母性通常是自恋、利他、懒散的白日梦、真诚、欺诈、奉献和玩世不恭的奇特混合"；生活中她也拒绝结婚生子，理由之一就是"我觉得自己和父母之间没有多少亲情，因此对自己可能会有的儿女事先视同陌路"[1]。她用自己的强硬姿态和战斗气质为渴求自由却深受家庭束缚的年轻女性带来了令人振奋的精神力量，但与此同时，与母亲的和解也似乎遥遥无期。母亲犹如一座雕像——承载了年少时的记忆，标记着曾经的反抗，提醒她要毫不妥协地守卫自己的独立，但本身不再有任何触动真实的力量。

第三节 《安详辞世》中的母女"和解"

事情似乎在五年之后发生了转变：1963 年 10 月 24 日，在罗马度假的波伏瓦接到了朋友兼老情人博斯特从巴黎打来的电话，对方告诉她弗朗索瓦丝在家中摔倒，已被送进了医院。医生们开始以为弗朗索瓦丝只是普通骨折，后来却在她的肠道中发现了恶性肿瘤。仅仅过了六个星期，弗朗索瓦丝便在病痛的折磨下去世了……

就在那年冬天，波伏瓦把自己陪伴母亲病榻的经历写成了一部小书，起名为《安详辞世》（ *Une mort très douce* ），只有 75 页，却是她最为动情的回忆录作品。她在信中告诉美国情人，自

---

[1] 西蒙娜·德·波伏瓦：《波伏瓦回忆录第二卷：岁月的力量（一）》，黄荭、罗国林译，北京：作家出版社，2012 年版，第 53 页。

己从未如此急切地想去完成一件事①，在之后的一部回忆录《清算已毕》中，她也向读者诉说了那段时间的痛苦：几乎每夜都会梦见母亲——有时因梦见她被救活了而惊喜，有时又因知道永远地失去她了而感到悲伤，而在此之前，她从未想过母亲的衰老、病痛、死亡会给自己带来这么强烈的情感震撼：

> 惊愕。我父亲去世时，我一滴眼泪都没掉。我对妹妹说："若妈妈去世，我也是这样。"我的一切痛苦，在这天晚上之前，我都是明白的——哪怕我已经被痛苦吞没了，我也能保有自己的理智。但这一次，绝望超出了我的控制：一个不是我的人在我的内心深处哭泣。我对萨特说起我母亲的嘴，正如我早上看到的样子，还有我从中解读出的一切：贪吃又拒斥，谦卑得近乎屈从，希望、悲痛、孤独——死亡的孤独，活着的孤独——她不想承认的。而我自己的嘴，他告诉我，也不再听命于我：我把母亲的嘴置于我的脸上，模仿它却不知自己的模仿。她的整个人，她的整个存在都变得具体，同情使我肝肠寸断。②

这种痛苦的经历也成为波伏瓦回首过往，重新清点自己和母亲关系的契机。不过，波伏瓦并没有用虚伪的感伤主义和言不由衷的忏悔之言将她对母亲的种种感情漂亮地包裹起来，而是为读者们讲述了更多关于弗朗索瓦丝的事情。因此，相比《端方淑女》，《安详辞世》为我们提供了一个更为丰富和矛盾的女性的形

---

① Beauvoir, Simone De. *A Transatlantic Love Affair: Letters to Nelson Algren,* trans. by Gordon, Ellen et al. New York: The New Press, 1998, p.557.

② 西蒙娜·德·波伏瓦：《安详辞世》，赵璞译，深圳：海天出版社，2019年版，第34页。

象——弗朗索瓦丝不仅仅作为波伏瓦的母亲，也作为一个有着自己独特历史的女性被书写了出来。在这里，波伏瓦就像一位传记作家，追溯了母亲不同时期的人生状态——童年、少女、婚姻、寡居……并补充了自己在《端方淑女》中有所隐瞒或一笔带过的细节：弗朗索瓦丝缺乏关爱的童年，在飞鸟修道院中接受的严格的淑女教育，失败的初恋，新婚的激情以及丈夫的屡次出轨……如果说《端方淑女》突出了女性逃离"第二性"命运的必要，《安详辞世》则让我们感受到了波伏瓦对"第二性"具体处境的同情和体贴。比如以下这段："她手上的结婚戒指赋予她快乐的权力，她的欲望与日俱增。可是三十五岁，在她一生的黄金时代，她却不再能获得这方面的满足。她继续睡在这个她深爱的男人身边，可是他再也不和她做爱——她期盼着，等待着，虚耗着自己的生命。这种彻彻底底的禁欲对她的骄傲是一种考验，比容忍我父亲的滥情更甚。我一点都不惊讶她的脾气变得越来越差……"①。这是波伏瓦第一次披露父亲的出轨，这一细节的加入不仅让弗朗索瓦丝的形象变得更立体，也体现了写作者视角和心态的转换——不再是女儿看待母亲的眼光，而是一个女人看待另一个女人的角度。我们也许还可以想到，也许并不完全相同，波伏瓦本人也有过类似的经历：她的存在主义伴侣萨特在30多岁时就写信宣布他们的关系可以趋于纯洁，而他自己却并没有停止在其他女人身上继续追逐肉体的欢爱。在下一章我们也将谈到，她对这种处境并非毫不在意。

在《端方淑女》中，我们常常能看到简单粗暴的叙述："我怪

---

① 西蒙娜·德·波伏瓦：《安详辞世》，赵璞译，深圳：海天出版社，2019年版，第41页。

她让我一直处于依附地位,对我显示她的权力"[1],"如果她经常和我对立,我想她只能逼我进行反抗"[2],而在《安详辞世》中,波伏瓦可以更细致,也更抱有同情心地解释母亲"显示权力"的原因:"她对我们的爱又深沉又专断,这种爱给我们带来的痛苦体现了其自身的矛盾。她是一个很敏感脆弱的人,会在长达二十到四十年的时间里反复咀嚼别人对她的某个指责或批评,隐隐约约的积怨转化成咄咄逼人的行为:鲁莽直白,冷嘲热讽。对我们,她常常会表现得残酷且不近人情,这并不是说她具有虐待倾向,只是说她缺乏深思熟虑:她的愿望不是让我们难受,只是要证明自身的力量而已。"[3]"她占有欲强,强横霸道,想把我们牢牢地控制在掌心。但当这种补偿心理对她来说变得不可或缺的时候,我们也开始向往自由和孤独。冲突被激化,爆发了出来,妈妈的心态更加没法平衡。"[4]从中我们可以感受到,波伏瓦并没有回避母女之间长久存在的问题,但也不再强化自己"对立"和"抗争"的意识。相反,她还写出了母爱中温暖、柔情的一面:

她因占用了我太多时间而自责:"你有许多事情要做,却在这里待了好几个小时,这让我很懊恼!"她会感到骄傲,但是她也会充满懊悔地说:"可怜的宝贝们,我让你们担心了!你们一定是

① 西蒙娜·德·波伏瓦:《波伏瓦回忆录第一卷:端方淑女》,罗国林译,北京:作家出版社,2011年版,第76页。

② 西蒙娜·德·波伏瓦:《波伏瓦回忆录第一卷:端方淑女》,罗国林译,北京:作家出版社,2011年版,第75页。

③ 西蒙娜·德·波伏瓦:《安详辞世》,赵璞译,深圳:海天出版社,2019年版,第46页。

④ 西蒙娜·德·波伏瓦:《安详辞世》,赵璞译,深圳:海天出版社,2019年版,第43—44页。

吓坏了吧？"她的关切也让我们深受触动。星期四早上，当女佣端来我妹妹的早餐时，妈妈刚从昏迷之中醒过来，但还喃喃道："告……告……"

"告解神父？"

"不，果酱。"她记起我妹妹喜欢在早餐的时候吃果酱。①

弗朗索瓦丝充满热情和活力的个性也被凸显了出来：波伏瓦生动地回忆了她在爱情的滋润下"光彩熠熠的微笑"，被小女儿赞赏美丽时的"开怀大笑"，还有她对旅行的疯狂热爱——谁能想到，弗朗索瓦丝"年轻时最快乐的事情就是参加我外祖父组织的骑车或徒步旅行，穿过孚日山脉和卢森堡"②并梦想成为一个探险家呢？需要特别指出的是，在波伏瓦的回忆录中，户外旅行一直是一个非常重要的主题。尤其在《岁月的力量》里，她充满热情地写下了自己如何不知疲倦、不畏艰难地征服一座座高山、一条条河流，感受大自然的壮丽辽阔以及不同国家、城市的人文景观。对她来说，旅行也是一种体现出人类的超越性、创造性的存在方式："我对万物和自身的在场每每都会感到惊喜。尽管，我严谨的计划将这种偶然变为必然。或许我的幸福圆满的真谛就在于此，只是当时尚未能言明：我自由的意志摆脱了任性，同样也摆脱了束缚，因为环境的限制，不仅没有让我烦恼，反而为我的计划提供了支撑和内容。通过随意却执着的游荡，我赋予自己充满乐观精神的疯狂行为一种实质。我享受着诸神的幸福：我自己就

---

① 西蒙娜·德·波伏瓦：《安详辞世》，赵璞译，深圳：海天出版社，2019年版，第76页。在法语里，神父是 confesseur，果酱是 confiture。

② 西蒙娜·德·波伏瓦：《安详辞世》，赵璞译，深圳：海天出版社，2019年版，第38页。

是造物主，创造让我欣喜若狂的礼物"。[①] 通过对旅行经历的描绘，波伏瓦展现出自己乐观、极端、勇敢、奋不顾身的性格特点，而现在她认为在弗朗索瓦丝的身上也体现出了这种对生活的热爱以及"存在主义"式的对不利处境的克服：

> 她顽强地同自己双腿僵硬的关节做斗争。她去维也纳和米兰看我的妹妹。夏天，她一瘸一拐地走在佛罗伦萨和罗马的大街小巷，参观比利时和荷兰的博物馆。这几年，她几乎瘫痪了，只好放弃了周游世界。不过只要有朋友或者亲戚邀请她到乡下或者巴黎以外的地方去，就没有任何事情可以阻挡她：她会毫不犹豫地在乘警的帮助下登上火车。她最喜欢坐汽车旅行。前一段时间，她的侄孙女卡特琳还在晚上开雪铁龙 2CV 载她去梅里尼亚克，路程超过 450 公里 *。她下车时精神百倍，如同绽放的花朵。[②]

因此我们看到，在《端方淑女》中频繁出现的"反抗"——波伏瓦挣脱"第二性"命运的魔法词汇也被用到了弗朗索瓦丝的身上："妈妈的矛盾之一就是她全然相信无私奉献的高尚，但与此同时又有着自己的趣味、憎恶和愿望，它们是如此强烈地支配着她，使她无法不去厌恶那些与之相抵触的东西。她持久地反抗着由自己强加于自己的条条框框。"[③] "以她的名义，我反抗这一

---

① 西蒙娜·德·波伏瓦：《波伏瓦回忆录第二卷：岁月的力量（一）》，黄荭、罗国林译，北京：作家出版社，2012 年版，第 169 页。
② 西蒙娜·德·波伏瓦：《安详辞世》，赵璞译，深圳：海天出版社，2019 年版，第 15—16 页。* 处译文有错误，原译为"速度超过 450 公里"，在此已做更正。原文为："Récemment sa petite-nièce, Catherine, l'avait amenée à Meyrignac, de nuit en 2 CV : plus de 450 km."Beauvoir, Simone De.*Une mort très douce.* Paris: Gallimard ,1964.
③ 西蒙娜·德·波伏瓦：《安详辞世》，赵璞译，深圳：海天出版社，2019 年版，第 40 页。

切。"① "妈妈像我一样热爱生活，面对死亡，她也跟我一样想进行反抗。"② "我身体中的每一个细胞都加入了她的拒绝和反抗。"③ 如果说，这里的第一个"反抗"还含有自欺的意味，讽刺年轻的弗朗索瓦丝在社会规约下对自身活力和自由愿望的抑制，但在后面几处引用中，我们看到的却是波伏瓦对老年的弗朗索瓦丝强大的生命意识的赞赏和认同，似乎曾经让母女产生隔阂的信仰问题，在本真地面对死亡的时刻得以抚平——"我的母亲笨拙地和唯心论的意识形态联系在一起，但是她对生命有一种动物式的激情，这是她勇气的来源，并且一旦她意识到肉体之重，这种勇气就会把她带向真理，使她摆脱那些掩埋了她诚挚和可爱那一面的成见"④，而弗朗索瓦丝也由《端方淑女》中波伏瓦"反抗"的对象，一个异于自我的"他者"变成了一个与波伏瓦分享了共同价值的"主体"。

不仅如此。正如法兰西学院的皮埃尔 - 亨利·西蒙在评价该书时所说："西蒙娜·德·波伏瓦也许是把她自己写入了这一百六十页中，即使不是她最好的一部分，至少是最秘密的一部分"，⑤ 对母亲的最后陪伴也给了波伏瓦重新面对自己的勇气。其实早在几

---

① 西蒙娜·德·波伏瓦：《安详辞世》，赵璞译，深圳：海天出版社，2019 年版，第 110—111 页。

② 西蒙娜·德·波伏瓦：《安详辞世》，赵璞译，深圳：海天出版社，2019 年版，第 123 页。

③ 西蒙娜·德·波伏瓦：《安详辞世》，赵璞译，深圳：海天出版社，2019 年版，第 140 页。

④ 西蒙娜·德·波伏瓦：《安详辞世》，赵璞译，深圳：海天出版社，2019 年版，第 139 页。

⑤ 克罗蒂娜·蒙泰伊：《波伏瓦姐妹》，王晓峰译，北京：人民文学出版社，2007 年版，第 96 页。

年前，她就已经陷入了不断滋生的负面情绪里。这个曾贪婪地享受生命、充满激情与斗志的"海狸"，对人生的限度有着超乎寻常的敏感，然而现实的情况却是她正在走下坡路：阿尔及利亚战争的阴影、镜子里日渐老去的容颜、几段恋情的彻底终结、老友的相继离世、激情不再的事业……在上一部回忆录《事物的力量》的结尾，我们看到她悲观地写下了一串这样的句子："末日即将来临以及身心俱疲的必然性致使我没有勇气去抗争，再者，我的种种幸福快乐也已淡然无趣了"，"我已不再怎么想在这片没有奇迹的大地上漫游了"，"不是我要摆脱我往日的种种高兴快乐，而是它们正一个个地离我而去"，"我的思维如同我的躯体一样也已到了尽头"，"时间拼命地拉拽着我奔向我的坟墓"，"这短暂的未来还蕴藏着什么样的威胁！可能发生在我身上的唯一既新奇而重要的事情，就是不幸。或者我将看到萨特死在我之前，或者他死在我之后"[1]。在《安详辞世》中，读者们有时都感到难以分清她究竟是在写母亲的痛苦，还是自己的恐惧。但是，就在这缓慢、残酷、真实地降临于每个人的生命过程中，弗朗索瓦丝的表现却让她肃然起敬：54岁，丧偶的她搬进了一间工作室，积极学习各种新技能，努力融入社会；78岁，病床上她宣布要开启人生的新篇章，在疾病的折磨下苦苦求生。母亲对生命的热爱和激情深深地触动了波伏瓦，给了她重新面对人生的勇气。本书的结尾铿锵有力，富有哲学意味：

　　她徒劳的顽强也撕破了日常琐事令人安心的帷幕。没有什

---

[1] 西蒙娜·德·波伏瓦：《波伏瓦回忆录第三卷：事物的力量（二）》，北京：作家出版社，陈筱卿译，2013年版，第348—352页。

么自然的死亡，在人身上发生的一切永远都不会是自然的，因为
他的存在对世界来说就是一个问题。凡人皆有一死，但对每个人
来说，他的死亡都是一场意外，尽管他深知这一点，也赞同这一
点，这仍然是一种不当的暴力。[①]

第四节　叛逆与柔情共存的女儿

《安详辞世》的特别之处在于，它是一部既得到了波伏瓦的
"同伴"，比如萨特的喜爱，也能让她的"批判者"感到满意的作
品。一向不欣赏波伏瓦的自恋和激进政治观的美国学者伊莲·马
克斯（Elaine Marks）也承认，《安详辞世》"更多在写母亲而不
是自己，是波伏瓦最好的书"[②]。同时这部书也涉及了很多可以进
一步探讨的社会性议题，尤其随着人口老龄化程度的加深，其对
年龄、疾病、医疗伦理、临终关怀的前瞻性思考日益受到学界重
视。不过，从波伏瓦整个的思想和写作脉络来看，其中最引人注
意的可能还是它体现了波伏瓦晚年时对自己和母亲弗朗索瓦丝的
关系的重新审视。

很多学者相信，《安详辞世》让我们看到了一向以激进、彻
底、批判的态度考虑女性问题的波伏瓦柔和、温情，具有包容
性的一面，正如苏珊·班布瑞吉所说的，它似乎向读者们提供了

[①]　西蒙娜·德·波伏瓦:《安详辞世》，赵璞译，深圳：海天出版社，2019 年版，第
142 页。
[②]　Fallaize, Elizabeth, ed. *Simone de Beauvoir: A Critical Reader*. London and New York:
Routledge,1998, p.133.

一种"没有那么对立而具有分享性的文本视角"①。多丽丝·凯迪西（Doris Y. Kadish）认为其中包含了对普遍意义上的母亲及母女关系温暖、诚恳、友爱的致敬。②克里斯蒂·麦克唐纳则形象地说弗朗索瓦丝的死使"聪慧而富有创造力"的波伏瓦"看起来就像一只在车灯前的小鹿"，这本书"解锁了波伏瓦的一部分"。③这些观点不无道理。从《端方淑女》到《安详辞世》，我们看到了波伏瓦在情感上的变化：由年少时绝不妥协的"反抗"到在母亲生命最后时刻所感受到的"温暖""同情""矛盾""遗憾"——更加丰富也更令人动容。从波伏瓦后期的作品来看，她也在努力发掘和肯定母女关系中的更多可能——更具支持性的一面。例如在小说《美丽的形象》里，当家庭里的其他人都认为女主人公洛朗斯的女儿卡特琳娜受到了其好友布丽吉特的"不良影响"，作为母亲的洛朗斯却力排众议，给予这段友谊以坚定的支持；而在其最后一部回忆录《清算已毕》中，波伏瓦也回顾总结，认为自己之所以能够形成一种乐观、自信、积极进取的性格，与母亲早年对她倾注的关爱是分不开的。

不过，我们仍能从她的叙述中感受到一种矛盾、一些龃龉。一方面，尽管波伏瓦已经明确地意识到："我一直将她禁锢在某种框架、角色和僵化的形象之中"，也认为"这件事却让她从中挣脱

① Bainbrigge, Susan. *Writing Against Death: The Autobiographies of Simone de Beauvoir.* Amsterdam: Rodopi, 2005, p.178.

② Kadish, Doris Y. "Simone de Beauvoir's *Une Mort très douce*: Existential and Feminist Perspectives on old age." *The French Review* 62.4 (1989), pp.631—639.

③ McDonald, Christie. "The Death of Maternity? Simone de Beauvoir's *A Very Easy Death.*" *French Politics, Culture & Society* 28.2 (2010), p.56.

了出来"。^①但读者们还是能感受到，母女令人遗憾的早年关系以及波伏瓦根深蒂固的思维模式仍然深深地影响着波伏瓦对事情的感受和叙述，母女的疏离早已成为定局。例如，波伏瓦用存在主义的死亡哲学去解释母亲的恐惧，然而正如伊莲·马克斯等学者所质疑的，用"反抗"这样的词去形容一个老妇人惧怕死亡的心理是否过于牵强？^②另外，波伏瓦对母亲衰老、病痛的那些感同身受，最后也导向了左派政治的立场，同化在对弱势群体报以的同情感中。还需要强调的是，虽然波伏瓦赞赏了母亲的善良、同情心、幽默、活力，也感念她给予自己和妹妹的母爱，但相比"精神上的契合"，"母爱"在她的世界里仅仅扮演着次要的角色。在《清算已毕》中，她透露收养养女西尔维的主要原因在于"透过三十三岁的年龄差距，我从她身上辨认出了我的优点和缺陷"^③，而在《安详辞世》中我们也看到，她认为她和母亲的隔阂具体体现为她们不能分享共同的话题，阅读同样的书以及有共同的阶级立场。问题在于，人类不仅有丰富的个体差异，也有多样的情感需求，基于亲子纽带的母爱和基于精神生活的友爱都是人类非常重要的情感关系，两者本身并不冲突也没有必要辨出高下。波伏瓦呈现了她对知识分子价值，如理性、聪慧、深刻、抗争精神的深度认同，但她对女性／母性文化的价值实际上依然是忽视和排斥的。

---

① 西蒙娜·德·波伏瓦:《安详辞世》，赵璞译，深圳：海天出版社，2019年版，第19页。

② Fallaize, Elizabeth, ed. *Simone de Beauvoir: A Critical Reader.* London and New York: Routledge,1998, p.141.

③ 西蒙娜·德·波伏瓦:《西蒙·波娃回忆录第四卷：清算已毕》，陈标阳、高兴华等译，南京：江苏文艺出版社，1992年版，第72页。

笔者认为，某种意义上，对于二人的"和解"，作为母亲的弗朗索瓦丝比身为女权先锋的波伏瓦做得更多、更好。或许，这位母亲一生都难以认同这位女儿的知识分子生活，但她并未放弃去理解女儿的那些选择、作品甚至她笔下的那个不太美好的自己。从哀怨的主妇、严苛的母亲到充满热情地投入新生活的那个老妇人，弗朗索瓦丝在被时间解放的同时也在悄然地改变着自己。只是，令人感到很遗憾的是，那些自我蜕变过程中的激烈挣扎，早已深深地烙刻在波伏瓦的记忆深处，成了横亘在母女之间无法逾越的过往。叛逆女儿对母亲的柔情里并不存在所谓精神上的"和解"，女儿只是根据自己的知识分子价值观来给予衰老弱势的母亲部分的认同，个体的自由与对母亲的依恋如何调和对波伏瓦来说依旧是无解的难题。

《安详辞世》一方面暴露了作为女性主义思想家的波伏瓦的思想限度，她激进甚至可以说固化的观念、视角使她难以把握女性成长的复杂多样，也严重轻视了母性文化的价值和力量；但另一方面，我们却必须承认，尽管这本小书仍然存在着一些正如吉斯·O. 戈尔（Keith O. Gore）评论的"太文学化了"[①]——实际上就是不够真实立体的毛病，它仍不失为一部诚恳而动人的回忆录作品。通过讲述母亲的故事，波伏瓦实际上也诠释了她自己，她无法释怀的过往、无能为力的遗憾、她对衰老和死亡的恐惧以及真实赤裸的丧亲之痛……她的勇敢分享为读者们打开了同情共感的空间，而她对矛盾细节的充分保留又赋予了他们思考和质疑的权利。

---

① Gore, Keith O. "Une mort très douce by Simone de Beauvoir." *Books Abroad* 39.3 (1965), p.312.

本章小结

本章围绕母亲形象和母女关系的问题，对波伏瓦的两部回忆录作品《端方淑女》和《安详辞世》进行了主题讨论，力图揭示波伏瓦相关思想和创作的转变过程及其价值和缺憾。

本章首先指出，波伏瓦在思想和生活中的"厌母症"倾向是众所周知的。在《第二性》中，她不仅借助存在主义伦理学的分析框架，指出母亲身份中包含的丧失主体性的危险，也通过极具文学色彩的语言，对母性经验和母女关系进行了悲观的描述；在小说创作，比如写于不同时期的《女宾》《当精神占据上风》《名士风流》《筋疲力尽的女人》中，她也不断强化令人不安的母亲形象和母女关系中的敌意。波伏瓦对母亲的敌意以及在母女关系问题上的悲观，与她自己的个人经验相关，而她的回忆录是对这一经验的具体呈现。

波伏瓦主要在两本回忆录中书写了自己所亲身经历、观察的母女故事。一本是写于1958年的《端方淑女》，另一本是写于1964年《安详辞世》。前者是她个人回忆录的首卷，讲述的是她从出生到青年时代之前的人生历程；后者是她在母亲弗朗索瓦丝去世后写的回忆性质的散文，记录了她母亲生命中的最后一段时光。本章先对波伏瓦在《端方淑女》中关于母女关系的书写展开了具体的分析，指出这部作品中的母女关系是日趋疏离和对立的：波伏瓦将在生活和心理上摆脱母亲视为女性成长中最艰难但也是最关键的一步。在她笔下，弗朗索瓦丝是一个典型的依附型人格，通过丈夫、儿女实现人生价值的母亲的代表。她对波伏瓦的成长寄予厚望和支持，却控制、打压女儿的自由意志，导致母女的隔阂越来越深。波伏瓦一方面用语言复活了那个对母亲无比依赖和眷恋的童年自我，另一方面又以《第二性》作者的视角引导这段回忆的价值走向，在叙事中彰显出尖锐的批判和清晰的自省。同萨特在《词语》中对母子关系戏谑而又放松的描写不同，她在刻画母女日益亲密的情感纽带时营造了一种紧张、压迫的氛围，并不断地强化母亲给自己造成的心理压力，指出自己的依赖和服从所包含的自我丧失的危险。波伏瓦通过非常激进的话语来展现母女之间的对抗关系，并强力地突出了自己不屈服的个性和通过学业、职业上的追求摆脱家庭束缚的努力。她在这部作品中塑造的决绝而叛逆的女儿形象引起了很多女性读者的认同。

本章接着对波伏瓦在《端方淑女》与《安详辞世》中对母亲和母女关系的书写进行了对比分析，指出与讲述摆脱对母亲的依附的《端方淑女》相反，《安详辞世》可以被看作是波伏瓦努力与母亲"和解"的过程。虽然在这部书中，波伏瓦并没有回避讲述多年来与母亲的冲突与隔阂，也无法忘怀母亲的高压姿态给她少女时代造成的心理创伤，但她也丰富、深化了弗朗索瓦丝的形象，写出了母爱中温暖、柔情的一面。她还把在《端方淑女》中用在自己身上的"反抗"一词用在了母亲身上，试图在热爱生命、抗拒死亡这件事上将母女重新联结起来。因为这个缘故，《安详辞世》难得地展现了波伏瓦柔和、温情，具有包容性的一面。

但本章最后还是指出，波伏瓦在《安详辞世》中并没有彻底解决自己写作中一直存在的简单化、概念化倾向。她对母亲的认同其实是不无自恋的，其逻辑出发点依然是她的行为是否可以被纳入到她自己所信奉的价值体系。所以她用存在主义的术语（如反叛、自由等）去描述母亲对死亡的恐惧，并将母亲划归到自己在政治立场上一直同情的社会弱者群体加以认同；她对母亲的认同也颇有所保留：她欣赏母亲的善良、同情心、对生活和阅读的热爱，但她对这些价值的肯定是相对的，她真正认同的还是知识分子所秉持的价值观，诸如理性、激情、真实、深刻、超越性等，因此她强调母亲还达不到她对精神伙伴的要求，她们的亲密是有距离的。总之，波伏瓦用"遗憾"来总结自己和母亲的关系，因为在她心里个体的自由和与母亲的亲密关系依旧难以调和。这确实与她所处的历史环境相关，但其实也体现了波伏瓦的反思并不彻底，因为她不仅严重轻视了传统价值中女性价值（主要是母性文化价值）的意义，也忽略了女性人生的丰富多样及坦诚的交流对促进女性成长的重要作用。其实不仅女性的人生是一个变化的过程，女性的成长和觉醒同样也拥有复杂的样本。在这一点上，母亲弗朗索瓦丝或许做得比波伏瓦更出色，她不仅一直试图理解和支持她的成长，也积极地改变着自己的生活态度，从一个哀怨专横的家庭主妇变成了追求新生活的老妇人。不过，波伏瓦也通过细密的观察，提供了很多具有矛盾性而无法被她的体系消化的具体细节，为读者打开了同情共感、思考质疑的空间。

第四章

暧昧的神话：波伏瓦回忆录中的自由爱情

第一节　饱受争议的"爱情神话"

在《事物的力量》的最后，波伏瓦总结道："我一生中最大的成功之处就是我与萨特的关系"[①]。从1929年一同准备大中学教师资格考试到1980年萨特的死亡将他们分开，这对著名的存在主义情侣携手走过了五十多年的风风雨雨。由于波伏瓦回忆录的"官方"描述，以及新闻媒体的大力宣传，他们建立的"契约式爱情"早已为大众所熟悉。起初，这一"契约"仅仅是一个为期两年的口头约定。随着时光的流逝，它最终成为一项持续一生的无形承诺：他们永不结婚，各自保持爱其他人的自由，但他们之间也要毫无保留地坦诚相爱，做彼此生活和事业上最亲密的伴侣。这些规定对传统婚姻、家庭关系和女性角色的大胆颠覆，让他们的故事一度成为现代人心中的"神话"。美国学者玛丽莲·亚隆（Marilyn Yalom）曾在她的一部著作中描述了自己在20世纪50

[①]　西蒙娜·德·波伏瓦：《波伏瓦回忆录第三卷：事物的力量（二）》，陈筱卿译，北京：作家出版社，2013年版，第339页。

年代初赴法求学时对于这对"正主宰着法国左岸的思想生活"的大众偶像的印象：

> 这对传奇情侣是不受法律或宗教认可的关系的典范，不仅惹怒了所谓的正统人士，也激发了像我这样的年轻人的遐想……虽然我没有见过萨特和波伏瓦本人，但他们的形象还是永远深深地印在了我的心里。他们成了我眼中的理想伴侣，两者的纽带似乎是对彼此永不动摇的忠诚。除了在旅馆，他们从未生活在同一屋檐下，但他们每天都会一起享用午餐或晚餐，在同一间咖啡馆的不同区域工作，批评对方的书稿，共同旅行，并越来越多地卷入左翼政治。①

亚隆女士的"遐想"体现了西方世界在很长一段时间里对这对情侣的一般看法。二人的"契约关系"似乎既体现出了超越世俗的自由与浪漫，也勾勒了两性平等的理想图景。但众所周知的是，在萨特和波伏瓦双双谢世以后，随着两人生前信件、日记的披露，尤其是 1993 年比安卡·朗布兰回忆录《被勾引姑娘的回忆》的发表，他们的爱情模式中诸多不光彩的细节也公之于众，人们对这一"神话"的"信仰"从此大打折扣。作为女权运动先驱的波伏瓦在爱情中扮演的实际角色，还有她的思想、写作与她生活之间的矛盾也因此成了知识界争论不休的话题。

作为中国研究者，笔者更加关心，并且接下来也将重点介绍国内学者对这些问题的认识和争论。这不仅是因为相比西方世

---

① 玛丽莲·业隆：《法国人如何发明爱情：九百年来的激情与罗曼史》，王晨译，上海：上海文艺出版社 2015 年版，第 290—291 页。值得一提的是，玛丽莲·亚隆促成了比安卡回忆录英文译本的出版。

界，中国学界对二人关系的接受有其历史独特性——这是本研究展开的现实语境，也是由于这些争论最终还涉及国内学界对波伏瓦回忆录文学价值的认识，而这是本研究要解决的核心问题。

我们可以先把目光回溯到 1998 年。在读过朗诺·海门（Ronald Hayman）的《萨特传》与弗朗西斯和贡蒂埃合写的《波伏瓦传》后，美籍华裔作家董鼎山做出了如下的判断：

> 他们之间的关系是不平等的；不但萨特是一个大男人主义者，而且波伏瓦甘心情愿地替他拉皮条，找女伴……西蒙娜不但替萨特拉皮条，而且忍气吞声地接受他的吩咐来打发他所厌倦的性伴侣。也许我在这里做的比喻过分荒谬：有时，波伏瓦的"职务"好像是管理皇室后宫嫔妃的太监。萨特的胃口奇大，他的性伴侣的供应源源不绝，敬仰他的青年知识妇女巴不得以身相许。波伏瓦并援以一手。①

董鼎山的这番言论与比安卡回忆录的联袂出场给 20 世纪 80 年代以来逐渐在中国读者心中落地生根的存在主义情侣"神话"带来了沉重的一击。1986 年，一篇名为《波伏瓦追求真理的一生》的文章这样写道："萨特的威望并没有影响波伏瓦的光辉，因为他们是以相互崇敬、相互恩爱为基础而结合的。"② 这一看法此前在中国的知识群体中具有很强的代表性。事实上，无论是由于 20 世纪 80 年代欧美思想大师在读者心中的"权威感"，还是当时

---

① 董鼎山：《萨特与波伏瓦的另一面》，见比安卡·朗布兰：《萨特、波伏瓦和我·序》，吴岳添译，北京：中国三峡出版社，1998 年版，第 6—7 页。
② 张放：《波伏瓦追求真理的一生》，《外国文学》1986 年第 9 期，第 61 页。

"中国特有的某种'反道德的道德主义文化氛围'"①的影响，抑或新时期的人们对于建立在平等、尊重、理解之上的两性关系及爱情、事业两全的新女性形象的向往，波伏瓦和萨特的"契约式爱情"注定会在中国读者的心中占据很高的位置，甚至如戴锦华所说——"几乎成了八十年代精英知识界的'神话'之一"②。因此我们也可以理解为什么在董鼎山之后出现了一系列激烈的争论萨特和波伏瓦关系之实质的文章。

致力于萨特研究的黄忠晶首先为他们受到的"污蔑"打抱不平。在 2002 年发表于《书屋》上的《并非为萨特和波伏瓦辩护》一文中，他针对董鼎山的评论进行了逐条批驳，认为他的结论与事实严重不符——"我的总体印象是，董先生实际上并未认真读过萨特和波伏瓦的任何作品（包括书信和自传），甚至连他文章中提到的那些第二、三手传记材料也未必认真读过"③。但在女学者施依秀看来，黄忠晶所依据的材料也并非可靠："我不可能在黄先生这样的萨特研究专家面前蛮横任性地说材料是伪证，但是那些可以在各种文献中摘抄的一段段话语不能代表它们接近历史中真实的人物。且不论语言本身的多义性，各种时期的人物心态和思想背景的差异等等，就算是当着面说的一句话，也不一定还原得出说话人本来的意思，甚至会得出全然相反的理解也很正常，更不用说众多的书面语言资料了。"④ 在发表于 2003 年的《粤海

---

① 戴锦华:《岁月留痕——西蒙娜·波伏瓦在中国》,《书屋》2007 年第 10 期, 第 38 页。

② 戴锦华:《岁月留痕——西蒙娜·波伏瓦在中国》,《书屋》2007 年第 10 期, 第 38 页。

③ 黄忠晶:《并非为萨特和波伏瓦辩护》,《书屋》2002 年第 9 期, 第 50 页。

④ 施依秀:《作为女人的波伏瓦》,《粤海风》2003 年第 4 期, 第 24 页。

风》的一篇文章中，她力图从自己作为女性的视角去理解"作为女人的波伏瓦"的情感体验，认为黄忠晶所言的"波伏瓦这个不在乎、那个不在乎，只是一个假象。她不是超凡脱俗的圣女，而是个有血有肉，有情感，从正常的家庭教育中生长起来的智性女人，任何先入为主的'不在乎'正是解构了波伏瓦一生努力的全部意义"。[①] 对于施女士的说法，黄忠晶撰文《评论历史人物岂可仅凭想当然——对〈作为女人的波伏瓦〉之回应》进行回应。这一次，他又给出了一个"总体印象"："该文整个论述是建立在'想当然'的基础上。施女士同我在文章中批评的董鼎山、保罗·约翰逊一样，并没有认真读过多少有关萨特和波伏瓦的第一手资料……没有援引萨特和波伏瓦本人的任何自述资料，甚至连波伏瓦的回忆录——这应该是探究两者关系的最基本的材料——都没有引用……在几乎没有掌握萨特和波伏瓦任何有价值的传记材料的情况下，却要深谈他们的关系，怎么可能不出错呢？"[②]

我们不必过深地介入这场笔仗，对他们争论的具体细节逐一探讨。鉴于本书的研究对象一直是波伏瓦的回忆录，黄忠晶在不同时间、面对不同笔战对象给出的两个几乎一致的"总体印象"首先引起了我们的注意。也许施依秀"以意逆志"的批评方法难以在学理层面站稳脚跟，但黄忠晶根据"第一手材料"（他还特别强调了"自述材料"）做出的解释难道就更值得相信吗？如果两种不同的"第一手材料"自相矛盾了怎么办？比如波伏瓦提到自己曾非常嫉妒萨特的初恋女友西蒙娜·若利韦，后又对传记作家说：

---

① 施依秀：《作为女人的波伏瓦》，《粤海风》2003 年第 4 期，第 25 页。
② 黄忠晶：《评论历史人物岂可仅凭想当然——对〈作为女人的波伏瓦〉之回应》，《粤海风》2004 年第 1 期，第 44 页。

"我从来没有嫉妒过若利韦，她不过是一个二流演员。"这时我们应该信任哪一则"一手材料"？事实上波伏瓦还说过："我的回忆录又不是《圣经》。"① 这岂不也是一条"一手材料"？不加甄别地直接以当事人自述为"标准答案"，恐怕有将问题简单化的嫌疑，若讲得严重些，这些做法本身其实也是"想当然"的一种。

对于回忆录的真实性问题，本书不再过多讨论。在这里我们或许可以先引用萨乐娜芙在《战斗的海狸：西蒙娜·德·波伏瓦评传》的引言中谈到的"如何去阅读这些回忆录"作为一个临时性的回应：

战斗的海狸在回忆录中给出的她的人生、介入和她自己的形象是一个清晰、可理解的形象，没有拐弯抹角也没有遮遮掩掩；没有中断也没有接缝。但是无论哪个读者都不能就此止步不前：否则，他所做的就不能被称之读，而只是毫无距离地全盘接受他所陌生的一长串画面和词语的展现。阅读，是一种疏离；阅读，是潜入文本的表面之下，为了能把文本掀起，看到审视、理智、批评和自省精神薄薄的刀锋。不是为了刻板地运用这种现代的激情，可悲的激情中最可悲的一种——不信任；或者是尝试去窥破他无法破解的秘密；或者是怀着病态或恶意的好奇心去寻找隐藏在说话"背后"的东西；而是为了圆满地完成读者的使命，如果没有这一使命，文本只不过是些死气沉沉的文字。一个文本只有通过被阅读才得以存活延续；阅读有一种积极的、催化和生成的作用；它会在阅读者的身上动员起力量和禀赋，为了挑战一个文本，

---

① 弗朗西斯、贡蒂埃：《波伏娃：激荡的一生·序》，唐恬恬译，桂林：广西师范大学出版社，2009年版，第6页。

面对它，赋予它生命。①

其实，萨乐娜芙发表的这番"阅读之道"毫不新奇。问题可能在于，一方面，正如萨乐娜芙所描述的——"阅读波伏瓦的回忆录是一项难得让人却步的练习，因为她的行文不容置疑且直接、严谨、紧凑，让读者不由得肃然起敬，掺杂着他很难疏离的一种文本的诱惑"②。尤其在掌握材料有限的情况下或涉及隐私性的问题时，读者更倾向于追随她原本的叙述，而无力质疑其背后的矛盾。另一方面，"神话"的力量仍然非常强大。尽管20世纪90年代，这段关系中灰暗的一面已经暴露了出来，但正如戴锦华所说，"无论作为存在主义者，存在主义哲学或文学，或波伏瓦作为女性先驱的意味，都已于中国文化的主要景观中'淡出'，类似出版物，不仅已无法'诋毁'或置换那则既成的爱情与忠诚的'神话'（作为那一神话重述的出版物的数量和规模仍远胜于前者），而且仍只是在急剧变迁之后的中国社会语境中，显现为某种不无风雅、饶有兴味的名人逸事。其中波伏瓦个人生命中的、对女性主义的倡导与其在性别角色与秩序间繁复挣扎与暧昧，却甚或为大部分将波伏瓦作为女性主义先驱而热爱的中国女性主义者所忽略"③。换而言之，波伏瓦在爱情中的形象已渐渐沦为一个空泛的象征，人们并不真正关心她在情感道路上的复杂心事，或只是将她的故事作为名人"八卦"来看待，或只是根据某种特定

---

① 达妮埃尔·萨乐娜芙：《战斗的海狸：西蒙娜·德·波伏瓦评传》，黄荭、沈珂、曹冬雪译，北京：作家出版社，2009年版，第6页。
② 达妮埃尔·萨乐娜芙：《战斗的海狸：西蒙娜·德·波伏瓦评传》，黄荭、沈珂、曹冬雪译，北京：作家出版社，2009年版，第6页。
③ 戴锦华：《岁月留痕——西蒙娜·波伏瓦在中国》，《书屋》2007年第10期，第38页。

的诉求而有选择性地相信。因此，学者成红舞这样总结道："如何看待波伏瓦以及她与萨特的关系已经不是是否忠实于事实真相的问题，而是传记者们之间的话语权力的问题"[①]。她的观察是准确的。

可是为什么我们要对波伏瓦的私人情事步步紧逼呢？为什么要任凭这位日复一日地记录自己的生活的法国女人将我们的注意力拖入她的秘密领地，在她的卷帙浩繁的回忆录、日记、信件中，在她的同时代人偶然提到的只言片语中，寻找她所塑造的这个现代爱情神话的本来面目？这个提问不无道理。但我们无法不这么做，而且必须这样去做。这不仅是因为"他们的爱情是文学史上最令人困惑的故事"[②]，波伏瓦一半作为女权主义的舵手一半站在萨特阴影中的形象始终诱惑着我们一探究竟，而无数的想象、猜测、争论甚至争吵也已经让她的故事跨出了私人的界限，成为公共生活中难以被忽略的部分，帮助我们反思自己的生活，探讨爱情和婚姻的多种可能，并且，在波伏瓦的爱情书写中，也涉及一系列回忆录研究非常关心的问题。这些都在邀请我们进入波伏瓦的爱情世界，感受她的文字与生活之间的张力。

纵观波伏瓦的一生，我们不难发现，她的情感经历可谓异常丰富。除了与萨特持续一生的"必然爱情"，她还与多位情人发展了所谓的"偶然爱情"。其中最为著名的可能就是她 1947 年与美国作家尼尔森·埃尔格林的"越洋恋"以及她自 1952 年起与比自

---

① 成红舞：《言说他者还是言说自我——从波伏瓦在中国译介中的一场论争谈起》，《济南大学学报（社会科学版）》2014 年第 3 期，第 13 页。
② 弗朗西斯、贡蒂埃：《波伏娃：激荡的一生》，唐恬恬译，桂林：广西师范大学出版社，2009 年版，第 364 页。

己小十六岁的法国作家、导演克洛德·朗兹曼所开启的长达七年的"忘年恋"——这些在她的回忆录中都有所提及，而根据她早年的日记和通信，她与萨特的学生、奥尔加的丈夫雅克·博斯特也保持了很长时间的"地下情"，甚至还曾经同一些年轻的女学生尝试了同性恋。这些多姿多彩、颇具"名人效应"的感情生活为她的回忆录写作提供了大量的"看点"——尽管我们不能把文学与"八卦"混为一谈，但不得不承认的是，从文学的发生学来看，也正是由于人们对"稗官野史""道听途说"的喜爱，才有了小说和回忆录等叙事文学的出现和兴盛。

问题在于，生活精彩是一回事，写得动人则是另一回事。比较一下意大利的著名"情圣"卡萨诺瓦的自传《我的一生》与英国牛津大学的教授 C.S. 路易斯悼念亡妻的笔记《卿卿如晤》，我们就更能体会这个道理。路易斯一生都过着简单的书斋生活，很晚才遇到妻子乔伊，更晚才爱上她，但他在乔伊亡故之后写的《卿卿如晤》却感人至深，将一个丧偶男人的悲恸融了对宗教信仰的怀疑、追问，传记作家麦格拉斯将其称为他"最悲惨凄切、最扰人心绪"[1] 的作品；与之相比，卡萨诺瓦长达 12 卷，其中有三分之一的篇幅用于记录作者与 116 个女人的风流韵事的《我的一生》却难以唤起读者更深的触动。或许我们不得不承认，无论作为生活的冒险家，还是故事的讲述者，卡萨诺瓦都可以称得上天赋异禀，但透过他的种种风流艳史，读者最终看到的就是一个无比自恋的男人充满了庸俗和重复描写的猎艳报告。保守的英国绅士路易斯在短短几年中体会到并付诸笔端的东西，那种真挚、热

---

① 麦格拉斯：《C.S. 路易斯：天赋奇才，勉为先知》，苏欲晓、傅燕晖译，上海：上海三联书店，2018 年版，第 301 页。

烈、深深叩问灵魂的情感，在这位"情圣"笔下难觅踪迹。奥地利作家史蒂芬·茨威格甚至相信，作为艺术家的卡萨诺瓦"根本就从未认真看过他所有情人的面孔"，因为他没有为我们塑造出"他上千个女人中的一个的真正的精神立体画面"[①]。

尽管作为情人的路易斯和卡萨诺瓦都属于"极端特例"，但他们的故事也提醒我们：丰富的情感生活对回忆录作家来说其实是一把双刃剑。它或许能让作家的生命故事变得跌宕而饱满，但也可能会削弱他／她对每段感情的独特感受——并不是每个人都可以像乔治·桑那样把每一次恋爱都当作"生命中最初一次爱情，也是最后一次爱情"[②]；并且，相比对单一对象的把握，将错综复杂的感情生活安排好、叙述好，也意味着对作者的"智力"和"笔力"的更大考验。对同时享受着"必然"和各种"偶然"爱情生活的波伏瓦来说，事情也是一样的：如何运用好这把"双刃剑"，通过叙事的艺术，将这些丰富多彩的"八卦看点"转化为能给读者带来感动和回味的"爱情故事"，才是真正决定她创作成败的关键。下节中，我们就将先具体考察她的这一叙事过程。

第二节　回忆录中的爱情叙事

一、前萨特时代的爱情

在首部回忆录《端方淑女》中，波伏瓦讲述了自己早年关于

---

① 茨威格：《自画像：卡萨诺瓦、司汤达、托尔斯泰》，袁克秀译，北京：西苑出版社，1998 年版，第 43 页。
② 勃兰兑斯：《十九世纪文学主流（第五分册）》，北京：人民文学出版社，1997 年版，第 168 页。

爱情的幻想，也谈到了她在遇到萨特之前经历的几段无疾而终的恋情。这一时期的波伏瓦还没有什么具体的爱情体验，但她对当时保守氛围的描写，对个体命运的观察，以及对爱情的思考和期待，事实上也为她后来与萨特建立的离经叛道的契约关系做出了一定的解释。

首先，波伏瓦花了一定的篇幅来讲述在自己的成长环境中，人们究竟是如何看待爱情与婚姻的。父亲乔治是她笔下男性角色的代表。或许是写作时母亲弗朗索瓦丝还在世的缘故，波伏瓦并没有像在《安详辞世》中那样，大胆"揭发"乔治风流成性的生活，比如常常出入风月场所、夜不归宿，还把"最后一个情妇的照片"摆在书房里等①，但她也基本勾勒出了乔治作为一个深受保守主义文化影响的法国资产阶级男性，对于包办婚姻及其习俗上的"衍生品"——婚外情所抱有的根深蒂固的认同，指出他"要求妻子忠实，要求年轻女孩子贞洁，但赞成男人自由不羁，因而能够宽容地对待别人认为轻浮的女人"，对最好的朋友"与人姘居——过着伤风败俗的生活"视若无睹。② 不过，波伏瓦对她父亲及他所代表的男性世界的描写还是比较泛泛的，她更熟悉、写得

① 需要补充的是，在接受弗朗西斯和贡蒂埃的采访时，波伏瓦否认了这些细节，甚至反问两位传记作家"你们怎么会这样想？这简直就像在写小说。我给我妹妹打过电话，她没有丝毫类似的记忆，我也没有"。当传记作家向她指出她自己写在《安详辞世》里的句子，波伏瓦感到十分吃惊，说："我不知道为什么当时我会这样写！"两位作家对此的评论是："她较真的态度给我们留下了深刻的印象，从她的脸上我们可以看到她内心的矛盾。"参见弗朗西斯、贡蒂埃：《波伏娃：激荡的一生·序》，唐恬恬译，桂林：广西师范大学出版社，2009年版，第5—6页。我们无法确证记忆的真假，暂以《安详辞世》的叙述为准。
② 西蒙娜·德·波伏瓦：《波伏瓦回忆录第一卷：端方淑女》，罗国林译，北京：作家出版社，2011年版，第25—26页。

更细致的是她自己以及周围的女性的情况。据她观察，在天主教资产阶级文化中，虽然女孩子们从小便被教导应该尊重自己的肉体，因为爱情而不是门第或金钱而结婚，但实际的情况却往往与之相反，包办婚姻被广泛接受，妻子对丈夫的不忠也普遍宽容。相较于男人们直截了当的"自由不羁"，女人们的表现似乎更加虚伪、分裂：母亲弗朗索瓦丝一直回避丈夫"出轨的言行"，却对女人无比严厉；马比耶夫人告诉女儿自己从新婚之夜起就厌恶夫妇之间的搂抱；莎莎的一个姨婆还宣扬某种"神圣的一见钟情论"，认为"未婚夫妇在神甫面前互相说同意结为夫妻的那个时刻，圣恩就降临到了他们头上，他们就相爱了"。①

通过这些群像式的描写，波伏瓦不仅为我们生动展现了 20 世纪资产阶级的婚恋传统，更在这个过程中凸显了自己的个性形象。读者们会发现，她自己的婚姻观、爱情观是在与周围环境的"对话"甚至"抗辩"中逐渐展现出来的。比如她这样写自己和父亲在婚恋观念上的冲突：

> 我断言，重要的是感情，而不是婚姻和血缘关系的巧合。父亲崇尚家族，开始认为我没心没肺。我不同意他的婚姻观。他倒不像马比耶夫妇那么古板，在婚姻里给爱情留了相当宽松的位置。但是我不把爱情和友谊分开，而他看不出这两种情感有任何共同之处。我不能接受夫妻两个之中一个"欺骗"另一个，如果彼此不再适合，那就应该分手。我感到气愤的是，父亲允许丈夫"偷鸡摸狗"。从不关心政治的角度讲，我不是女权主义者，不在

---

① 西蒙娜·德·波伏瓦：《波伏瓦回忆录第一卷：端方淑女》，罗国林译，北京：作家出版社，2011 年版，第 109 页。

乎选举权。在我眼里，男人和女人在人格上是平等的，我要求他们要严格地相互尊重。父亲对女性的态度对我是一种伤害。总的来讲，资产阶级轻浮的偷情、恋爱和通奸令我恶心。①

在这段话中，"我"和"他"（或"父亲"）交替成为分句的主语，展现了父女间的观点交锋。波伏瓦用一系列诸如"我断言""我不同意""我不能接受""我感到气愤""我要求""伤害了我""令我恶心"等强烈表达，对父亲所代表的流行观点进行了层层驳斥，彰显了那个渴望相互平等、灵肉合一的两性关系的自我。

此外，作为《第二性》的作者，波伏瓦不仅关注生活世界，也将她的笔触深入到了文化想象的层面。她先对童年时代"宗教、神话、历史"向她"暗示的另一种角色"提出了质疑，指出"大多数现实的或传说中的女英雄……都是通过男性使她们遭受的痛苦的考验，才在这个世界或另一个世界获得荣耀的"②，然后她又讲述了自己如何成功地克服了这种"荣耀"的诱惑：尽管她也曾幻想"瑟瑟发抖地跪在一个英俊、纯洁、可怕的男人面前悔过"，或者"扑倒在主人国君的脚下……主人国君把他那审判者的手放在我后颈上。这样我就通过祈求他的宽恕而得到了快感"，但"在沉迷这种妙不可言的堕落时，我始终没有忘记这只是游戏。说真格的，我不会屈从于任何人：我永远是自己的主人"③。这是一种很

① 西蒙娜·德·波伏瓦：《波伏瓦回忆录第一卷：端方淑女》，罗国林译，北京：作家出版社，2011年版，第139页。
② 西蒙娜·德·波伏瓦：《波伏瓦回忆录第一卷：端方淑女》，罗国林译，北京：作家出版社，2011年版，第40页。
③ 西蒙娜·德·波伏瓦：《波伏瓦回忆录第一卷：端方淑女》，罗国林译，北京：作家出版社，2011年版，第41页。

有力量的表述，透露出她对顺服的女性气质的拒绝，以及对自身力量、未来命运的积极肯定。

波伏瓦还尝试了以"文学批评"的方式表达出自己的爱情观点。她犀利地批评塑造了乔治的爱情观的那些男作家——布尔热、都德、普雷沃、莫泊桑、龚古尔兄弟，认为他们的作品虽然补充了自己的"性教育"，却只是展现了一个"很大程度上已经过时的社会"，其中的女主人公"都是愚蠢的姑娘或肤浅社会的妇女"，男性角色也"个个平庸"，"这些作品没有任何一部提供一种令我满意的爱情写照和命运思考"。① 波伏瓦相信自己更多地受到了 19 世纪英美女权主义作品的影响——露易莎·梅·奥尔科特《小妇人》（及其续集《好妻子》）中的乔，乔治·艾略特《弗洛斯河上的磨坊》中的玛吉·塔利维尔是《端方淑女》中反复被提及的两个女性角色。玛丽·伊文思（Mary Evans）在《失踪者》（*Missing Persons*）中指出，这两部书的作者"现在被认为是强有力的女性声音：在选择认同她们的过程中，波伏瓦把自己直接置于了坚定自信的女性传统中"②。这只是其中的一个方面。事实上，波伏瓦对奥尔科特和艾略特给她们的女主人公安排的爱情归宿并不完全满意，认为《好妻子》中的乔的伴侣虽然"代表了最高鉴赏者"，却是一个"外来闯入者"，而她理想的友谊和爱情应该是天长地久的——"未来应该包容我的整个过去"③；在《弗洛斯河上的磨

---

① 西蒙娜·德·波伏瓦:《波伏瓦回忆录第一卷: 端方淑女》，罗国林译，北京: 作家出版社，2011 年版，第 78 页。

② Evans, Mary. *Missing Persons: The Impossibility of Auto/biography*. London and New York: Routledge, 2002, p.17.

③ 西蒙娜·德·波伏瓦:《波伏瓦回忆录第一卷: 端方淑女》，罗国林译，北京: 作家出版社，2011 年版，第 75 页。

坊》中，玛吉最终的选择也让波伏瓦无法理解，比起斯特凡，她更希望玛吉能选择借书给她的年轻驼子，原因在于"我只能理解爱情加友谊……相互交换和一块讨论书，会在一个男孩子和一个女孩子之间建立起永恒的联系"①。总之，在这类断断续续的"对话"中，波伏瓦渐渐表达出了自己对于爱情的独特信仰：爱情应该是一种建立在平等、理解、精神契合上的两性关系，具有友谊的特点，而性和爱、爱和婚姻也应是紧密联系、不可分离的。不过，"我能遇到一个天生属于我的男人吗？"波伏瓦认为既有的思想资源并不能给予她直接的答案，因此，就像存在主义哲学所提倡的，她必须自己"谋划"关于"他"的形象。

正如富尔布鲁克夫妇在《玫瑰孕育哲思：波伏瓦与萨特》中所说："我们需要进一步理解波伏瓦所说的理想人选，因为这一形象非常复杂，很容易被错误理解。而它对于定义波伏瓦和萨特关系的本质又是十分关键的因素。"②波伏瓦对"理想人选"的展望，既是对此前一系列叙事的总结，更是对于她未来的选择（萨特）的铺垫。波伏瓦清楚地写道，她对"未来丈夫"本身并没有具体的要求，但对他们建立的关系却有比较具体的期望。马塞尔·蒂奈尔小说中的一句话曾经给她留下了深刻的印象："爱蕾，像你这样的姑娘，天生是给英雄做伴侣的。"她也认为自己未来的伴侣首先便应该是一个她心目中的"英雄"——"我对他将怀有热烈的仰慕之情……等到有一天一个男人以其才智、修养和威望征服了

---

① 西蒙娜·德·波伏瓦：《波伏瓦回忆录第一卷：端方淑女》，罗国林译，北京：作家出版社，2011年版，第101页。

② 爱德华·富尔布鲁克、凯特·富尔布鲁克：《玫瑰孕育哲思：波伏瓦与萨特》，陆薇、王安琪译，哈尔滨：黑龙江教育出版社，2007年版，第27页。

我，我就会坠入爱河。"不过，这并不意味着她在这个构想中将自己置于了依附性的位置，相反，她也坚持认为他们的关系里必须具有一定的平等性——"我珍惜我的独立，将从事一门职业，进行写作，拥有个人的生活，决不把自己看作一个男人的伴侣，而是我们互相为伴"。①

这两种要求难道不会自相矛盾吗？波伏瓦承认，她的幻想里确实有父权文化的影子，因为她所受的教育、从小的生活环境、父亲的威望都使她相信女人始终要比男人低一等。正如她自己说的："如果一个男人不绝对比我强，那么我就认为相对来讲他就是一个弱者，要让我承认他与我平起平坐，他就必须超过我才成。"② 换而言之，她无意于颠覆两性之间的等级观念，而是要在一个具体的"处境"中提出自己的爱情构想。她在接下来的一大段篇幅中将其阐发得更为明确：

> 我所相中的人，从外表看要是一个十全十美的人，为了使他永远配得上我，从一开始我就要确保他具有现在还仅仅存在于我的憧憬中的优点。他一出现就成为我希望成为的那种人的楷模，因此他比我强。另外，我要注意不让我们之间拉开太大距离。我不能接受他的想法和工作我理解不了，那样我会为自己的不足感到难过。爱情应该是认可我，而不是限制我。我所想的情景好比一种攀登，我的同伴比我灵活一点、强壮一点，帮助我和他一道一段一段往上攀登。我的贪欲多于慷慨，希望得到而不是付出。

---

① 西蒙娜·德·波伏瓦：《波伏瓦回忆录第一卷：端方淑女》，罗国林译，北京：作家出版社，2011年版，第104页。
② 西蒙娜·德·波伏瓦：《波伏瓦回忆录第一卷：端方淑女》，罗国林译，北京：作家出版社，2011年版，第105页。

如果要我拉着一个慢吞吞的人往前走，我会急死的。在这种情况下，宁愿独身而不要结婚。共同生活应该促进而不是阻碍我的基本追求：拥有世界。命中注定属于我的男人，不应低于我，不应与我不同，也不要过分地高于我，能够确保我的存在，而又不失去他自己的权威。①

由此可见，波伏瓦畅想的是一种建立在自我实现的基础上的伙伴式的爱情。这里没有传统故事中的风花雪月，只有攀登路途中的志同道合、互相扶持。女性并不需要把自己贬抑为爱情的"客体"，将花容月貌、优雅言行或者柔弱的姿态当作吸引男性"主体"的资本，而是作为一个独立的"主体"去寻找一个与自己相似的"主体"，不仅从中获得自我发展、自我激励的力量，也最终可以和她的伴侣实现共同的目标——就像她自己说的："两人一块发现世界，互相把它给予对方，因而以得天独厚的方式共同拥有它；同时，每一方又从对方对自己的需要中，找到自己存在的决定性理由。"② 不过，如果仅仅停留在"理想"的层面，波伏瓦的故事可能还不会在世界范围内形成如此重大的影响。如何将当初的"筹划"变为现实，如何在未来的爱情选择中履行对自己的承诺，才是她的叙事中最精彩的部分。因此我们看到，从《端方淑女》的第三部分开始，波伏瓦也走出了青春期少女孤独的思索和假设，切身地投入了几段无疾而终的恋情：对表哥雅克青春懵

---

① 西蒙娜·德·波伏瓦：《波伏瓦回忆录第一卷：端方淑女》，罗国林译，北京：作家出版社，2011年版，第105页。
② 西蒙娜·德·波伏瓦：《波伏瓦回忆录第一卷：端方淑女》，罗国林译，北京：作家出版社，2011年版，第103页。

懂的暗恋、对老师罗伯尔·加利克①近乎疯狂的仰慕、对左翼男青年彼埃尔·诺迪埃渐渐萌生的好感、与普通哲学考试中的"手下败将"让-普拉德勒——现实生活中的莫里斯·梅洛-庞蒂的亲密交往……当然，还有与巴黎高师的同学艾尔博②的美好"初恋"——艾尔博是萨特的好友，正是他为波伏瓦取了"海狸"这个沿用一生的外号，也是他把她带进了萨特的圈子。

这些男士中会有一个成为那个天生就属于她的人吗？在波伏瓦笔下，雅克、梅洛-庞蒂、艾尔博，虽然他们在她的成长道路上或多或少地起到了"领路人"的作用，但都不能与她自我发展的需求相匹配，也不能真正地带领她走出人生的孤独——雅克太过于虚无和软弱，他属于她努力挣脱的资产阶级世界；艾尔博"毫无意义的雄心壮志""尊重的某些习俗"和"审美观"也让她"感到困惑"，认为"如果我们俩都是自由身，我不会愿意把我的生活和他的生活结合在一起"③；即使后来与她同属左翼知识分子阵营，被她视为"我活生生的良知"④的梅洛-庞蒂，在波伏瓦来看也与自己激进、极端的个性并不相容——"他自幼丧父，与母亲和妹妹相处融洽，不像我一样厌恶'封闭的家庭'"⑤，"从他纯

---

① 罗伯尔·加利克（Robert Garric，1896—1967），法国作家，在圣玛丽学院讲授法国文学，同时也是"社会团队"（Équipes Sociales）运动的创始人。

② 即勒内·马厄（René Maheu，1905—1975），哲学教授，联合国教科文组织第六任总干事。

③ 西蒙娜·德·波伏瓦：《波伏瓦回忆录第一卷：端方淑女》，罗国林译，北京：作家出版社，2011年版，第241页。

④ 她在1927年8月5日日记中也用到了这个词。参见 Beauvoir,Simone De.*Diary of a Philosophy Student*, ed. by Barbara Klaw et al. Urbana: University of Illinois Press,2006.

⑤ 西蒙娜·德·波伏瓦：《波伏瓦回忆录第一卷：端方淑女》，罗国林译，北京：作家出版社，2011年版，第178页。

粹属于思想的不安之中，我看不出像自己这样心灵的痛苦"①，"普拉德勒像我一样是知识分子，但是他仍然适应他的阶级、他的生活，衷心接受资产阶级社会"，"与普拉德勒这么一对照，我更加确信自己注定是孤独的"②。

因此，在进行了重重否定之后，波伏瓦最终向读者揭示，只有与萨特一次次的思想交锋才让一向"孤芳自赏"的自己真心拜服——"这是平生头一回，我感到有一个人的智力上高于我……我每天整天地和他较量，在争论中我不是他的对手"③，但萨特又不像比她年纪大很多的加利克和诺迪埃那样遥不可及。波伏瓦还赞赏地写道，萨特从不崇拜权威，也厌恶生活中一切正经八百的事情，他从不停止思考，永远让他的思想处于警觉状态，她感到"与他那个丰富多彩的世界比较起来，我这可怜的世界显得多么狭小！"④与萨特"沉静而疯狂的热情"相比，她"狂热的努力"也显得"畏缩不前"，"只不过像温吞水"罢了。⑤总而言之，萨特似乎完全满足了她对"命中注定属于我的男人"的向往，是能在追求知识的道路上引导她，也能在人生道路上与她志同道合、相互激励、"分享一切"的伙伴。因此，波伏瓦郑重宣布："萨特完全

---

① 西蒙娜·德·波伏瓦：《波伏瓦回忆录第一卷：端方淑女》，罗国林译，北京：作家出版社，2011年版，第181页。

② 西蒙娜·德·波伏瓦：《波伏瓦回忆录第一卷：端方淑女》，罗国林译，北京：作家出版社，2011年版，第182页。

③ 西蒙娜·德·波伏瓦：《波伏瓦回忆录第一卷：端方淑女》，罗国林译，北京：作家出版社，2011年版，第255页。

④ 西蒙娜·德·波伏瓦：《波伏瓦回忆录第一卷：端方淑女》，罗国林译，北京：作家出版社，2011年版，第251页。

⑤ 西蒙娜·德·波伏瓦：《波伏瓦回忆录第一卷：端方淑女》，罗国林译，北京：作家出版社，2011年版，第252页。

满足了我十五岁时的愿望*：他是酷似我的人，从他身上我找得到自己的全部爱好，而且达到极致。和他在一起，我永远可以分享一切。8月初离开他时，我知道他永远也不会走出我的生活"①，将自己的未来和萨特紧紧地联系在一起。

　　通过以上的论述，笔者要指出的是，虽然年轻的波伏瓦还没有多少爱情体验，但她在《端方淑女》中的爱情叙事却是非常精彩和深刻的。她将自己置于了20世纪初法国资产阶级社会的文化氛围之中，既完整地讲述了一个资产阶级少女爱情观念的形成过程，也生动地呈现了一个年轻女孩在人生的十字路口，在同时面对爱情和未来的选择时，独特的心路历程。可以说，在保守主义文化根深蒂固、利益婚姻大行其道、两性不平等情况普遍存在的法国社会，她在个人回忆录中提供的将女性自我发展的需求与对爱情的渴望结合在一起的爱情理想，还有她在表达这种理想时所展现出的自尊、自信、智性、叛逆的精神气质，对很多现代女性，尤其是对知识女性来说，确实就是一种深切的鼓舞。与此同时，她也成功地解释了她当下的生活——通过一环扣一环的讲述，最终让读者明白，她和萨特的关系并不是来源于命运的偶然，而是她在她既有的处境之中所进行的一系列的主动选择的必然结果。

二、在"契约式爱情"中追求独立

　　《端方淑女》大获成功后，波伏瓦又创作了《岁月的力量》《事物的力量》《清算已毕》这几部回忆录来继续讲述自己成年后

① 西蒙娜·德·波伏瓦：《波伏瓦回忆录第一卷：端方淑女》，罗国林译，北京：作家出版社，2011年版，第256页。*处引文经过笔者修改。

的生活，她对"契约式爱情"的回忆也在这几部作品中得以完整呈现。鉴于波伏瓦关于成年生活的叙述较为纷乱繁杂，下文将围绕其中的三个代表性事件来讨论她在这里的叙述和思考。

第一个事件是"爱情契约"的订立。在《岁月的力量》[①]的开头，波伏瓦先以一种轻快、自信的笔调讲述了1929年秋季她与萨特在巴黎开启的无拘无束、充满精神默契的恋爱生活，然后又向读者指出这样的生活看似自由实则隐藏着危机，因为它还没有真正经历现实的考验。据她回忆，站在"不负责任的少年时期"与"讨厌的成年人世界"的交界点，萨特感受到的冲突尤为剧烈：他希望成为作家，体验人生的千姿百态，而不是被一份固定的工作或一桩忠诚的婚姻束缚住；可他马上就面临为期一年半的军役，然后是可以预见的教师生涯。为了打破这种按部就班的人生，萨特计划服役结束后就去日本任教，先待两年再寻找别的出国机会。他同样不想放过"接触各种各样风情万种的女性"的乐趣，于是向波伏瓦提出他们之间"要的是必然的爱情，但是有一些偶然的私情也是相宜的"[②]。因此，在经过一段时间的讨论后，他们最终达成了一份关于未来相处模式的协议[③]。波伏瓦详细地叙述了这一协议出炉的场景并且透露了部分具体内容：

---

① 《岁月的力量》出版于1960年，分为上下两卷。上卷从1929年写到1939年，下卷从1939年写到1944年（即二战爆发以前）。波伏瓦对自由生活的探索及由资产阶级知识分子向"介入"型知识分子的转变过程是这部作品的两大主题。其具体内容和写作特色在后文中有详细论述。

② 西蒙娜·德·波伏瓦：《波伏瓦回忆录第二卷：岁月的力量（一）》，黄荭、罗国林译，北京：作家出版社，2012年版，第11页。

③ 合约限期原为两年，在1932年续签了一次。后来萨特认为他们的关系已经十分稳固，无须用"合约"规定。

　　一天下午，我们与尼赞夫妇一起去香榭丽舍看电影《袭击亚洲的风暴》。与他们分手之后，我们步行到了卡鲁塞尔花园。我们坐在卢浮宫一侧旁边的一条石凳上。作为石凳靠背的一条栏杆，与宫墙之间有一条窄窄的缝隙。缝隙里有一只猫在喵喵叫唤。它怎么钻进那里面去了呢？它太大，钻不出来了。已是薄暮时分，一位妇人手里拿只袋子，走到缝隙边，从纸袋子里掏出一些残羹剩饭，一边喂给猫吃，一边亲切地抚摩它。就在这时，萨特提议道："咱们签一份两年的合约吧。"他说这两年期间我可以设法住在巴黎，我们可以亲密无间地相处。他建议我随后也申请一个国外的职位。我们将分开两三年，然后在世界上某个地方譬如雅典重逢，在或长或短的时间内，恢复或多或少共同的生活。我们彼此永远不会成为陌生人，永远不会毫无意义地召唤对方，没有任何力量能够破坏我们的结合，但是务必使这种结合不要蜕化为束缚和习惯。我们要不惜一切代价防止这种蜕化。我表示同意。①

　　波伏瓦接着提到，他们还签订了另一项合约，规定"双方不仅永远不向对方说假话，而且不向对方隐瞒任何事情"②。这些叙述让学者们感兴趣的地方，不仅在于它们提供的秘辛，还在于它们被讲述的方式——他们相信字里行间隐藏着波伏瓦对这件事的态度和评价。缝隙中的小猫和喂猫的妇人意味着什么呢？由于波伏瓦的回忆录确实很少出现这样的闲笔，富尔布鲁克夫妇便相

① 西蒙娜·德·波伏瓦：《波伏瓦回忆录第二卷：岁月的力量（一）》，黄荭、罗国林译，北京：作家出版社，2012 年版，第 12 页。
② 西蒙娜·德·波伏瓦：《波伏瓦回忆录第二卷：岁月的力量（一）》，黄荭、罗国林译，北京：作家出版社，2012 年版，第 12 页。

信，这是一个关于主导权的隐喻："随着要去服兵役的日期像黑夜一样慢慢临近，萨特就像那只被困在笼子里喵喵叫唤的猫一样，各种要求变得越来越多。"① 他们试图用自己的研究改变波伏瓦依附于萨特的流行观点。

笔者认为，他们的良好意图实际上造成了对波伏瓦的彻底曲解。联系上下文就会发现，尽管波伏瓦极力强调萨特的出现满足了她"十五岁的愿望"，但她完全没有声称自己在爱情中掌握了自主权。相反，她不断向读者暗示的是，她与萨特一开始的恋爱生活看似充满默契实则危机重重，因为她并没有获得自身的独立。她解释"契约"的发起更多因为萨特不想被一份固定的工作或一桩忠诚的婚姻束缚住，也不想放过"接触各种各样风情万种的女性"的乐趣，而自己只是不无忐忑地接受了这一挑战。她也并不回避自己对萨特的精神依恋，而是写道："当时我完全、彻底地相信，他能像过去我父母和上帝一样，确保我的最终安全。我沉浸在自由之中时，发现自己头顶上的天空完美无瑕"②，"遇到萨特之后，我相信赢得了一切：与他在一起，我肯定能实现自我"③。我们不难读出其中的自嘲意味。

在波伏瓦看来，虽说"爱情契约"的订立的确基于她和萨特的充分交流，但这一"契约"不是她的自由与独立的保证，反而隐含着使她丧失自我、沦为依附者的危险。所以对她来说更重要

---

① 爱德华·富尔布鲁克、凯特·富尔布鲁克：《玫瑰孕育哲思：波伏瓦与萨特》，陆薇、王安琪译，哈尔滨：黑龙江教育出版社，2007年版，第35页。
② 西蒙娜·德·波伏瓦：《波伏瓦回忆录第二卷：岁月的力量（一）》，黄荭、罗国林译，北京：作家出版社，2012年版，第15页。
③ 西蒙娜·德·波伏瓦：《波伏瓦回忆录第二卷：岁月的力量（一）》，黄荭、罗国林译，北京：作家出版社，2012年版，第41页。

的记忆内容其实是"契约"订立后，她孤身一人赴马赛任教，获得真正意义上的独立的过程。她把对马赛的环境描写与对个人心灵成长的叙述糅合在一起，并谈到由于她当时在职业上、写作上都已经渐渐步入正轨，所以感到自己"成功地经受住了所接受的考验"，"可以依靠自己"。[1]她还写道，她在那一时期的作品中进行严厉的自我批评——"在担心、愧疚之中，对生活作出评价，责备自己对待萨特像过去对待莎莎一样，没有保持我们关系的坦诚，险些把自己的自由也搭了进去"[2]，面对"情敌"（萨特的前女友卡米耶）也从容、自信了很多——"卡米耶不再让我嫉妒，也不再让我羡慕，只激起我的好胜心"[3]。总而言之，波伏瓦真正想要展现的并不是一个占有主动权的，可以轻松应对这一新型关系的"我"，而是一个一直在非常努力地接受、适应这一关系，不断对抗屈服于他人的诱惑，维持自身独立性的"我"，而且她最终通过了这个考验。

不过，新的问题又产生了：如果说马赛的经历让波伏瓦解决了自己内心的矛盾，但他们的"契约"又如何面对外部的诱惑呢？1943年，波伏瓦出版了自己第一部小说《女宾》。这部作品实际上讨论的就是这个问题。几个主人公的情爱纠葛，几乎就是波伏瓦自己与萨特、女学生奥尔加复杂关系的文学变型。但波伏瓦还是觉得小说并不能完全传递出那份真切的体验，1959年借写

---

[1] 西蒙娜·德·波伏瓦：《波伏瓦回忆录第二卷：岁月的力量（一）》，黄荭、罗国林译，北京：作家出版社，2012年版，第83页。
[2] 西蒙娜·德·波伏瓦：《波伏瓦回忆录第二卷：岁月的力量（一）》，黄荭、罗国林译，北京：作家出版社，2012年版，第74页。
[3] 西蒙娜·德·波伏瓦：《波伏瓦回忆录第二卷：岁月的力量（一）》，黄荭、罗国林译，北京：作家出版社，2012年版，第86页。

《岁月的力量》，她又重新讲述了这个被她称为"三重奏"的故事：
1934 年，波伏瓦在鲁昂的中学任教，班上有一个名为奥尔加的俄
国女寄宿生。几次接触后，她发现这个女生虽然看起来苍白、呆
滞，其实却非常聪明，很有个性。后来她常约奥尔加在课下见
面，两人关系日益亲密。在这一时期，萨特为了写一本关于幻想
和梦想的书，注射了麦斯卡灵（一种致幻剂），受到药物影响，
他变得消沉、低落，还常常产生奇怪的幻觉。医生认为他需要别
人陪伴，所以波伏瓦工作时，奥尔加就成了他的"护士"。在她的
照顾下，萨特摆脱了幻觉的纠缠，却也疯狂地爱上了这个给自己
带来快乐的女孩。1935 年 7 月，奥尔加没有通过医学考试，萨特
向波伏瓦建议由他们给她补习哲学课程。经过奥尔加父母同意，
波伏瓦和萨特"收养"了奥尔加，为她安排课程，还承担她的房
租费等生活花销。他们三个人形成了一个小团体，这就是波伏瓦
所谓的"三重奏"。一开始，他们乐在其中，但渐渐每一个人都因
此饱受折磨。萨特深深地迷恋奥尔加，希望从她那里获得"一份
纯粹的、和爱情一样排他的友谊"①，但奥尔加更喜欢一个叫马尔
科（即马克·佐罗）的帅气小伙，后来又爱上了萨特的学生博斯
特，令他嫉妒如狂。奥尔加在这段关系中也充满痛苦，她喜欢萨
特，却讨厌被他控制，她依恋波伏瓦，却不得不忍受她把萨特看
得更加重要。波伏瓦也认为自己在这段关系里变得越来越被动，
只是"徒然地努力让自己从中得到满足"②。直到奥尔加陷入了和

---

① 西蒙娜·德·波伏瓦：《波伏瓦回忆录第二卷：岁月的力量（一）》，黄荭、罗国林译，
北京：作家出版社，2012 年版，第 197 页。
② 西蒙娜·德·波伏瓦：《波伏瓦回忆录第二卷：岁月的力量（一）》，黄荭、罗国林译，
北京：作家出版社，2012 年版，第 248 页。

博斯特的恋情，他们的"三重奏"才宣布告终。

对波伏瓦来说，"三重奏"既是一段痛苦的记忆，更是一份沉重的思考。此前，尽管她也在不断与自己的依赖心理较劲，但还是倾向于相信自己和萨特才是爱情关系中的"主体"，而试图接近他们的人都是次要的。"爱情契约"的意义之一就是保证她和萨特的"必然爱情"优先于任何的"偶然爱情"。但奥尔加动摇了她内心的秩序。当萨特开始用狂热的眼神关注奥尔加的一颦一笑，把奥尔加的青春任性奉为神圣——"她每眨一次眼，他就跟发现了一个新世界一样"[①]，她感到自己与往日伴侣之间失去了应该有的默契——"他俩定义一个价值体系，而这个体系有悖于我的价值观"，但当她努力从萨特的视角看奥尔加，她又清楚地意识到这只是"欺骗了自己的心"[②]。她坦言，奥尔加的桀骜不驯，也迫使她不得不面对自己一直在努力回避的事实："他人存在，和我一样显而易见"[③]，但又无法坦然地接受它。她甚至质疑起"必然爱情"的本质，怀疑她和萨特的所谓的默契是不是一种自欺欺人的幻觉。[④]

在小说《女宾》的结尾，波伏瓦让笔下的女主人公弗朗索瓦

[①] 西蒙娜·德·波伏瓦：《波伏瓦回忆录第二卷：岁月的力量（一）》，黄荭、罗国林译，北京：作家出版社，2012 年版，第 184—185 页。

[②] 西蒙娜·德·波伏瓦：《波伏瓦回忆录第二卷：岁月的力量（一）》，黄荭、罗国林译，北京：作家出版社，2012 年版，第 196 页。

[③] 西蒙娜·德·波伏瓦：《波伏瓦回忆录第二卷：岁月的力量（一）》，黄荭、罗国林译，北京：作家出版社，2012 年版，第 199 页。

[④] 波伏瓦写道："当我说'我们是一个人'的时候，我是在说谎，两个人之间的和谐从来都不是天生的，它需要不断地去争取……是不是我的幸福完全建立在一个巨大的谎言之上。"西蒙娜·德·波伏瓦：《波伏瓦回忆录第二卷：岁月的力量（一）》，黄荭、罗国林译，北京：作家出版社，2012 年版，第 200 页。

丝谋杀了"第三者"格扎维埃尔。她相信这个写作行为把她过去对奥尔加的"气愤和愤懑都一笔勾销了"①；但在回忆录里，她显然无法用想象的方式再一次"谋杀"奥尔加，只能用她的理性叙述总结这段过往的意义。她解释，她和萨特对奥尔加的迷恋源于他们对青春的共同崇拜，他们的轻率和疯狂背后依旧有良好的意愿；同时，她认为鲁昂单调、封闭的环境或多或少地加重了他们各种各样的负面情绪。或许，在波伏瓦通过这些痛苦的自白将自己在爱情关系中遇到的危险揭示出来以后，她又轻松地避开了它。这一曾经对她的爱情世界产生过严重威胁的事件，在叙述中成为她和萨特在年轻时共同经历又最终一起克服的情感磨难，然后"他人的存在"给她造成的威胁，令她产生的自我怀疑，也随着奥尔加的别投怀抱、他们回到巴黎以后五光十色的生活而渐渐地离开了叙事的主线。

波伏瓦分享的另一重大情感事件是她与美国作家尼尔森·埃尔格林的"越洋爱情"。她曾将这段经历写进1954年获龚古尔文学奖的小说《名士风流》中，但她写回忆录时也认为有必要旧事重提，原因是"想要更加仔细地探究一下我在《岁月的力量》中以为轻易就能解决的一个问题：在忠诚与自由之间，是否存在调和的可能？如果存在的话，那么代价是什么？"②她已经意识到，在她和萨特当时已经维持了三十多年的关系中存在着不少使"第三者"受到损害和困扰的情况，而这一缺陷在她和埃尔格林的交往

---

① 西蒙娜·德·波伏瓦：《波伏瓦回忆录第二卷：岁月的力量（一）》，黄荭、罗国林译，北京：作家出版社，2012 年版，第 266 页。
② 西蒙娜·德·波伏瓦：《波伏瓦回忆录第三卷：事物的力量（一）》，陈筱卿译，北京：作家出版社，2012 年版，第 123 页。

过程中尤其突出。故事是这样的：1947 年 5 月 3 日，在美国访问的波伏瓦收到萨特的电报。电报中，萨特请求她推迟回法国的时间，因为他的美国情妇 M 还要在巴黎待上十天。对此，波伏瓦写道："我立即便与《名士风流》中的安娜的那份乡愁感同身受，我想挽着一个临时属于我的男人的胳膊散步。"① 她先给她的"纽约朋友"打了电话，却被这位有妇之夫拒绝了。接着她又打给了 2 月份在芝加哥短暂相识的共产党人作家尼尔森·埃尔格林——这位作家住在芝加哥的贫民窟，曾因偷盗打字机而入狱。短短几天的相处，让波伏瓦和埃尔格林都深深地爱上了彼此。遗憾的是，波伏瓦最后还是要回到法国。

一年以后，波伏瓦又找到了赴美机会。她和萨特计划期间让萨特的情妇 M 来巴黎。但因为 M 突然变卦，波伏瓦不得不更改行程，决定只在美国待两个月。但她不敢立即把这个消息告诉埃尔格林，一直到在墨西哥城去莫雷利亚的路上，她才"假装潇洒但却十分笨拙地"对他宣布了归期。在接下来的旅途中，波伏瓦明确感到，埃尔格林变得喜怒无常，充满敌意，他们不得不提前回到了纽约。波伏瓦回忆了一个场景：在中央公园的一家餐馆里，他们吵了起来，埃尔格林情绪激昂地说："我已经准备好了，现在就想娶您。"然后她写道："我终于明白了，我将永远不能埋怨他什么了：所有的错全在我。"②

波伏瓦认为，埃尔格林的沮丧"只不过是提示了一种现状，

---

① 西蒙娜·德·波伏瓦：《波伏瓦回忆录第三卷：事物的力量（一）》，陈筱卿译，北京：作家出版社，2012 年版，第 124 页。

② 西蒙娜·德·波伏瓦：《波伏瓦回忆录第三卷：事物的力量（一）》，陈筱卿译，北京：作家出版社，2012 年版，第 151 页。

亦即他无论如何也不会长时间地接受这种现状"①。这种"现状"不仅指她和萨特的关系，也是她和埃尔格林注定要分居两国的事实，因为他们都是扎根于所属文化氛围中的作家——"即使没有萨特，我也不会定居在芝加哥，或者，即使我尝试一下，我肯定也不会忍受超过一年半载的漂泊生活，因为它将毁掉我写作的缘由和可能性。就他那一方面而言，尽管我一再地动员他来法国，但他也不可能在巴黎待上半年。为了写作，他必须扎根在自己的祖国、自己的城市，扎根在他为自己所创造的环境之中。我们双方都已定型，不可能移居他处。"②但波伏瓦依然相信他们的感情是真挚而热烈的，这份感情给予他们的远多于它对他们的伤害。③

波伏瓦和埃尔格林的故事并没有因为这次的不愉快而收场。事实上，1949年5月，埃尔格林还到访过巴黎，但等到1950年波伏瓦再次到美国时，她发现她和埃尔格林已经很难找回曾经的激情了，后者甚至决定和前妻复婚。返程去机场的路上，波伏瓦告诉埃尔格林，至少他们之间还有一种真挚的友情，埃尔格林则回答："这不是友情，我可能给予您的只有爱情。"④在这段情缘的尾声，波伏瓦向读者分享了埃尔格林写给她的一封信，传递了契约关系中的他人的声音：

---

① 西蒙娜·德·波伏瓦：《波伏瓦回忆录第三卷：事物的力量（一）》，陈筱卿译，北京：作家出版社，2012年版，第151页。

② 西蒙娜·德·波伏瓦：《波伏瓦回忆录第三卷：事物的力量（一）》，陈筱卿译，北京：作家出版社，2012年版，第151—152页。

③ 西蒙娜·德·波伏瓦：《波伏瓦回忆录第三卷：事物的力量（一）》，陈筱卿译，北京：作家出版社，2012年版，第152页。

④ 西蒙娜·德·波伏瓦：《波伏瓦回忆录第三卷：事物的力量（一）》，陈筱卿译，北京：作家出版社，2012年版，第242页。

如果一个人爱上一个不属于你的女人，她把其他事、其他人都置于你之上，而你又永远成不了她的唯一，这是无法接受的事。我对我们俩在一起的那所有的时刻都不遗憾……三年前，当我开始意识到您的生命是属于巴黎和萨特的时候，我感到非常地失落，但现在这已经成为了往事，一切都平淡了。自那时起，我所竭力做的就是想把自己的心从您的身上收回来。我很看重自己的生命，我不喜欢让自己的生命属于一个相距遥远、我一年只能见上几个星期的人……①

可以发现，就像之前的"三重奏"一样，波伏瓦通过和埃尔格林的"越洋爱情"故事，再次揭示了她在与萨特的这场两性实验中的困境：对自由爱情的追求和爱情关系中根深蒂固的排他性如何共存呢？她似乎并没有真正地给出答案，而是以自己的实际体验道出了其中的艰辛——她看似在享受"契约"所赋予的自由和浪漫，但这些美丽的爱情故事背后却往往存在着一段沉重而苦涩的心路历程，甚至是对他人的严重伤害。在萨特去世后，她出版了《告别的仪式》一书，以白描手法对萨特去世以前的十年中的生活（1970—1980）进行了细致的描绘。但读者通过这部作品也会发现，萨特晚年时身边还是围绕着许许多多的女性，而作为与萨特并没有法律上规定的婚姻关系的波伏瓦，在很多时候都不得不给萨特的养女阿莱特"让位"，并不能随时随地享受萨特的陪伴。波伏瓦在这部书的最后写道："他的死却把我们分开了。我死了，我们也不会重聚。事情就是这样。我们曾经在一起融洽地生

---

① 西蒙娜·德·波伏瓦：《波伏瓦回忆录第三卷：事物的力量（一）》，陈筱卿译，北京：作家出版社，2012年版，第242页。

活了很久，这已经很美好了。"① 以哀伤而深情的话语完美地诠释了他们五十年中相知相守的默契和给予彼此的自由。

通过波伏瓦的这些作品，读者会深切感到，波伏瓦这些看似凌乱的爱情回忆背后是缜密的逻辑结构和饱满的情感张力。她在叙述中一直保持着清醒的问题意识，并通过大胆地开放自己的经验世界来回答潜在读者对这段充满争议的关系的困惑。在她笔下，"契约式爱情"并不是两性的"桃花源"，波伏瓦也并不是能完全摒除七情六欲的"超级女性"，她既要经历种种现实的考验，也会像普通女性一样不自觉地被依附于他人的欲望所吸引，又或被嫉妒、怀疑的情绪所折磨。但读者也会发现，波伏瓦在痛苦地自我质疑之后，往往会给出坚定的、乐观的回答。某种意义上，这也展现出了一个不平凡的波伏瓦：她似乎时刻保持着一个敏锐清醒的自我，既自由、大胆地追求爱情，也从未轻易地放弃自身的独立，而她努力地维护她和萨特的"爱情契约"，也并不是因为要依附于萨特，而是忠于一种自由、坦诚、互相尊重、高度默契并永远以独特的方式忠于彼此的两性关系。可以说，波伏瓦事实上是把她和萨特的爱情视为一种突破传统婚姻家庭桎梏，确立自身主体性和独立性的探索。她的回忆录叙事帮助建构了文化史上"传奇情侣"的形象，让基于平等、尊重、互相成就的爱情理想深入人心。

---

① 西蒙娜·德·波伏瓦：《告别的仪式》，孙凯译，上海：上海译文出版社，2019 年版，第 148 页。

第三节　走下"神坛"：回忆录外的多重声音

通过个人回忆录的写作，波伏瓦似乎成功打造了自己在爱情中的形象，把"作为女人的独立性"和作为"终身情人"的浪漫品质结合在一起。[①] 问题在于，她的这一形象是否能经得起世人的检验呢？众所周知的是，20世纪80、90年代，一些日记、信件、回忆录的陆续出版，对她回忆录叙事的真实性发起了挑战。本节将先对这些材料中的几个典型案例进行追踪，探讨它们如何动摇了回忆录中的"爱情神话"。

于1983年结集出版的萨特书信披露的所谓"布丹事件"即是一例：1938年，萨特在疯狂追求奥尔加的妹妹万达之际，勾引了一个叫柯莱特·吉伯特（Colette Gibert）[②] 的年轻女演员，最后又抛弃了她。两年后，吉伯特把这件事告诉了同事马塞尔·莫洛吉，但他同时也是万达的好友。萨特因此读到了"塔妮娅（即万达）四页狂怒的信"[③]。在恐慌与愤怒之中，他给吉伯特寄去了一封公开信，在信中对后者极尽羞辱，说自己对她毫无爱意，只是被她的"粗俗和色情"吸引。[④]

这件事使人震惊之处不仅在于萨特对待吉伯特的冷酷无情，更在于他以一种猥亵的、洋洋自得的笔调，向波伏瓦转述了自己

---

① 　娜塔莉·希尔曼：《芭铎与波伏瓦》，陈瑛等译，北京：中央编译出版社，2001年版，第14—15页。

② 　即通信集中的玛蒂娜·布丹。

③ 　见萨特1940年2月23日给波伏瓦的信。萨特：《寄语海狸》，沈志明等译，北京：人民文学出版社，2013年版，第412页。

④ 　见萨特1940年2月23日给波伏瓦的信。萨特：《寄语海狸》，沈志明等译，北京：人民文学出版社，2013年版，第414—415页。

如何勾引吉伯特，如何羞辱她，甚至如何夺取她的贞操的细节[①]，而波伏瓦，从她的回信来看，对萨特的这些无耻行径不仅不以为意，反而还大加赞赏，比如她这样写道：

> 我乘公共汽车把博斯特拖到了圣－莫里斯堡，在那里我收到了你的长信。我在一个阴凉的小咖啡馆里悠闲地读了，今天我又读了一遍。它们给了我很大的乐趣，我迫不及待地等着看续集。我觉得吉伯特很讨人喜欢，这个故事也很风雅……亲爱的，你把整个故事讲得这么详细，真是太好了。[②]

事实上，吉伯特的遭遇并不是个例，1940 年 2 月的另一位"受害者"比安卡的故事将进一步揭示萨特和波伏瓦所谓的"契约爱情"中虚伪和残忍的一面。

比安卡·比南菲尔德是一个出生于波兰的犹太姑娘。波伏瓦在莫里哀中学给她们班教授哲学课程时她才 16 岁，很快便被这位美丽而自信的女教师迷住了。1938 年春天，她给波伏瓦写了一封信，从此获得了"私下会见她的权利"[③]。波伏瓦从未在回忆录中透露过自己的同性恋行为，但 1938 年 6 月，在一次旅行途中，

---

① 见萨特 1938 年 7 月 14 日给波伏瓦的信。萨特：《寄语海狸》，沈志明等译，北京：人民文学出版社，2013 年版，第 169—176 页。
② 见波伏瓦 1938 年 7 月 22 日给萨特的信。Beauvoir,Simone De. Lettres à Sartre. Paris: Gallimard ,1990,p.54.
③ 比安卡·朗布兰：《萨特、波伏瓦和我：被勾引姑娘的回忆》，吴岳添译，北京：中国三峡出版社，1998 年版，第 32 页。

她和比安卡"开始有了肉体关系，不过还是很腼腆的"①。是波伏瓦把比安卡介绍给了萨特。1938 年的圣诞节，比安卡跟他们一起去滑雪——比安卡回忆，萨特正是"从这时候极力追求我"，而波伏瓦"完全是一个同谋"②。比安卡无力抵抗这位"情话大师"的猛烈攻势——何况他又受到她一向崇拜的波伏瓦的推崇，从此便成了萨特和波伏瓦的双重情人，继奥尔加之后填充了"三重奏"中"第三者"的角色。

这段关系对萨特来说应该是游刃有余的，他不仅正如比安卡所说"毫不嫉妒海狸对我的感情"③，还锲而不舍地追求着万达。可是，对波伏瓦和比安卡这两位女性成员来说，事情却截然不同。自从比安卡接受了萨特的求爱，波伏瓦就再难掩饰对她的嫉妒。她在给博斯特的信中写道："回到我的房间后，我们紧紧拥抱着……我基本上认为自己不是同性恋，因为从肉体上说我没有特别的感觉，但我还是觉得那非常销魂……"博斯特则回信，波伏瓦用"销魂"来形容比安卡，让他觉得"淫乱得可怕"④。在给萨特的信中，比安卡也渐渐被形容成了一个柔弱、依赖、情绪化，搞不清自己位置，一味向他们贪婪索取的可悲角色：

---

① 比安卡·朗布兰：《萨特、波伏瓦和我：被勾引姑娘的回忆》，吴岳添译，北京：中国三峡出版社，1998 年版，第 43 页。在同一时期，波伏瓦还有一个名为娜塔莉·索洛金的同性情人，同时也在和博斯特恋爱，博斯特知道比安卡，比安卡却不知道他的存在。见黑兹尔·罗利：《面对面：让 - 保罗·萨特与西蒙娜·德·波伏瓦》，时娜译，北京：中信出版社，2006 年版，第 62 页。

② 比安卡·朗布兰：《萨特、波伏瓦和我：被勾引姑娘的回忆》，吴岳添译，北京：中国三峡出版社，1998 年版，第 51 页。

③ 比安卡·朗布兰：《萨特、波伏瓦和我：被勾引姑娘的回忆》，吴岳添译，北京：中国三峡出版社，1998 年版，第 54 页。

④ 黑兹尔·罗利：《面对面：让 - 保罗·萨特与西蒙娜·德·波伏瓦》，时娜译，北京：中信出版社，2006 年版，第 64 页。

对魏德林（Védrine）＊，我的感情更温柔。她让人动容，魅力十足，今天她穿着印花裙子，真的很漂亮——裙子上印着安纳西的风景。但不知道为什么，我很冷淡。也许是因为我现在和科斯（Kos.）相处得很好——这常常会伤到魏德林。也许，我也在期待着某些坚实的东西，却只能发现一个小小的姑娘，有些茫然，惨兮兮的，脑子里也是一片混乱。可现在我没什么怜香惜玉的心情。她毫无察觉——她处于无比的喜悦之中，况且，我毫无困难地与她交融在一起。可是，我的爱人，这是多么贫瘠的营养啊——这些人都不是你！①

我收到了一些魏德林的信，真的很感人，因为她努力不提出更多的要求。她写信告诉我，我们爱她就足够了，她不想再做任何比较或要求……我认为她已经牢牢记住了这一点，这大大降低了她对我们构成的威胁……你所需要做的——就像我一样——就是充满激情地肯定你的感受，但要限制你实际的承诺。如果你愿意的话，你可以把这些都推到我身上。事实上，没有理由太担心。因为她的家庭，她在七个月之内不会有那么多的机会来巴黎看你，而那个幸福的家庭将会在很长一段时间里拯救你。②

你对魏德林所抱的希望，我担心都会白费。徒然的贪欲已经深入她的骨髓……如果你想停止这件麻烦的事情，也许可能不发

---

① 见 1939 年 9 月 21 日波伏瓦给萨特的信。＊法文版中使用了化名，Védrine 即比安卡，但英文版用仍旧用 Bienenfeld。后文的 Kos. 指奥尔加。Beauvoir,Simone De. Lettres à Sartre.Paris: Gallimard ,1990,p.128.
② 见 1939 年 11 月 17 日波伏瓦给萨特的信。Beauvoir,Simone De. Lettres à Sartre. Paris: Gallimard ,1990,pp.275—276.

生灾难，但不会没有吵闹，所以必须狠下心来：逐渐减少通信的热情，再见面的时候要冷淡……①

应该承认她是动人的，非常朴实和庄重……这使我狠下心来才能去想即将落在她头上的打击。②

在西尔维整理出版的波伏瓦书信集中，我们还可以找到很多类似的片段，不过由于篇幅的限制，在此只能呈现其中很少的一部分。但即便通过这些有限的材料，读者也能清楚地感受到，波伏瓦对待比安卡的方式是非常卑鄙的——她使这个女孩卷入了他们的"危险游戏"，却拒绝承认她应该也有平等地参与其中的权利——沉浸在"无比的喜悦之中"的比安卡，"毫无察觉"这位情人心中对她的感情已然淡漠，甚至已经和另一位情人"合谋"早点抛弃她。如果说，萨特对吉伯特的"侮辱"有一些"讨好"波伏瓦的意味，波伏瓦对比安卡的"贬低"则起到了"离间"后者和萨特的效果——吉伯特事件成了绝佳的契机。

尽管接受萨特和波伏瓦的"游戏规则"是比安卡自己的"选择"，但考虑到她遇到波伏瓦时才16岁，和这二人之间存在着十几岁的年龄差距，以及他们从一开始就对她有意欺瞒，我们也不难想象为什么有的时候比安卡会感到"我觉得自己成了这个三人

① 见1939年12月7日波伏瓦给萨特的信。译文引自比安卡·朗布兰：《萨特、波伏瓦和我：被勾引姑娘的回忆》，吴岳添译，北京：中国三峡出版社，1998年版，第78页。
② 见1940年2月波伏瓦给萨特的信。译文引自比安卡·朗布兰：《萨特、波伏瓦和我：被勾引姑娘的回忆》，吴岳添译，北京：中国三峡出版社，1998年版，第79页。

小团体的俘虏"①。回忆当年收到萨特的"分手信"的情景，她这样写道："我们之前没有发生任何能使我预料到如此突然的决裂的事情。我完全不知所措，我不明白，然而我的痛苦很快就加进了自尊心所受的创伤。我感觉到某种东西像一个耳光那样，不仅使我痛苦，而且使我屈辱。我思忖我一个星期接一个星期所收到的，其中一封还是三天前寄来的情书到底有什么价值，爱情是否能在片刻之间就像一个噩梦那样消失。"② 但她的噩梦远远还没有消失——1940 年 10 月，波伏瓦也向她宣布要减少约会次数，坦承自己和博斯特之间有一种"温柔纯朴的爱情"，而且"她更喜欢与男人而不是与女人发生性关系"。在爱情上受到重击与作为犹太人在 1940 年对自身命运的担忧恐惧让比安卡的精神世界几近崩溃，"现在这个三角形完全粉碎了。我被悲惨地抛弃了，而这种双重的执行是在 1940 年发生的。当国家在希特勒军队的重压下崩溃的时候，当维希当局卑鄙地屈从于纳粹的法令的时候，在个人方面与之相应的是一种有意在精神上消灭我的企图"。③

当然，比安卡并没有被"消灭"，甚至在与波伏瓦绝交以前，她就已经"开始了一种新的爱情关系"，并最终与贝尔纳·朗布

---

① 比安卡·朗布兰：《萨特、波伏瓦和我：被勾引姑娘的回忆》，吴岳添译，北京：中国三峡出版社，1998 年版，第 55 页。"我只是模糊地感觉到她的态度有了很大的变化：她出奇地反复无常，时而非常亲切或温柔，时而生气发怒，指责我的处事方式和思想方式。我被她的脾气弄得左右为难，却没有猜想这可能是出于对我的嫉妒。我把她的坏脾气归因于她与萨特的离别，以及战争给我们带来的忧虑。"参见比安卡·朗布兰：《萨特、波伏瓦和我：被勾引姑娘的回忆》，吴岳添译，北京：中国三峡出版社，1998 年版，第 75—76 页。

② 比安卡·朗布兰：《萨特、波伏瓦和我：被勾引姑娘的回忆》，吴岳添译，北京：中国三峡出版社，1998 年版，第 80 页。

③ 比安卡·朗布兰：《萨特、波伏瓦和我：被勾引姑娘的回忆》，吴岳添译，北京：中国三峡出版社，1998 年版，第 104 页。

兰步入了婚姻的殿堂。[1] 她似乎已经从这段痛苦的关系中走了出来——1945 年初，她与波伏瓦重新建立了友谊，她们的交往一直持续到波伏瓦去世。1986 年，弥留之际的波伏瓦向她提出了最后的问题："归根结底，你对我们的友谊，对我们经历的整个过程是怎么看的？"比安卡回答道：

> 你们确实给我造成了许多损害，我由于你们而受到许多痛苦，精神上几乎失去了平衡，我的整个一生因此充满了烦恼。不过同样真实的是，没有你们我也不会成为现在的我。你们起初教给我哲学，后来为我打开了通向世界的道路，没有你们我自己无疑是做不到的。从那开始，善与恶就互相平衡了。[2]

比安卡回忆，听到她这番"自发""真诚"的表白，波伏瓦"动情地握着我的手，热泪盈眶。她终于从肩膀上卸下了一个悔恨的重负"[3]。但这并不是这个故事的真正结尾。波伏瓦、萨特的书信、日记被公开后，比安卡认为自己"迎面看见了她真实的形象和我们从前关系的真相"。在个人回忆录最后，她给他们这一生的关系写下了结语——"归根结底，萨特和西蒙娜·德·波伏瓦给我造成的只是伤害。"[4]

---

[1] "尽管从表面上看起来，我具有'恢复的'和建设一种新生活的能力，却终身都没有摆脱这种抛弃的重压。"参见比安卡·朗布兰：《萨特、波伏瓦和我：被勾引姑娘的回忆》，吴岳添译，北京：中国三峡出版社，1998 年版，第 104 页。

[2] 比安卡·朗布兰：《萨特、波伏瓦和我：被勾引姑娘的回忆》，吴岳添译，北京：中国三峡出版社，1998 年版，194 页。

[3] 比安卡·朗布兰：《萨特、波伏瓦和我：被勾引姑娘的回忆》，吴岳添译，北京：中国三峡出版社，1998 年版，194 页。

[4] 比安卡·朗布兰：《萨特、波伏瓦和我：被勾引姑娘的回忆》，吴岳添译，北京：中国三峡出版社，1998 年版，194 页。

第四节　审美的自我与伦理的自我

回忆录外的种种声音有力地削弱了波伏瓦回忆录中爱情叙事的可靠性，但这引出了一个关于回忆录写作的审美伦理学问题：如何看待波伏瓦在写作中对这些事件的隐瞒？

事实上，波伏瓦并非没有思考过这些问题。在正式开始讲述自己的成年生活之前，她就曾写下这样一段声明：

> 我必须告诉读者，我并不准备讲述一切。我毫无保留地讲述了我的童年和青年时代。不过，虽然在毫不掩饰地讲述自己遥远的过去时，我并不太难为情，也没有过分小心谨慎；可是要讲述自己成年后的生活，我就没有那么超脱、那么无所顾忌了。在这里，无论对自己还是对自己的朋友们，都不能搬弄是非。我不爱搬弄是非，因此决意对许多事情选择避而不谈。①

与在自传卷首就吐出豪言壮语"我要把一个人的真实面目赤裸裸地揭露在世人眼前"②实际却无法兑现承诺的卢梭相比，波伏瓦这番"以退为进"的表白似乎为她的"诚实"留下了更大的伸缩空间。尽管也有传记专家指出"自传叙述者的叙述权要大于被叙述者的隐私权，因为在叙述权与隐私权之上高悬着'事实正义'的利剑"③，但让我们设身处地地思考一下，像波伏瓦这样在盛年就创作并出版回忆录的人，如果要把她生活中的所有"隐私"都

① 西蒙娜·德·波伏瓦：《波伏瓦回忆录第二卷：岁月的力量（一）》，黄荭、罗国林译，北京：作家出版社，2012年版，第2页。
② 卢梭：《忏悔录（第一部）》，繁星译，北京：商务印书馆，1986年版，第1页。
③ 王成军：《传记诗学》，北京：新华出版社，2016年版，第14页。

和盘托出，会给牵涉其中的人带来多少的伤害？事实上，比安卡就曾要求萨特和波伏瓦向她保证，"不在他们的任何书里提到我，也不用我作为人物的模特儿"[①]。因此，当波伏瓦对她丰富的情感生活予以"删节"时，比如故意不写自己和博斯特、比安卡等人的情事，我们也很难义正词严地对这种行为祭出"'事实正义'的利剑"。

但笔者认为，波伏瓦的问题并不在于她没有充分地暴露她的隐私，而在于她其实是非常有选择性地"暴露隐私"的。她会谈论自己对萨特的一些女人的嫉妒，甚至对他们所建立的爱情关系表露出一些怀疑，但这些微弱的"史"的一角似乎都不是为了触及"诗"的真实。比如，20世纪三四十年代，他们与奥尔加、万达、马尔科、比安卡、索洛金、博斯特、吉伯特等人建立的复杂的，充满矛盾与伤害的情爱关系，就被简化成了《岁月的力量》中与奥尔加缔造的"三重奏"。表面上看，波伏瓦只是在他们众多的"偶然爱情"中截取了一个最具代表性的例子，但通过这种有选择的"简化"，冲突也被掩盖了。

首先，通过重点展现在1934—1937年间发生的"三重奏"，波伏瓦得以"诚实"地避免了一个让她感到尴尬的存在——万达。自从被奥尔加伤透了心，萨特就把目光转向了这个1937年复活节出现在他们面前的女孩。她是奥尔加的妹妹，也是萨特最长久的情人之一。[②] 萨特曾告诉波伏瓦他想为万达做力所能及的一切，

---

① 比安卡·朗布兰：《萨特、波伏瓦和我：被勾引姑娘的回忆》，吴岳添译，北京：中国三峡出版社，1998年版，第151页。

② 直到万达和加缪开始相恋（加缪后又移情卡塞雷斯），他们才分道扬镳。不过萨特还是一如既往地资助万达，每周都与她单独相处，每年也至少分两到三周时间带她外出旅行。萨特为万达创作了六部剧本。1965年，为她购置了公寓。

甚至还曾向她求婚。[①] 晚年时，波伏瓦告诉传记作家拜尔，小说《女宾》中"格扎维埃尔最使人不悦的地方都来自我和万达之间那种令人刺痛的关系"[②]。毫无疑问，万达在他们的关系中并不是一个无足轻重的存在。

但波伏瓦在回忆录中几乎没有给予万达任何位置——更别提战争期间她对萨特的重要性了。不难想象，在 20 世纪五六十年代，萨特声名如日中天，而他的那些女人们还正环绕身侧之时，波伏瓦在回忆录中大写特写她和萨特的情比金坚的爱情故事会引起怎样的反响。事实上，《事物的力量》出版后，万达真的找来了一把枪并告诉萨特她想杀人。[③] 萨特的俄国情人佐尼娜也写信告诉萨特："我越往下看海狸的回忆录，越觉得我不可能决定去改变什么……你和海狸共同创造了非凡而耀眼的成就，这对于任何靠近你的人都是非常危险的事情。"[④] 因此，传记作家黑兹尔·罗利指出，波伏瓦事实上在利用回忆录的写作"操控着公众画面"，"她以成功者的姿态回忆着自己的过去"。[⑤] 这未必没有道理。

罗利指出的只是问题的一个方面。把万达，还有其他几个

---

① 黑兹尔·罗利：《面对面：让 - 保罗·萨特与西蒙娜·德·波伏瓦》，时娜译，北京：中信出版社，2006 年版，第 82 页。

② Bair, Deirdre. *Simone de Beauvoir: A Biography*. New York : Simon and Schuster, 1991, p.231.

③ 需要指出的是，当时万达的精神状态已经十分糟糕，不仅吸毒，还得了被迫害妄想症。波伏瓦的养女西尔维不得不成立一个"突击队"，去万达家里收缴手枪以及萨特写给万达的信件。参见黑兹尔·罗利：《面对面：让 - 保罗·萨特与西蒙娜·德·波伏瓦》，时娜译，北京：中信出版社，2006 年版，第 220 页。

④ 黑兹尔·罗利：《面对面：让 - 保罗·萨特与西蒙娜·德·波伏瓦》，时娜译，北京：中信出版社，2006 年版，第 203 页。

⑤ 黑兹尔·罗利：《面对面：让 - 保罗·萨特与西蒙娜·德·波伏瓦》，时娜译，北京：中信出版社，2006 年版，第 219 页。

与萨特有染的女性"当作背景"，并不仅仅突出了波伏瓦"成功者的姿态"，事实上，这也使得她能够轻松地逃避他们关系中最令人费解的部分——萨特的不忠。或许他会坦诚地告诉吉伯特自己更爱万达和波伏瓦，但他并不会告诉万达自己同时也在与比安卡发展。美国情妇多洛雷斯为他离婚了，但那时他已经爱上了米歇尔·维昂。米歇尔做流产手术时，他却坚持和波伏瓦去非洲。米歇尔也不知道伊芙琳的存在——她是朗兹曼的妹妹，1953 年春天出演了《禁闭》，萨特立刻就被她迷住了……萨特的秘书让·科发现，他可以接连给两个女友电话，告诉她们完全不同的故事，但萨特告诉他这叫作"临时道德"①。甚至连应该受到彼此不说谎的"合约保护"的波伏瓦也难逃被"临时道德"的命运。女作家萨冈在她的回忆录中就提到一件轶事：某天晚上，她和萨特、波伏瓦等人一起吃饭。波伏瓦告诉大家，萨特一天都在母亲家写作——事实上，萨冈那天下午才在某个娱乐中心遇到了萨特。② 朗兹曼也证实，在开罗的一次晚宴上，萨特时常"甩开"波伏瓦，去"调戏在场的每一位女人"③。

　　或许我们还应该再补充一个问题：如果说波伏瓦心甘情愿地接受萨特的"偶然爱情"，那么她如何去消化萨特对其他女人的欺骗？吉伯特和比安卡的遭遇并非特例，萨特那些"长期情妇"万达、米歇尔·维昂、伊芙琳最后都处于非常糟糕的心理和生活

---

① 黑兹尔·罗利：《面对面：让 - 保罗·萨特与西蒙娜·德·波伏瓦》，时娜译，北京：中信出版社，2006 年版，第 180 页。

② 萨冈：《肩后：萨冈最后的告白》，吴康茹译，桂林：广西师范大学出版社，2006年版。

③ 黑兹尔·罗利：《面对面：让 - 保罗·萨特与西蒙娜·德·波伏瓦》，时娜译，北京：中信出版社，2006 年版，第 225 页。

状态中，她们不仅经济上依附于萨特和波伏瓦，在感情上也饱受嫉妒的折磨，伊芙琳甚至自杀了。当波伏瓦在小说中猛力"挞伐""为了爱情而牺牲自由的女人"，她难道没有意识到，环绕在她声称给了自己自由与尊重的爱侣身边的，不正是一个又一个悲伤的、疯狂的、无法自立的女性吗？如果说这些女人是可厌而可悲的，那么"坐拥"这座"后宫"的男人又如何呢？正如中国学者张千帆在他的《为了人的尊严：中国古典政治哲学批判与重构》一书中所说，"'权利'在本质上是以自我为中心的话语体系，而权利或利益是带有排他性的"[1]，在爱情中争取自由与尊严的波伏瓦事实上是把同为女人的"他人"视为了竞争对手，忽视了她们追求自由与尊严的权利。对于这些问题，她的回忆录却不曾涉及。

笔者认为，如果仅仅从是否违背历史的真实性来看，波伏瓦在回忆录中的爱情叙事是完全没有问题的。作为回忆录作家的她有权力选择不公开自己的一些隐私，只要她没有对叙述出来的内容加以扭曲。如果仅仅从审美的真实性来看，波伏瓦的回忆录也可以称得上是优秀的，因为她确实塑造出了一个富有魅力并具有一定真实感的独立女性形象，书写出了她和萨特离经叛道又真挚默契的新型爱情关系，否则所谓的"爱情神话"不会在全世界的范围内触动如此多的读者。波伏瓦的问题在于，她的这一写作严重缺乏伦理学意义上的真诚。她的隐瞒并非由于记忆的缺失、也并非由于艺术技巧上的筛选，而是因为她并没有真正地面对、质询和展现自己在爱情中的真实处境和矛盾感受。尤其当萨特的一

---

① 张千帆：《为了人的尊严：中国古典政治哲学批判与重构》，北京：中国民主制出版社，2012年版，第1页。

些做法已经明显地伤害到了其他女性，作为《第二性》作者的她，却正如黑泽尔·巴恩斯所说——"显然，波伏瓦并没有告诉我们萨特与其他女人私通的数量和性质。很大程度上，她保持着沉默，以至于我们甚至不知道他们性格中不为人知的一面。在这贫乏的材料中，我们发现问题多于答案"①——选择了沉默和逃避，甚至在某种意义上，将回忆录作为了她与萨特的情人们争夺"爱情话语权"的场地。

不过，笔者还要指出的是，这些让普通读者们感到费解的"问题"，其实也同样困扰着作为"女主角"的波伏瓦。一方面，我们看到，她常常在小说中尽情释放自己的紧张与不安——《女宾》中弗朗索瓦丝终于杀死了格扎维埃尔，《名士风流》里安娜陷入精神危机试图自杀……另一方面，她似乎也在不断反思自己在回忆录中的"沉默"以及她和萨特的关系的实质。接受爱丽丝·史瓦兹采访时，她就谈到如果要重写回忆录，她会在性的问题上更加坦诚。②波伏瓦也试图将伊芙琳的死写进她最后的回忆录——她相信伊芙琳和萨特之间的关系是引发她自杀的原因之一。因为答应了萨特，为了米歇尔·维昂，不提他对伊芙琳的热情③，因此她在和朗兹曼讨论过后，只在《清算已毕》中简单地提了一笔："说实在话，在过去几年中我所有熟人的死当中，只有一个人的死真正深深地打动了我。那就是埃娃丽娜的辞世。但是，我不想

① Barnes, Hazel E. "Simone de Beauvoir's Autobiography as a Biography of Sartre." *The French Review. Special Issue* 55.7 (1982), p.87.
② 爱丽丝·史瓦兹：《拒绝做第二性的女人：西蒙·波娃访问录》，台北：女书文化，妇女新知编译组译，2001年版，第93页。
③ 黑兹尔·罗利：《面对面：让-保罗·萨特与西蒙娜·德·波伏瓦》，时娜译，北京：中信出版社，2006年版，第218页。

谈论它"①。在萨特去世以后，她出版了萨特给自己还有奥尔加、万达等几位女友的书信，我们或许可以把它看作一种迟到却最直接的开诚布公。

本章小结

在波伏瓦精彩纷呈的一生中，与萨特的"契约式爱情"实践最具颠覆性和争议性。而这正是贯穿她四部主要回忆录的最重要的主题之一。本章围绕她在回忆录中的爱情书写，对她的女性主义思想和回忆录写作特色展开讨论。

本章首先对波伏瓦和萨特广为人知的"爱情神话"的接受史进行了考察，指出西方世界在很长一段时间里都对这对情侣建立在契约关系上的爱情实践持非常理想化的看法。人们普遍认为他们的关系既体现了超出世俗的自由与浪漫，也勾勒了两性平等的理想图景，对年轻男女起到了积极的示范作用。但20世纪80、90年代，随着一系列私人日记、通信、回忆录的出版，这一"神话"中不光彩的内容被曝光，"爱情神话"的真实性也大打折扣。本章特别指出，相比西方学界，国内学界对二人关系的认识更有其独特的历史语境，对他们二人关系的实质也有一些热烈的探讨和争论。在这些争论中，波伏瓦回忆录的重要性被凸显了出来。不过，人们主要还是将其视为权威性的"一手材料"，而不是具有一定暧昧性的文学叙事。但后一种角度对理解波伏瓦回忆录中的爱情书写却是至关重要的。

---

① 西蒙娜·德·波伏瓦:《西蒙·波娃回忆录第四卷：清算已毕》，南京：江苏文艺出版社，陈标阳、高兴华等译，1992年版，第111页。

因此, 本章又对波伏瓦在回忆录中的爱情书写进行了重点考察, 力图揭示出波伏瓦在其中展现的独特的爱情观念和叙事方式。主要分为两个部分: 第一部分围绕《端方淑女》展开, 讨论波伏瓦如何讲述在遇到萨特之前的爱情想象和几段无疾而终的情感经历, 并具体分析了波伏瓦如何通过对自己成长环境的描写, 揭露出资产阶级婚姻的虚伪本质, 并成功地塑造自己的个性形象, 为读者提供独立自信的女性典范和平等互重的爱情理想, 同时又解释了她和萨特建立的关系中的必然性; 第二部分则在《岁月的力量》《事物的力量》《清算已毕》这三部波伏瓦讲述自己成年时期经历的回忆录的基础上, 探讨波伏瓦是如何感受和书写她在与萨特的契约式关系中的体验的, 并且指出: 波伏瓦其实并没有否认自己受到不平等的性别观念的影响, 也承认自己具有与女权主义先驱形象不相符的思想与个性。她看似凌乱的爱情回忆背后有一个鲜明的问题意识, 即女性如何在爱情中保持自身的独立性。

本章指出, 波伏瓦在这几部回忆录中, 展现了三个重大的情感事件: 她和萨特的"爱情契约"的订立、"三重奏"的开始与收场、她与美国情人埃尔格林的情感纠葛。这些事件都表明, "爱情契约"并不是一段传奇经历的保证, 也意味着对女性的独立性的巨大挑战。波伏瓦也不是能完全摒除七情六欲的"超级女性", 她既要经历种种现实的考验, 也会像普通女性一样不自觉地被依附于他人的欲望所吸引, 又或被嫉妒、怀疑的情绪所折磨。但本章同时指出, 波伏瓦在痛苦地自我质疑之后, 往往会给出坚定的、乐观的回答。因此, 她似乎成功打造了自己在爱情中的形象, 把"作为女人的独立性"和作为"终身情人"的浪漫品质结合在一起。可以说, 波伏瓦把她和萨特的爱情视为一种突破传统婚姻家庭桎梏、确立自身主体性和独立性的探索，她的叙事帮助建构了文化史上"传奇情侣"的形象，让基于平等、尊重、互相成就基础上的爱情理想深入人心，不仅对读者的婚恋观念发生着潜移默化的影响，也对女性主义思想和理论的建构提供了重要的思想参照。在法国当时较为保守的社会文化环境下，她对自身的情欲和情感的大胆书写，也具有突破男权文化的桎梏展现独特女性视角的意义。

但需要强调的是，这一颇具传奇性的爱情故事其实也隐藏着危机。波伏瓦和萨特的书信、日记，同时代人的传记或研究类作品，都揭露了这段关系中的危险和不稳定。本章通过对相关材料的爬梳，考察了其中的两个代表性案例"布丹事件"和比安卡的遭遇，发现在这两段关系中，波伏瓦都扮演了很不光彩的角色：她对萨特的无耻、不忠总是予以包容，而对年轻的女性却缺乏同情，甚至会嫉妒、伤害对方。可以说在她所谓的平等自由的爱情探索中，确实存在着许多彻底的谎言和变相的性别压迫。这些材料都有力地挑战了波伏瓦在回忆录中塑造的平等的爱情关系和独立的女权先驱形象。

如何理解波伏瓦在回忆录中创造出的积极形象与这些书信、日记中体现出的不那么光彩的形象之间的差异？回忆录作家是否有必要将自己所有的私人事件和盘托出？审美与真实在回忆录写作中如何平衡？围绕这些问题，本章最后从美学伦理的角度对波伏瓦的爱情叙事进行了评述，并指出：虽然波伏瓦也承认自己不会袒露所有事实，但她对于讲什么不讲什么的选择并不能让人完全认同。她对在爱情中不自由的女性提出了严厉批判，却对作为不忠男性的代表萨特给予最大限度的包容，因而她也掩盖了她思想与实际生活之间的矛盾。她对自身的作为女性的权利与尊严的强调，事实上只是建立在利己主义基础上的对同为女性的他人的漠视。她在回忆录中的爱情叙事具备审美意义上的真实，也没有违背历史意义的真实，却严重缺乏伦理意义的真诚。她的隐瞒并非由于记忆的缺失，也并非由于艺术技巧上的筛选，而是因为她并没有真正地面对、质询和展现自己在爱情中的真实处境和矛盾感受。但本章最后也指出，波伏瓦最终也自我反思，认为自己在回忆录中对两性关系的书写还是缺乏诚实，并推测，她在晚年出版萨特的通信，或许也有弥补这一遗憾之意。

第五章

"介入"的"距离"：波伏瓦回忆录中的历史书写

第一节　近距离的记忆写作

以个人回忆来书写身处时代和所属的大我群体（die Wir-
Gruppe）的历史，是回忆录这一文学样式的题中应有之义。波伏
瓦的一系列回忆录也并不例外，它们不仅仅是这位作者自我书
写的人生故事，也是她从个人视角对自己所经历的 20 世纪法国
历史，尤其是法国知识分子史的一份见证。所以《存在主义咖
啡馆：自由、存在和杏子鸡尾酒》的作者莎拉·贝克韦尔（Sarah
Bakewell）这样写道："西蒙娜·德·波伏瓦的回忆录，让她成了 20
世纪最伟大的知识分子编年史家之一"①。

虽然莎拉·贝克韦尔的这番话道出了波伏瓦回忆录在保存
历史记忆方面的贡献，但回忆录和编年史毕竟是两类不同的作
品。具体来说，以承载个体记忆为根本特点的回忆录并非一般

---

① 莎拉·贝克韦尔：《存在主义咖啡馆：自由、存在和杏子鸡尾酒》，沈敏一译，北
京：北京联合出版公司，2017 年版，第 456—457 页。

的"纪实文献"（documents），而是属于所谓的"自我文献"（ego documents）的范畴，既具有一定的纪实（document）意义，也可容纳作者自我（ego）表达的需要。① 尽管不同的传记理论家对此可能会有不同的表述，但他们对回忆录这种介于文学与史学之间的特性是拥有一定共识的。

不过，对于普通读者和评论家来说，究竟应该根据何种原则来评判一部回忆录的优劣却仍旧是一个难题。因为在具体的创作实践中，历史写作所要求达到的客观性和作家视角的主观性之间常常矛盾重重。而这些矛盾只能回到历史语境当中进行审慎辨析才有可能获得较为公允的评判。我们必须承认，作家在写作回忆录时无法避免记忆的断裂、错漏，甚少有作家能超越自己的切身处境追求不偏不倚的客观。亚里士多德所说的"诗比历史更真实"并不符合回忆录的批评语境，从作品的艺术价值或道德效果反推"诗的真实性"往往只是理论家的一厢情愿。

波伏瓦的回忆录写作就面临着这样的复杂性。她开始回忆录创作时恰逢多事之秋，而她和萨特高调的政治立场也使他们遭到了同时代人的批评和孤立。② 可以说，波伏瓦是在一个非常被动

---

① 对"纪实文献"和"自我文献"这两个概念的具体讨论，可见德累斯顿：《迫害、灭绝与文学》，何道宽译，广州：花城出版社，2012 年版，第 29—30 页。

② 1956 年，即波伏瓦开始创作回忆录的那一年，赫鲁晓夫对斯大林的全面批判和否定、第二次中东战争和匈牙利革命的爆发这三件大事震撼了欧洲和扰乱了法国的知识界。1952—1956 年，萨特和波伏瓦一度与苏联走得很近，萨特宣称"在苏联有完全的批判自由"而"法国所采取的任何道路都不能否认苏联的道路"，而这一立场，也使得他们在布达佩斯的镇压发生后陷入了被动的处境。见雷蒙・阿隆：《雷蒙・阿隆回忆录——五十年的政治思考》，刘燕清等译，北京：生活・读书・新知三联书店，1992 年版，第 447—448 页；马克・波斯特：《战后法国的存在主义马克思主义：从萨特到阿尔都塞》，张金鹏、陈硕译，南京：南京大学出版社，2015 年版，第 159 页。

的现实处境中创作她的回忆录的。她写作的目的，并非单纯的怀旧，而是要从遥远的记忆中为自己当下的选择寻找某种解释。但是，这一近距离的观察角度和自我辩护的现实诉求，对她的回忆录创作产生了怎样的影响？为了清晰地追踪这一问题在她不同时期创作中的具体表现，本章即将对她的四部主要回忆录进行逐一讨论。

第二节 抗争的形象:《端方淑女》与《词语》的比较

一、《词语》与萨特的"不满"

在波伏瓦动笔写《端方淑女》前，萨特就已经在尝试回忆自己的童年了。他 1964 年获诺贝尔文学奖的自传《词语》(*Les Mots*，又译为《文字》《文字生涯》等) 与《端方淑女》分享了共同的主题，即对自身的作家身份的理解。笔者认为，二人对这一主题的关注、反思，体现了他们对自身当下政治选择的不同态度。下文将在这两部作品的对比中，阐明二人的共性与差异。

《词语》写于 1953 年，在 1954 年完稿。这本书篇幅不长，萨特却陆陆续续地花了近十年的时间来对其进行修改、完善，足以见出他对本书的重视。[1] 据说萨特最初的自传计划颇为宏大：他要用刚刚接触到的精神分析方法和马克思主义世界观对自己的一生做回顾，勾勒他那一代人的精神状态。[2] 但最终，他只讲述了他

---

[1] 萨特原本不打算出版这本书，后因经济窘迫，便于 1963 年 10—11 月将其发表在《现代》上。1964 年初，伽利玛出版社发行了本书的单行本。

[2] 杨国政:《作为寓言的自传——评萨特的〈词语〉》,《欧美文学论丛》2010 年第 1 期，第 223 页。

这一生的"缘起"——他在外祖父家度过的以书为伴，并梦想着成为作家的童年。而这本书也以"读书"和"写作"这两个主题，被分成了上下两个部分。

从书名以及两部分的标题来看，《词语》似乎应该讲述萨特作为一个名满天下的大作家的成长历史。但事实上，萨特却以戏谑的口吻，极尽自己的文学技巧，狠狠地嘲弄了那个以读书、写作为志业的童年的"我"。法国哲学家、作家贝尔纳·亨利·列维（Bernard-Henri Lévy）在其论著《萨特的世纪》一书中对萨特的这一倾向进行了鞭辟入里的分析。他的主要观点也具有一定的代表性。因此，后文中笔者先略述列维的主要看法，再做进一步的讨论。

在列维看来，《词语》表面上是一部很美的，精雕细刻的自传，"有内省，有怀旧，有儿童眼中的场景，有急切的或是伤感的心声，有恋母情结和恋父情结，父亲早亡，母亲宠爱，还有祖父和祖母，在他发现自己的丑模样的关键时刻，原来的乖孩子便烟消云散，甚至还有未言明的乱伦"[1]，但"只要我们稍微仔细看一看，只要我们排除了风格上高超的技巧导致的幻觉，只要我们不为萨特讲故事的天才迷惑……我们不久就会发现一系列奇怪的地方，有形式上的，也有内容上的，让我们觉得那根本就不是他的自传"[2]。

为什么这么说？列维做出以下解释：首先，通常的自传需

---

① 贝尔纳·亨利·列维：《萨特的世纪——哲学研究》，闫素伟译，北京：商务印书馆，2005年版，第717页。

② 贝尔纳·亨利·列维：《萨特的世纪——哲学研究》，闫素伟译，北京：商务印书馆，2005年版，第720页。

要完整地再现一个人的生活，而《词语》只写到童年生活结束为止，没有涉及成年以后的"真正的生活"；其次，与同体裁的作品相比，《词语》在叙事上也缺少一定的连贯性——"重复、表面上的结构错误、虚假的或是做过手脚的回忆、时间上的误差、谎言、在一些细小的地方弄虚作假、似是而非、各种各样的矛盾、离题的叙述、突然之间预想到未来、又无缘无故地回到过去——整个叙述都带着冷冰冰的幽默，有的时候甚至是厚着脸皮，板着面孔，没有真正的感情激动，只有个别的几个地方是例外（比如与安娜·玛丽的关系）"；再次，这部作品的结尾也很不同寻常——"每一个人都是由所有的人形成的，和所有人都一样，而且任何一个人也都和他一样"，这具有一种消解自我的倾向。最后，萨特自己也在书中明明白白地告诉读者，文学是空想、陷阱，他之所以写这部书是为了让人们"摆脱蒙蔽"。①

概括来说，《词语》并不是萨特的自传，而是萨特利用自己高超的文学技巧对"自传"这一文学体裁的戏仿。通过这一戏仿，萨特表达了一种与以揭示自身独特性的自传精神相反的倾向，即对自我的消解与否定。列维相信，萨特这一自我否定倾向最突出的表现，就是他对他一生追求的文学事业的重重否定。他将之总结为萨特对文学的"五个不满"：第一个不满在于，萨特发现文学并不是他的"自由"选择，而是他将别人（主要是他的外祖父夏尔·施韦泽）的愿望内化为自己的愿望的结果，这与他一向倡导的自由哲学显然是相悖的。"他自认为是自由的。他认为对文字的喜好是自由的活生生的标志……实际上，是别人把写作的命令

---

① 贝尔纳·亨利·列维：《萨特的世纪——哲学研究》，闫素伟译，北京：商务印书馆，2005 年版，第 721—722 页。

'缝'在了他的'皮下'。是别人把一份虚假的写作的委托书'当作密封件'，安放在了他的头脑里。"[①] 同时，这位指引了萨特的人生选择的外祖父，在萨特的笔下被称为"教士"，但事实上，夏尔·施韦泽并不是神职人员，而是一位德语教师，只不过他对待人文主义的态度与僧侣对待神学的态度并无二致，并把知识和文学神圣的观念和对其的虔诚信仰传递给了自己的外孙。这位外孙从未完全摆脱对这种人文主义精神的虔诚信奉，但"这也正是他不能原谅自己的地方"[②]。这是萨特在自传中展现的对文学的第二个不满。与第二个不满类似的，萨特的第三个不满，根据列维的说法，是他不再相信所谓的"作家的使命"，因此揭发出在自己所谓的以文学救世的理想背后，实际上依然是作为特权阶级的傲慢和自私——"口口声声说是要拯救别人，实际上心里想的只是他自己"[③]。列维还认为，萨特把"写作的渴望"和对生活的拒绝联系在了一起，这是他对文学的"第四个不满"。而他的最后一个"不满"，也是他对文学最严重的指控，则是他认为文学使人混淆了真实和虚构，把幻想当作真实——"那是文学真正的罪行，是文学其他罪孽的根源，是放弃文学最有力的理由。"[④]

在列维看来，这部作品"写的是一个作家童年的神奇故事，是在做自我虚构的无害练习，甚至是在以自我为中心编故事，表

---

① 贝尔纳·亨利·列维：《萨特的世纪——哲学研究》，闫素伟译，北京：商务印书馆，2005年版，第724页。
② 贝尔纳·亨利·列维：《萨特的世纪——哲学研究》，闫素伟译，北京：商务印书馆，2005年版，第725页
③ 贝尔纳·亨利·列维：《萨特的世纪——哲学研究》，闫素伟译，北京：商务印书馆，2005年版，第730页。
④ 贝尔纳·亨利·列维：《萨特的世纪——哲学研究》，闫素伟译，北京：商务印书馆，2005年版，第732页。

现的是，文学大师在政治上待的时间太久，感到后悔了，所以又返过头来，为我们写了一本法国儿童的小说；但在此之前，《文字》首先是在攻击文学这个行为，把文学看成是心灵的迷失和堕落，是对生活和精神的犯罪，是纯粹的犯罪"。① 因此，尽管这是一本显得"精雕细琢，极其美好"的书，是萨特少有的在遣词造句上耗费了如此多的时间、精力的作品，但事实上，它代表了萨特对文学以及那个对文学的价值深信不疑的自我的盛大的告别，同时，它也是一部"彻头彻尾的政治作品"，因为"作品真正的言外之意"，是萨特在《共产党人与和平》《什么是文学？》中也未如此激进和明确地表达出的，文学应该给政治让路——"在这部书里，萨特披露和讲述了他转变的真正的故事：他是如何永远地选择了政治，而不要艺术的。"②

那么，最后一个问题是，"萨特在写这本书的时候在想什么呢？"③ 列维的回答是，他想到的是他青年时代的"愤怒青年"，尼赞、波利泽尔、纪德、马尔罗、超现实主义者们，他们早在他年轻的时候就"扼杀"了"心中的诗人"。曾经的萨特并没有把他们的"反叛"放在心上，却在三十多年以后希望经历一场更加猛烈的"青春期危机"：

他心中总有点什么东西，让他最终几乎觉得遗憾的是，自己不是那种弃儿，不曾是被讨厌的，受到伤害的年轻人，这样的人

① 贝尔纳·亨利·列维：《萨特的世纪——哲学研究》，闫素伟译，北京：商务印书馆，2005 年版，第 733 页。
② 贝尔纳·亨利·列维：《萨特的世纪——哲学研究》，闫素伟译，北京：商务印书馆，2005 年版，第 743 页。
③ 贝尔纳·亨利·列维：《萨特的世纪——哲学研究》，闫素伟译，北京：商务印书馆，2005 年版，第 743 页。

成年之后，总会留有一种"神圣的怨恨"。

他没有父亲，因此他深信不曾有过什么超我；但是由于没有超我，他也就没有需要藐视的律法，没有需要违反的禁忌，因此他也就注定了不会知道真正的反抗对他的诱惑。于是，他对自己感到羞耻和厌恶，他怎么能不想，与"坏人"像"纯金"一样的恨相比，他的恨，他的愤怒，到目前为止，只能算是"伪币"？[1]

列维特别指出，尽管萨特的"反叛"情绪要比他曾经年轻的那些前辈们更加彻底——其他人尽管诅咒文学，却最终都回到了文学的世界里，而萨特则宣布要彻彻底底地，像"截肢"一样地放弃它，不过，他并没有成功。他高调地说自己写这本书只是在尽义务，清洗污浊，但似乎也在偷偷享受"不可救药的、写作的快乐"[2]，因而从某种意义上说，与他要同文学划清界限的姿态相反的是，他也通过自己的写作，再次让文学独立的美学价值变得鲜明。不过，列维最终还是认为，归根结底，《词语》体现了萨特的"自我清算"，他不仅不再相信作家的神圣职责，也不再相信知识分子对人民大众的引领作用，相反，他认为知识分子应该放弃自己，融入群体之中，也就是说，"不顾一切地想融化自己，想把自己和别人混合在一起，他要消除所有使当初的普鲁和别人不一样的地方，消除使如今的他仍然具有个别性的地方"[3]。

---

[1] 贝尔纳·亨利·列维：《萨特的世纪——哲学研究》，闫素伟译，北京：商务印书馆，2005 年版，第 749—750 页。

[2] 贝尔纳·亨利·列维：《萨特的世纪——哲学研究》，闫素伟译，北京：商务印书馆，2005 年版，第 754 页。

[3] 贝尔纳·亨利·列维：《萨特的世纪——哲学研究》，闫素伟译，北京：商务印书馆，2005 年版，第 763 页。

二、《端方淑女》与《词语》的比较

如果说《词语》是一部"彻头彻尾的政治作品"，体现了思想大师萨特迟到的"叛逆精神"以及对新朋友和新事业的"诚意"，那么与它几乎写于同一时期的《端方淑女》又说了什么呢？作为著名的"女萨特"，波伏瓦亦步亦趋地进行了严厉的自我审判吗？事情恐怕并没有那么简单。不可否认的是，二者在话题的选择上很有共性，但波伏瓦试图走的完完全全是另一条自我塑造的道路。

在第二章中，笔者曾经简单地对比了萨特和波伏瓦在各自的自传中对自己幼年时期的一些描写，发现相比于萨特对自身依赖状态的坦然接受，波伏瓦展现出了一种严肃的、抵抗性的态度。事实上，二人在这些微不足道的细节上体现出的分歧，恰恰表明了他们倾向上的根本不同。写《词语》的萨特试图把自己的童年写成温馨、美好却充满讽刺性的作品，批判自己对资产阶级的优越生活和人文理想的深度沉迷；而波伏瓦则相反，她不断地凸显自己拒绝和对抗的意识，将自己从所处的资产阶级的生活环境中区分出来，把童年生活视为她的"战斗精神"的起源。两部作品还有多处细节可以形成类似的对话，比如萨特在《词语》中做了这样一段空间描写：

作为教士的子孙，我生活在世界屋脊，就是七层楼上吧。我栖在主干——树干——的最高处，即电梯井的顶部。我在阳台上走来走去，向行人投以居高临下的目光，越过栅栏门，向跟我同岁的女邻居吕塞特·莫罗致意；然后回到 Cella（拉丁文的神殿），或者说圣殿。我金发鬈鬈，长得像个小姑娘，从不亲自下楼，每当——也就是说每天——我由母亲领着去卢森堡公园，只是把我不值钱的外表借给低处罢了，而我享天福的圣身并没有离开高处。我想现在它还在高处，凡是人都有他的自然地位，这个自然地位的高度不是自尊和才华所能确定的，而是儿童时代确立的。我的自然地位就是巴黎七层楼，能看见千家万户的屋顶。曾有很长一段时间，山谷使我感到窒息，平原使我气闷，好像在火屋上步履艰难地爬行，犹如肩负重荷，被压得透不过气来。但只要爬上乡间低矮的小屋顶上，我便乐不可支，好似回到我的七层高楼上，我在那里再一次呼吸到纯文学稀薄的空气，天地万物层层铺展在我的脚下。万物个个谦恭地恳求有个名字。给每个事物命名，意味着既创造这个事物，又占有这个事物。这是我最大的幻觉。但要是没有这个幻觉，我大概绝不会写作了。[①]

有趣的是，波伏瓦在《端方淑女》里也进行过一个十分相似的空间陈述：

下午，我在餐厅的阳台上坐很长时间，拉斯帕耶林荫大道树木的枝叶伸到了阳台边上。我打量着街上的行人。我对大人们的生活习惯了解甚少，无法尝试猜出他们匆匆忙忙地赴什么样的约会。不过他们的面孔、身影和声音吸引着我。老实讲，我现在也不大说得清楚他们给予我的这种快乐。可是，当父母决定搬到雷恩街一栋楼的六层居住时，记得我感到失望："在街上散步的人，我再也看不到他们了！"这等于割断了我与世界的联系，判处我流放。在乡间，被放逐到一个偏僻的地方也无所谓，因为我满眼都

---

① 萨特：《文字生涯》，沈志明译，北京：人民文学出版社，2006年版，第36—37页。

是大自然；在巴黎，我渴望见到人。一座城市的真实面目，就是它的居民。无法有更密切的联系，我至少需要看到他们。有时我免不了希望违抗禁锢我的圈子。一个步态、一个动作、一个微笑都会打动我；我真想去追赶正拐过街角的那个我永远再也遇不到的陌生人。一天下午在卢森堡公园，一个穿苹果绿套装的高个子姑娘，领着几个孩子在跳绳。她双颊红润，露出灿烂而温柔的笑容。晚上，我对妹妹说："我知道什么叫爱了！"我的确隐约感受到了某种新东西。爸爸、妈妈、妹妹，凡是我所爱的人都是我的亲人。我头一回预感到，自己的心灵会被来自别处的光芒射中。①

如果仅从空间的地理属性上来看，萨特外祖父家所在的勒高夫街 1 号 7 楼与位于蒙帕纳斯大道 103 号的波伏瓦家并没有太大不同——它们都在巴黎城中的住宅楼上，而且相距亦不远（步行 1.3 公里左右，相隔了一个卢森堡公园）；但从两位作家对它们的心理感受来看，或者说他们在这两个段落中展现出的"生命情境"来看，其中的差异还是巨大的。萨特用了很多夸张的比喻来指代他的童年居所："世界屋脊"、大树的"主干"、"Cella"、"圣殿"……一言以蔽之，"在高处"。但这种"高"显然不是指地理意义上的"海拔高度"，而是指权力、地位上的"高人一等"，是文中的小普鲁将他的阶级优越感外化为相应的空间感觉的具体表现。不难看出，成年的萨特对自己曾经的良好感觉极尽嘲讽之能事：自传中的小普鲁"从不亲自下楼"，即使"亲自"去公园也只是"把我不值钱的外表借给低处"，而"享天福的圣身并没有离开

---

① 西蒙娜·德·波伏瓦：《波伏瓦回忆录第一卷：端方淑女》，罗国林译，北京：作家出版社，2011 年版，第 38 页。

高处"。自然环境会让他窒息，"纯文学稀薄的空气"才能让他感到舒畅。在这里，萨特把他的喜剧才华发挥得淋漓尽致，矛头却毫不留情地对准了自己还曾经挚爱的文学事业——在逼仄而不真实的文字世界中，他所谓的文学之梦不过是一个沉浸于幸福童年的小资产阶级的孤芳自赏。

相对于萨特天花乱坠的反讽式写法，波伏瓦的空间呈现则似乎要朴实得多。甚至，她根本没有把笔墨留给所处的空间本身，而是尽力地将视线延展到外部的世界——大自然、街上的行人——如果用她最为喜爱的哲学术语来说，就是与"自我"相对的"他人"。短促却强烈的语气，如"我满眼都是大自然""我渴望见到人""我至少需要看到他们""我真想去追赶"等，这些简单的句式事实上已经表达出一种与小萨特的"高高在上"截然相反的融入"他人"的渴望。波伏瓦似乎是在宣布，她不是一个目中无人的资产阶级，她爱与她素不相识的其他人，也爱大自然，并热切地希望能与外部世界紧密地联系起来——"我的心灵会被来自别处的光芒射中"；同时，她的这种"爱"具有一种与周身环境格格不入的反叛的力量。她常常用诸如"判处我流放""违抗禁锢我的圈子"之类的革命性的语言来表述日常经验的困顿。

在种种细节之外，主题上的对比或许可以让我们对二人的差异有更为整体性的理解。正如我们在上文谈到的，《词语》中，让成年的萨特悔恨不已的是，自己一直深以为傲的文学事业，居然是建立在一系列的虚幻的根基上的。树立起伟大的作家梦想的这个孩子，心中并没有对人类和生活的真正的关心，甚至连这个"梦"本身也是被他的外祖父安排的，而不是真正的自由的"选择"。但对波伏瓦来说，事情却刚好相反：她并不是一个天生就擅长舞文弄墨的作家，小学老师对她作文的评价常常是"文笔死板"，文字对她来说也不是生活的全部，只是一种模仿的游戏——"令我开心的是用文字装点一件物品，就像我过去用管子搭房子一样。是书本而不是赤裸裸的世界，给我提供模特儿。"[①]如果说，萨特接过外祖父的人文主义圣职，是他作为"教士"的孙儿的天生命运，那么波伏瓦向父亲看齐，接受他对自己精神世界的引领，则是她对自己作为女性的命运的一种反叛，而且无论从才华还是志向上来说，波伏瓦都可以不成为一个作家，从事哲学方面的研究可能更适合她，但她认为，正是文学将她从青春期的混乱、孤独、痛苦之中拯救了出来，是巴雷斯、克洛岱尔、瓦莱里、纪德、莫里亚克、雅姆、普鲁斯特等等这些"有血有肉"的作家，让她明白了文学不是"文物"，而是对活生生的现实的表达……她从未因为文学压抑了对生活的热爱，而是相反，正是因为对生活的热爱，正是因为感受到文学对生活的指引性力量，她才投身于文学之中，渴望写作展现自己内心生活的小说。文学对她来说不是欺骗，也不是虚妄，而是扎扎实实、无比鲜活的存在。总而言之，走上文学之路，是她与周围的环境对抗的结果，是她经过了反复的深思熟虑和真切的生命体验所做出的必然性"选择"。波伏瓦不像萨特那样嘲弄他们共同的事业，这或许源于她和萨特不同的成长环境。某种意义上，她和萨特似乎都在解释、肯定着自己当下的政治抉择。只不过萨特通过的是对昨日之我的否定，而波伏瓦则试图给过去的行为以积极的解释。

从表面上看，《端方淑女》似乎确实可以被视为波伏瓦的回

①　西蒙娜·德·波伏瓦：《波伏瓦回忆录第一卷：端方淑女》，罗国林译，北京：作家出版社，2011年版，第36页。

忆录系列中与现实政治最无缘的作品。在蒙帕纳斯（后来是雷恩街）的波伏瓦家和德西尔贵族女校里，友谊在发生，爱情在酝酿，"当一个作家"的宏伟愿望在渐渐萌发，与父母之间的矛盾、冲突也变得日益激烈。但这一切与正在世界各地发生的宏大历史和政治事件没有任何直接的关联。即使是深刻地改变了欧洲乃至世界命运的第一次世界大战，在波伏瓦的记忆时空中，也仅仅被描写成一个缺少切身感和严肃性的遥远背景。[①] 不过，如果我们真的忽视这部作品的意识形态内涵，那就大错特错了。波伏瓦的早年回忆很难摆脱 20 世纪 50、60 年代的社会和政治环境的影响，而波伏瓦本人也并没有任何想要隐藏自己的政治立场或者说党派意识的欲望。她一直对自己的资产阶级成长环境耿耿于怀，在创作过程中始终保持着对它的质询与批判。

尽管有时候确实如研究者们所说，《端方淑女》是具有反讽性的。在 1956 年写这部作品的那个女人有意地和童年的自己保持了距离。但我们同样也看到，相比于写《词语》的萨特，波伏瓦在童年回忆里的自我塑造是郑重的、严肃的，也是正面的。萨特在自传里后悔着自己没有真正的对抗性的意识，波伏瓦却正是在这一点上让我们看到了她的不同。在她的所有的主题的背后，无论是和家人朋友的关系，爱情的畅想，未来事业的选择，都贯穿着她明确的，用反叛想象将自己区别于所处的资产阶级生活的意

[①] 比如她这样写道："一天早上，我们在柴垛旁的新鲜刨木花里玩儿，突然响起了警报的钟声，战争爆发了……普遍的混乱和《中部通讯》的大字标题令我兴奋。每当发生什么事情时，我总是感到高兴，想出一些与当时情况相适应的游戏：我扮演彭加勒，堂妹扮演乔治五世，妹妹饰沙皇。我们在雪松树下开讲演会，用马刀砍杀普鲁士人。"西蒙娜·德·波伏瓦：《波伏瓦回忆第一卷：端方淑女》，罗国林译，北京：作家出版社，2011 年版，第 17—18 页。

图。或许有时候，她走过头了，"小题大做"了，让我们不由对她所谓的"反抗"生出几分警惕，但我们也无法说，她对自身力量、选择的笃定是不真诚的。

第三节　责任的觉醒：论《岁月的力量》

一、反思个人中心主义

1958 年，把《端方淑女》交给伽利玛出版社以后，波伏瓦又继续创作她的回忆录，即于 1960 年出版的《岁月的力量》。在她写作这部书的 1958—1960 年，法国的政坛发生了很多大事：1958 年 5 月 13 日，右翼势力在阿尔及尔夺权。5 月底，戴高乐在军方的支持下"出山"，接管了议会和政府的全部权力。当年 9 月，全民公投通过新宪法 [①]，法兰西第五共和国成立。11 月，国会选举，戴高乐当选为首任共和国总统，并于 1959 年 1 月正式上任。

作为支持阿尔及利亚独立的左翼知识分子，波伏瓦因戴高乐的重新上台以及他在公民投票中的节节胜利而感到痛苦。在《事物的力量》中，她说自己好像在和整个国家对抗，被祖国"流放"了 [②]。她的个人生活在这段时间里也遭受了很多意想不到的打击：萨特"失控"了，过量的饮酒、工作、服药让他的健康受到了损害；朗兹曼也同她分手，这让她觉得连保护自己远离残酷现实的

---

① 戴高乐认为第四共和国的宪法使得第四共和国软弱无力，故他亲自起草宪法大纲，实际由米歇尔·德勃雷执笔。这部宪法严格遵循戴高乐于 1946 年的演讲内容，总统有统领内阁的责任，在紧急状态下可以扩张权力，且议会应采用两院制。
② 西蒙娜·德·波伏瓦：《波伏瓦回忆录第三卷：事物的力量（二）》，陈筱卿译，北京：作家出版社，2013 年版，第 161 页。

最后一根线也已崩断；还有一些曾经非常亲密的老朋友，比如鲍里斯·维昂、加缪（尽管他们已经"决裂"），都在这两年内相继离世，她必须正视死亡……在种种"内忧外患"之中，波伏瓦选择了埋首于过去的岁月，在他们年轻、欢乐、自信——或许也不无幼稚和盲目的时代中追寻自我的踪迹。《端方淑女》所取得的成功也在鼓励着她，让她把过往的一切诉诸笔下。

《岁月的力量》写了什么？首先是波伏瓦个人的历史：她搬出了家，和萨特签订了"爱情契约"，在巴黎花天酒地，去外地任教，到西班牙、意大利、摩洛哥、英国等地游玩，看不同国家的书籍、电影，认识新的朋友，努力创作一部又一部失败的小说，被"三重奏"里的"杂音"所困扰；与此同时，外部世界的历史也徐徐展开——法西斯在欧洲各地的扩张，战争威胁的日益迫近，第二次世界大战爆发，法国的沦陷、抵抗、光复与解放，而波伏瓦则努力应对着这些重大历史事件对其个人世界的冲击。

菲力浦·勒热讷曾感慨，"从技术上讲，把成年生活讲好才是最难的"。原因在于，"此时的回忆既乱又多，沉浮和变幻难以察觉，为了说明或解释其行为或世界观的变化，作者难挡实录的诱惑，而且，成年生活的意义和统一难以把握，所有的这一切使得叙事的第二部分更加微妙"。① 波伏瓦的回忆录创作使我们对勒热讷总结出的这一自传"法则"有了更确切的认识：相比于《端方淑女》的"小说化"的童年叙事，正式进入成年生活的《岁月的力量》（以及后面的《事物的力量》）则显得"历史化"得多。波伏瓦就像一个勤勤恳恳的史官，严格遵循时间顺序，将自己从1929

---

① 菲力浦·勒热讷：《自传契约》，杨国政译，北京：北京大学出版社，2013年版，第10页。

年到 1944 年的生活、写作、旅行、思想发展、社会交往等方面的情况一一地呈现了出来。甚至为了更生动、更准确地叙述巴黎沦陷后的一段历史，她直接将自己的私人日记放了进来，而这也强化了这部作品的"实录"风格。

不过，在整合纷繁复杂的个人回忆，"说明或解释其行为或世界观的变化"的这个方面，作为前哲学教师的波伏瓦还是充分地发挥了她的专业优势。一些存在主义哲学的概念和命题，比如自我和他人的关系等始终贯穿在她对经验世界的讲述中。对马赛任教时期一段经历的描写就颇具代表性。波伏瓦回忆，从 1931 年 10 月到 1940 年 7 月，每个周四、周日，无论天气如何，她都坚持外出远足，独自一人，轻装简行。从不进行体育锻炼的她，居然常常一走就是九到十个钟头，把体能消耗到极限才罢休。几次化险为夷的经历，更强化了她的盲目乐观——"事故、生重病、被强奸，根本不可能发生在我身上。"[1]

波伏瓦强调克服艰难险阻的过程给她带来的成就感，"我顽强地重新找到让事物摆脱蒙昧状态的天职。我只身一人，在大雾迷漫中翻圣维克托山脊和国王之杵山脉，帽子被狂风吹下了山崖也全然不顾。我只身一人钻进吕贝龙山沟转不出来了，这些时刻无论是阳光灿烂、和风温煦还是电闪雷鸣，都任我独自体验"。[2] 但她也进一步反思，这些大胆而疯狂的举动背后是否隐含着她的某种性格缺陷。

---

[1] 西蒙娜·德·波伏瓦：《波伏瓦回忆录第二卷：岁月的力量（一）》，黄荭、罗国林译，北京：作家出版社，2012 年版，第 68 页。

[2] 西蒙娜·德·波伏瓦：《波伏瓦回忆录第二卷：岁月的力量（一）》，黄荭、罗国林译，北京：作家出版社，2012 年版，第 66 页。

一件往事却让我惊愕地看出自己当时疯狂到了何种程度。11月末，我妹妹来到了马赛。我让她体验我的新乐趣……近中午时分到达圣博姆峰时，她发起烧来了。我叫她在招待所里休息，喝一些格罗格酒，等待几个钟头后开往马赛的旅游客车，我一个人去走完行程……"你是一个精神分裂症患者了"，萨特常常对我说，因为我不使自己的计划适应情况，而是不顾一切地加以执行，把实际情况看成完全无关紧要。在圣博姆峰我确实无视妹妹的存在，不愿意放弃自己的日程安排。妹妹向来总是忠心耿耿地为我的计划尽力的，而这一次我甚至不愿考虑为了她而打乱自己的计划。这种"精神分裂症"，在我看来，像是我的乐观主义一种极端而反常的表现形式。我像三十岁的时候一样，拒绝承认生活中除了自己的意志之外，还有别人的意志。①

波伏瓦解释，自己一向是关心和爱护妹妹的。之所以会出现这种不近人情的状况，是因为她总是"不使自己的计划适应情况，而是不顾一切地加以执行"，"拒绝承认生活中除了自己的意志之外，还有别人的意志"。不难看出，波伏瓦写这段往事并不仅仅是为了怀念她的青春岁月，更是要诠释她对自由的体验和思考。在《皮洛士与齐纳斯》《模糊性的道德》等哲学著作中，波伏瓦驳斥了将存在主义视为个人意志至上的唯我论的观点，将他人的存在视为主体情境的给定因素，认为除非一个人承认其他人也是自由的，否则这个人不可能自由。而在这里，波伏瓦则以年轻的自己作为反面教材，揭示出自己早年个性和思想上的缺陷，即一种

---

① 西蒙娜·德·波伏瓦：《波伏瓦回忆录第二卷：岁月的力量（一）》，黄荭、罗国林译，北京：作家出版社，2012年版，第66页。

极端的个人中心主义。

二、从小资产阶级文人向"介入"型知识分子的转变

波伏瓦并没有让她的哲学仅仅停留在对日常经验的叙述中，而是试图在具体的历史情境中展现对这些问题的思考。而这个具体的历史情境，主要指的是 20 世纪 30—40 年代，法西斯在欧洲的迅猛扩张，尤其是德国纳粹对法国的占领。

1933 年 1 月希特勒当上了总理，而 2 月 27 日的国会纵火案，肇始了消灭共产党的运动。

当时我们居然能相对平静地袖手旁观这些事件，现在回想一下真感到吃惊。[1]

萨特去了柏林，我对公共事务完全失去了兴趣。可是此时天空乌云密布，接着狂风暴雨，电闪雷鸣。希特勒与国际联盟决裂。继他 11 月 11 日发表的引起轰动的演说之后，全民表决取得了胜利。这表明德国热烈欢迎他的强暴政策[2]。

8 月 19 日的全民公决使希特勒得到了独裁的权力，绝对没有任何限制的权力。奥地利正在纳粹化……我一如既往，对政治不闻不问，一门心思领略着斯特拉斯堡、大教堂和"小巴黎"的魅力。[3]

---

[1] 西蒙娜·德·波伏瓦：《波伏瓦回忆录第二卷：岁月的力量（一）》，黄荭、罗国林译，北京：作家出版社，2012 年版，第 110 页。

[2] 西蒙娜·德·波伏瓦：《波伏瓦回忆录第二卷：岁月的力量（一）》，黄荭、罗国林译，北京：作家出版社，2012 年版，第 117 页。

[3] 西蒙娜·德·波伏瓦：《波伏瓦回忆录第二卷：岁月的力量（一）》，黄荭、罗国林译，北京：作家出版社，2012 年版，第 148 页。

经济危机越来越严重……排外的浪潮席卷了法国……反民主的宣传愈演愈烈……所有这批右翼的民族主义者都盼着一个法国的希特勒上台……墨索里尼蓄势待发要入侵埃塞俄比亚。拉瓦尔跟他签订协议绝不插手。他还和希特勒谈判。一撮知识分子跟在其后亦步亦趋……

既然没有人真正明白发生了什么事情，何不认为其实并没有什么大不了的事情发生？我平静地回归到个人生活的轨迹。[1]

西班牙战争局势逆转。佛朗哥的军队轰炸马德里和巴斯克地区，在杜兰戈，他们屠杀了妇女和儿童，德国飞机空袭了毕尔巴鄂。4 月底，格尔尼卡大屠杀激起了一些天主教徒的义愤……既然无力反抗世界上的种种不幸，我只能选择将它们遗忘。我愉快地谨遵医嘱，去南方休息三星期。[2]

9 月，在纽伦堡，在三十万纳粹和一百万观众面前，希特勒做了一个最有侵略性的演说。墨索里尼的慕尼黑、柏林之行巩固了两大独裁者的联盟……希特勒派军队入侵奥地利，完成了奥德合并。维也纳笼罩在一片白色恐怖之中，而在捷克斯洛伐克苏台德区的德国人开始坚决要求自治。

我还心存幻想，不愿意看到摆在眼前的现实。[3]

自从德奥合并以后，在苏台德区的亲德党徒就开始骚动……

---

① 西蒙娜·德·波伏瓦：《波伏瓦回忆录第二卷：岁月的力量（一）》，黄荭、罗国林译，北京：作家出版社，2012 年版，第 153—154 页。
② 西蒙娜·德·波伏瓦：《波伏瓦回忆录第二卷：岁月的力量（一）》，黄荭、罗国林译，北京：作家出版社，2012 年版，第 229 页。
③ 西蒙娜·德·波伏瓦：《波伏瓦回忆录第二卷：岁月的力量（一）》，黄荭、罗国林译，北京：作家出版社，2012 年版，第 251 页。

希特勒已经在边境上集结了军队，布拉格发布了部分动员……战争似乎一触即发。[①]

这一次战争在所难免。我生气地拒绝相信，不愿意相信一个这么愚蠢的悲剧会降临在我头上。[②]

在这些段落中，波伏瓦运用对比的手法，突出了危急、紧迫的国内外局势与她拒绝承认现状、追求自由享乐的内心状态之间的强烈反差。她自我谴责，认为正是因为她对他人存在的漠不关心导致了她被动地卷入历史。不仅如此，波伏瓦还进一步反思了自己所承担的社会角色以及自由和权利的关系，认为作为小资产阶级知识分子的他们，虽然拥有"真实的求真感"，却不具备"真正的现实感"。因此他们目前为止所感受到的自由，也只是特权情境中的自由，而不是对资产阶级的真正"反叛"。

和所有小资产阶级知识分子一样，我们的生活是以脱离现实为特征的。我们有一份干得还算不错的职业，但这份职业并不能把我们从文字的世界里拉出来。从知识层面上看，我们真诚、专注。就像萨特有一天对我说的，我们都有"真实的求真感"，这已经难能可贵。但是这丝毫不意味着我们拥有"真正的现实感"……我们不仅和所有的资产阶级一样衣食无虞，还跟公务员一样收入稳定，不过我们没有孩子、没有家庭、没有责任，我们是爱尔菲……我们可以打破常规而不受到惩戒。这也更坚定了我们感

---

① 西蒙娜·德·波伏瓦：《波伏瓦回忆录第二卷：岁月的力量（一）》，黄荭、罗国林译，北京：作家出版社，2012年版，第262页。
② 西蒙娜·德·波伏瓦：《波伏瓦回忆录第二卷：岁月的力量（一）》，黄荭、罗国林译，北京：作家出版社，2012年版，第263页。

情的自由。我们明显感受到的一切掩盖了外部世界的敌意和对立……我依然深受理想主义和资产阶级的审美影响。尤其是我对幸福的一味坚持让我看不到政治现实。[①]

毫无疑问，萨特、波伏瓦是他们那一代法国知识分子中的精英，但他们傲慢、自大、不负责任的态度也曾激怒过很多人。在著名的《知识分子》一书中，保罗·约翰逊直接把萨特称为"被宠坏了的独生子女"[②]，诗人米沃什也表示接受不了这些"资产阶级审慎的魅力"，不无讽刺地说："我对她（波伏瓦）的反感是一个来自穷乡僻壤的男人对于一个大世界中的女士的不可避免的感情。"[③] 不难看出的是，波伏瓦本人对这类质疑其实是有所反思的。至少在对战前岁月的讲述中，她并未回避自己"唯我论"的傲慢，而是对其进行了一定的暴露和剖析。

不过，《岁月的力量》的重点并不是波伏瓦"悟已往之不谏"的悔恨，而是她"觉今是而昨非"的转变过程。波伏瓦相信，正是战争的发生让他们发现了自身的历史性和"介入"的必要性。因此，在第二卷的序言中，她已经开门见山地写道：

突然，历史撞上了我，我被撞得粉碎。醒来后我发现自己散落在地球的四面八方，每一根神经都和他人、和所有人维系在一起。思想、价值观，一切都被颠覆了，甚至我个人的幸福都变

---

① 西蒙娜·德·波伏瓦：《波伏瓦回忆录第二卷：岁月的力量（一）》，黄荭、罗国林译，北京：作家出版社，2012年版，第282—283页。
② 保罗·约翰逊：《知识分子》，杨正润等译，南京：江苏人民出版社，1999年版，第298页。
③ 米沃什：《米沃什辞典》，西川等译，北京：生活·读书·新知三联书店，2004年版，第53页。

得无足轻重……那时起，我不再把自己的生活看作是一个自足自主的完整体系。我应该重新审视自己和一个面目全非的世界的关系。我所要讲述的就是这一转变。①

这个转变是如何具体发生呢？对波伏瓦来说，她的转变离不开萨特的引领。因此，尽管她在一开始的"序言"部分说过"他的生平他打算自己讲述，我无意代劳"②，但事实却如黑泽尔·巴恩斯看到的那样，"她做的要比她说得多"③。从《岁月的力量》的下半部分开始，萨特逐渐占据了叙事的中心。事实上在这里，波伏瓦要讲述的不仅仅是她自己的转变，更是作为小资产阶级知识分子的他们所共同经历的人生转折。在波伏瓦笔下，萨特曾经是一个脱离实际、游戏人间，只关心想象、虚无、幻觉等形而上问题的小资产阶级知识分子，也曾像她一样，对周身正在发生的重大政治变化视而不见，但当战争的面目逐渐显露之后，他便开始重新思考个人对社会的责任。他比波伏瓦更早接受战争的到来，并认为必须毫不妥协地进行抵抗。在战壕中，他发现了集体的力量和行动的必要性，并从哲学上对它们加以解释，认为接受自身的"处境"，唯一方法就是投身某一行动以超越它，否则就是不真诚。从俘房营回来后，他还带领波伏瓦等人创建一个名为"社会主义与自由"的抵抗组织，同时他也积极地创作戏剧作品，抨击德国和维希政府，号召人们英勇抵抗。他成了抵抗作家团体"全

---

① 西蒙娜·德·波伏瓦:《波伏瓦回忆录第二卷：岁月的力量（二）》，北京：作家出版社，黄荭译，2012年版，第1—2页。
② 西蒙娜·德·波伏瓦:《波伏瓦回忆录第二卷：岁月的力量（一）》，黄荭、罗国林译，北京：作家出版社，2012年版，第2页。
③ Barnes, Hazel E. "Simone de Beauvoir's Autobiography as a Biography of Sartre." *The French Review. Special Issue* 55.7 (1982), p.79.

国作家委员会""戏剧家协会"的成员，为"全国作家委员会"的机关报工作，还在地下刊物《法兰西文学》上发表文章。

波伏瓦并没有回避他们在政治行动上的鲁莽幼稚，对他们在组织"社会主义与自由"时"散兵游勇"的作风直言不讳。但她仍然非常成功地塑造了他们作为抵抗运动的参与者的形象，读者们会感到萨特或许不无理想主义，也缺乏行动的经验，但他真诚、积极而坚定的抵抗行为是不容怀疑的，而且他的抵抗精神具有感召力。正是他的影响，让波伏瓦也改变了自己无动于衷的冷漠态度，作为他的最忠实的同伴加入了集体的抵抗行动。如果说，在这部作品的开头，波伏瓦强调的还是从《端方淑女》中继承的唯我论的自由——"1929 年 9 月我回到巴黎，最让我兴奋的是我获得了自由"[1]，那么，这本书的结尾——"终于结束了，巴黎解放了，世界、未来又回到了我们手里，我们投入它们的怀抱"[2]，则向我们暗示了一种将个体的自由融入整体的历史的运动，而她创作这本书的主要目的，就是讲明这个过渡的过程。

三、争议不断的真实性

波伏瓦研究者们在探讨波伏瓦的回忆录时，往往会对渗透其中的"他者意识"给予很高的评价，却并不愿意涉及"波伏瓦政治介入的确切性质以及她的叙述的历史真实性"[3]。但对回忆录的价

---

[1]　西蒙娜·德·波伏瓦：《波伏瓦回忆录第二卷：岁月的力量（二）》，黄荭译，北京：作家出版社，2012 年版，第 3 页。

[2]　西蒙娜·德·波伏瓦：《波伏瓦回忆录第二卷：岁月的力量（二）》，黄荭译，北京：作家出版社，2012 年版，第 213 页。

[3]　Bainbrigge, Susan. *Writing Against Death: The Autobiographies of Simone de Beauvoir.* Amsterdam: Rodopi, 2005, p.109.

值评判，其实并不能离开对真实真相的严肃探求。而正是在这一点上，《岁月的力量》受到了很多的争议。

1991 年，法国历史学家和小说家吉尔伯特·约瑟夫（Gilbert Joseph）便出版了一本名为《如此甜蜜的沦陷时期：西蒙娜·德·波伏瓦和让-保罗·萨特，1941—1944》的书来抨击萨特和波伏瓦在二战时期的所作所为。[①] 在搜集了大量的"一手材料"之后，吉尔伯特得出了这样的结论：在法国沦陷的那段时期，萨特和波伏瓦并没有像他们声称的那样，对纳粹的占领采取不合作的态度——他们接受德国人的政治审查，在与占领者关系密切的杂志上发表文章，对周遭犹太人的命运也并不关心——他们唯一关心的，只是自己作为作家的前途。吉尔伯特甚至认为，萨特在这一时期创作的，后来被认为传达了抵抗精神的那些作品，其实是在战争结束后才被赋予了抵抗的意义。戏剧上映时，座下的观众和德国的审查者都没有察觉到其中的隐曲。

尽管吉尔伯特的不少控诉有些极端，但他的工作确实让萨特和波伏瓦作为抵抗运动一分子的说法摇摇欲坠。波伏瓦作为回忆录作家的诚实、客观，越来越受到研究者们的质疑。在《20 世纪的两位知识分子：萨特与阿隆》一书中，法国历史学家让-弗朗索瓦·西里奈利便指出，"西蒙娜·德·波伏瓦关于沦陷时期的回忆经常是模糊的，有时是错误的"，"她（波伏瓦）在某些方面的记忆有所衰退，这已是不争的事实"[②]。西里奈利甚至认为，"除了西蒙

① 此书为 Une si douce Occupation, Simone de Beauvoir et Jean-Paul Sartre, 1940—1944。"Une si douce Occupation" 应是对波伏瓦《安详辞世》（Une mort très douce，直译为"如此甜蜜的死亡"）书名的戏仿。
② 让-弗朗索瓦·西里奈利：《20 世纪的两位知识分子：萨特与阿隆》，陈伟译，南京：江苏人民出版社，2001 年版，第 168 页。

娜·德·波伏娃提到的几次活动外，我们很难确定萨特抵抗活动的程度"①，换句话说，波伏瓦夸大了萨特在抵抗运动中的作用。

为什么这么说？西里奈利列举了回忆录中的一些"小事"。其中较有代表性的是波伏瓦在法国国家广播电台的工作。自1944年2月27日起，波伏瓦开始在这个电台主持一些文化艺术类的节目。这些节目本身并没有政治的内容，但波伏瓦加入时，国家广播电台正通过它的一些政论节目进行着"史无前例的、旷日持久的、充满仇恨的宣传运动"②。虽然没有任何证据表明波伏瓦认同这些宣传，但不与有亲德倾向的媒体合作通常被认为是抵抗知识分子的共识。波伏瓦自己也在回忆录中明确了这一点："作为抵抗运动的一员，知识分子必须恪守的第一条原则就是不在占领区的报纸上撰文。"③可见她并非不了解媒体的意识形态属性，甚至将其视为抵抗与否的标志。但在《岁月的力量》中，对于自己这段有争议的过往，波伏瓦却选择了一套含糊不清的说辞：

> 我得挣钱养活自己。我也不知道自己是怎么骗到一个在国家广播电台"制作节目"的差事。根据我们墨守的规约，我们有权在电台工作：一切都取决于你怎么做。我建议了一个没有政治色彩的节目：回顾从中世纪到现代的所有传统节目，有解说、音乐

---

① 让-弗朗索瓦·西里奈利：《20世纪的两位知识分子：萨特与阿隆》，陈伟译，南京：江苏人民出版社，2001年版，第181页。

② 让-弗朗索瓦·西里奈利：《20世纪的两位知识分子：萨特与阿隆》，陈伟译，南京：江苏人民出版社，2001年版，第170页。

③ 西蒙娜·德·波伏瓦：《波伏瓦回忆录第二卷：岁月的力量（二）》，黄荭译，北京：作家出版社，2012年版，第115页。

和背景。节目被接受了。[1]

波伏瓦没有告诉读者的是，她之所以能得到这份工作是由于勒内·德朗日的推荐，后者主办的《喜剧》周刊致力于在文化领域里达成德、法双方的合作；她也没有告诉读者，当她选择加入这个电台时，是否考虑到了它的宣传倾向。从她的文字表述来看，一切都是顺理成章的——她得挣钱养活自己，她的节目没有政治色彩，而她也有权力这么去做。

西里奈利并不认为波伏瓦参与维希电台的经历，或者萨特在与德国占领者关系密切的杂志上发表文章，让他的戏剧《苍蝇》接受德国占领者的政治审查是"通敌行为"。但是他也感到，"萨特和波伏瓦似乎都没有受到历史的约束，在好几年的时间里，他们在感情上无动于衷，在态度上反复易变，在所做的分析所采取的立场上前后矛盾"[2]。很明显，这一"没有受到历史约束""无动于衷""反复易变""前后矛盾"的结论与波伏瓦在《岁月的力量》中不断强调的他们在战争时期体现出的坚定不移的抵抗精神恰恰是相悖的。然而，必须指出的是，西里奈利的观点如今却得到了越来越多学者的认同。正如苏珊·班布里格看到的，自20世纪90年代以来，已经有越来越多的作品质疑了萨特和波伏瓦在占领时期的政治"介入"的本质[3]，而波伏瓦和萨特一些私人信件、日记的出版也为这些质疑提供了合理的支撑。

---

① 西蒙娜·德·波伏瓦：《波伏瓦回忆录第二卷：岁月的力量（二）》，黄荭译，北京：作家出版社，2012年版，第162页。

② 让-弗朗索瓦·西里奈利：《20世纪的两位知识分子：萨特和阿隆》，陈伟译，南京：江苏人民出版社，2001年版，第171—172页。

③ Bainbrigge, Susan. *Writing Against Death: The Autobiographies of Simone de Beauvoir.* Amsterdam: Rodopi, 2005, p.65.

历史学家表示，他们的任务是为读者的判断提供资料依据，而不是评判事件的是非曲直，后者属于个人良心的范畴 [①]，但对回忆录的研究者来说，作家的良心，或者说写作态度的真诚与否却是至关重要的评价标准。波伏瓦早向读者坦言，自己的记忆是不准确的——"那是一个捉摸不透的时期，甚至连我的记忆都变得混乱了。我常常感到，一旦和平到来，对那些没有经历过这一时期的人谈论这些该是多么不容易的事啊。现在，时隔近二十年，我仍无法回忆起真实的情况，哪怕是对我自己而言。我只能勉强挖掘一些时代特征和几个片段" [②]——换而言之，她主动与读者订下了阅读的"契约"，坦承了自己的主观倾向和视野缺陷。然而当我们严肃地对待人们提出的质疑，却不得不面对这样的一个可能，波伏瓦的某些错漏或许是刻意的，甚至可以说是不真诚的。他们的行为和态度有很多前后不一之处，但波伏瓦恰恰在可以展现情境复杂性的地方语焉不详。本书中随处涌动的、令人心潮澎湃的那种"介入"的责任和使命感，并没有可以获得普遍共识的、具有客观影响力的行动的支持。或许我们可以善意地理解这些事情，比如厄苏拉·提德推测，1954 年萨特的高血压发作解释了他在波伏瓦回忆录里的理想化形象 [③]；但或许我们更加期待的是，见证了法国 20 世纪最恶劣政治处境的波伏瓦，可以为我们揭示这段历史尤其是他们这些知识分子的曲折历程。回避记忆中的负面

---

① 让-弗朗索瓦·西里奈利:《20 世纪的两位知识分子: 萨特和阿隆》，陈伟译，南京: 江苏人民出版社，2001 年版，第 170 页。

② 西蒙娜·德·波伏瓦:《波伏瓦回忆录第二卷: 岁月的力量（二）》，北京: 作家出版社，黄荭译，2012 年版，第 127 页。

③ Tidd, Ursula. *Simone de Beauvoir, Gender and Testimony*. Cambridge:Cambridge University Press, 1999, p.162.

因素，夸张、美化某些正面行为，或许能让自我的历史变得合理，也能充分呈现出积极、正面的伦理力量，但它不仅代表着作品失去了真实的矛盾，也代表作者失去了真正的反思的机会，而后者可能才是一段记忆能给我们带来的最好的礼物。

不过，总的来说，《岁月的力量》的价值却也不能被简单低估。波伏瓦从历史见证者的视角，细致地书写了她的时代和她自己的变化，涉及哲学、文学、艺术、城市生活、人文地理等多个方面，为我们保留了对那个时代的鲜活记忆，而且在这些千头万绪的主题中，她能将哲学反思融入对生活和政治观念的思考当中，让私人世界与公共空间有机地联系在一起，充分显现出了作为哲学教师和小说作家的叙事优势。她对萨特战争中的"公开的秘密活动"的展现，对他的富有抵抗精神的文人英雄的形象塑造，也是非常成功的。最为重要的是，波伏瓦以自己和萨特的政治觉醒的过程，表达出了资产阶级知识分子必须从舒适的自我中心主义中走出来，正视历史现实，承担起政治责任的必要性。托尼·朱特曾点评道："如果要说近代法国有什么特有的历史贡献的话，那就是一种特殊的紧迫感和个人的介入感"[1]。而波伏瓦的写作确实印证、强化了这一判断。

---

[1] 托尼·朱特：《未竟的往昔：法国知识分子，1944—1956》，李岚译，北京：中信出版社，2016年版，第72页。

第四节　历史的荒谬：论《事物的力量》

一、从"我"到"我们"

1963 年 10 月，波伏瓦出版了她的第三卷回忆录《事物的力量》。在这里，她大致沿用了《岁月的力量》的写法，严格遵照时间顺序，将自己从 1944 到 1963 年之间的种种回忆串联在一起，并让法国解放和阿尔及利亚独立两个重大的历史事件占据了书的一头一尾。

表面上看，《事物的力量》就是《岁月的力量》的"续作"，其实两者有很大的不同。上一部书看似千头万绪，实际上还是围绕着波伏瓦的思想转变来组织成文的，这一部却不仅内容驳杂，也缺乏内在的逻辑理路。我们还可以看到，萨特的重要性逐渐增加，作者自己的出场则被压缩，代表个人观点的"我"（je）越来越多地被代表集体意见的"我们"（nous）所取代。更为重要的是，写《岁月的力量》的波伏瓦和她笔下的"岁月"至少相隔了十几年的时光，但在《事物的力量》里，她写的主要还是几年内的"近事"。种种情况都使人感到，这部"续作"不仅没有体现作者对笔下内容的控制力，也缺少了前作以及大多数回忆录所具有的"追忆感"，仿佛只是这位日益繁忙的女作家在各种政治活动和旅行间隙里记录的"流水账"。

因此我们不难理解为什么一部分评论者无法欣赏它。英国书评人吉斯·O.戈尔就指出波伏瓦在《端方淑女》后创作的两部回忆录越来越无趣，"人们失去了耐心"①。他的看法并不是唯一的。有意思的是，萨特反而觉得这一部比上一部更好，而波伏瓦本人也在书的序言中为她的美学辩护，解释她之所以"尽量少删节"或"浓墨重彩地"叙述他人的琐碎细节是因为这些细节"不仅能让我们了解一个时期和一个有血有肉的人"，也能使我们"看到一个真实经历的真相"。同时，她写回忆录是为了展现自己"激情、失望、激荡的生活"，而不是要贡献出"附庸风雅"的"艺术作品"。②

不过，受到更多争议的还不是波伏瓦的审美品位，而是她观察历史的角度。毫无疑问，她和萨特曾是时代宠儿。法国解放后，一度毫不关心外部世界的他们被推上了历史的前台，并很快被视为左派知识分子阵营中的领军人物；然而，自20世纪70年代后半期以来，他们也因在历史风浪中的错误判断，经历了社会信誉和影响力的急速衰落。西里奈利曾说，站在我们这个世纪回望，萨特似乎已经"成了他的对手们所说的不识时务的算命先生，总是做出不合时宜的判断和预测"③。作为忠实的"女萨特"，波伏瓦当然也未能逃脱相同的命运。她在《事物的力量》中描写的恰恰就是他们正式进入公共政治生活，参与、主导战后的政治文化生活的前二十年里发生的事情，而这部书的可信程度和思想含量也都不免受到质疑。

---

① Gore, Keith O. "Une mort très douce by Simone de Beauvoir." *Books Abroad* 39.3 (1965), p.312.

② 西蒙娜·德·波伏瓦：《波伏瓦回忆录第三卷：事物的力量（一）·序》，北京：作家出版社，陈筱卿译，2012年版，第2页。

③ 让-弗朗索瓦·西里奈利：《20世纪的两位知识分子：萨特和阿隆》，南京：江苏人民出版社，陈伟译，2001年版，第6页。

后文中，我们将看到西里奈利、雷蒙·阿隆、托尼·朱特、罗纳德·阿隆森等具有政治、历史学背景的专业学者如何指出波伏瓦一系列讲述的幼稚和偏颇之处。但在此之前，我们或许还应该指出，正如托尼·朱特看到的那样，指出波伏瓦等人面对历史的迟钝和盲目是一件"很容易做到"的事情，"为什么以往的文化英雄会持如此愚蠢的看法"以及"为什么持如此观点的他们会受到追捧，并仍然声名显赫、备受尊重"[①] 却有待进一步的解释。雷蒙·阿隆在他回忆录的"结束语"中说："假设明天会有人不辞劳苦读我的文章，他所看到的将是我的分析、憧憬和疑虑，它们充斥着一个沉浸在历史当中的人的意识。"[②] 尽管波伏瓦在政治思考上的声名不如雷蒙·阿隆，但她确实也细致地展现了她"沉浸在历史当中的人的意识"。也许这是《事物的力量》不够完美，却仍然值得我们深入探讨的地方。

二、沉重的"历史感"

尽管所述内容十分庞杂，但我们还是可以从《事物的力量》中提取出一个主题词——"历史"。上一部作品中，这个词主要被波伏瓦用作了对唯我论或个人主义的超越。她并不准备接受黑格尔消弭了个人主体性的历史概念，但不期而来的战争使她转

---

① 托尼·朱特：《未竟的往昔：法国知识分子，1944—1956》，李岚译，北京：中信出版社，2016 年版，第 5 页。

② 转引自让 - 弗朗索瓦·西里奈利：《20 世纪的两位知识分子：萨特与阿隆》，南京：江苏人民出版社，陈伟译，2001 年版，第 7 页。也可见雷蒙·阿隆：《雷蒙·阿隆回忆录——五十年的政治思考》，北京：生活·读书·新知三联书店，刘燕清等译，1992 年版，933 页。这个版本将这句话译为："假定有哪个人愿意在明天拜读我下面的笔录，那么他就会从中找到历史遗留在一个人的脑子里的全部分析、愿望和疑虑。"

而相信，每一个选择真实地面对生活的人都应该首先接受自己的"历史性"，即与他人共同分享着这个世界的既定事实。因此她不仅努力呈现自己的转变和"觉醒"，也向读者们道出了个人选择与群体命运之间的辩证关系，认为"一个社会是推崇自由还是甘受奴役，这决定了个人是像人群中的一个人一样活着还是像蚁穴中的一只蚂蚁那样活着……个人不能超然于他所处的社会，在容忍这个社会的同时，个人也影响社会，哪怕他的表现是无动于衷"[①]，并由此引出了知识分子"介入"社会的紧迫和必要。

《事物的力量》正是从《岁月的力量》所得到的"教训"开始了对战后生活的叙述，让此前还处于酝酿期的"介入"理念正式进入了实践的阶段。如果说，前一部作品中，外部历史事件常常以"背景乐"的方式出现在波伏瓦对私人生活不厌其烦的叙述中，在这里，事情却完全颠倒了过来。法国乃至世界政坛上的各大事件成了叙事的"主旋律"，与之相"应和"的是波伏瓦与她的同伴们对这些事件的思考、争论、行动。读者们会感觉到，这些曾经沉迷于自我小世界的资产阶级知识分子，已然成为战后世界的"急先锋"和"领路人"：创办《现代》杂志，以一系列的小说、戏剧、演讲发动"存在主义攻势"，拒绝在宽恕巴西拉奇的请愿书上签字，受邀访问各国、接触当地的左翼力量，就东欧的一系列事件发表看法，去苏联参加会议，为阿尔及利亚解放发声，参加反戴高乐的游行……一切似乎都在一种笃定的、迫切的、爱憎分明的语气中被道出。正如波伏瓦一开始就强调的，"政治已经变成一

[①] 西蒙娜·德·波伏瓦：《波伏瓦回忆录第二卷：岁月的力量（二）》，北京：作家出版社，黄荭译，2012年版，103页。

种家庭事务，我们希望参与其中"①。波伏瓦似乎不仅以"局内人"的视角为"历史"补充私人化的细节，也成为了一个试图将全部的思考、情绪、对个人命运的感受都投入"历史"裹挟中的"局内人"。

我们还可以发现，"历史"不仅体现为积极的介入，也意味着视野的转向——对自身以外的"他人"的关注。这里的"他人"既是指政治层面的、与特权阶级对立的弱势群体，比如无产阶级、女性群体；也包含地缘政治意义上的，与西方资本主义世界相区别的，比如苏联、南斯拉夫、古巴、中国、捷克斯洛伐克、越南、阿尔及利亚等国家的情况。波伏瓦不断强调法兰西已经不是"历史的主体"——"只是历史的一个客体了"②，取而代之的是那些正在进行激烈变革、希望摆脱奴役、建立新的秩序的国家，而她也愿意参与其中——"尽管我对他们的斗争的贡献微不足道，但我的这点点贡献让我感到自己还是对历史起了点作用。我虽然没有同'小世界'（即'社交界'）有什么联系，但我却同整个世界有所联系。"③因此，《事物的力量》让人感觉到，随着她在这一时期里的高频率出访，政治和地理的空间在波伏瓦的笔下倏地展开，而她确实正试图理解着——尽管她常常感受到跨文化理解的阻碍——在他们的时代、世界所发生的一切变化，并尽量给予自己的同情和理解。这种努力突破自己、向"他人"开放的

---

① 西蒙娜·德·波伏瓦：《波伏瓦回忆录第三卷：事物的力量（一）》，陈筱卿译，北京：作家出版社，2012年版，第4页。

② 西蒙娜·德·波伏瓦：《波伏瓦回忆录第三卷：事物的力量（二）》，陈筱卿译，北京：作家出版社，2013年版，第317页。

③ 西蒙娜·德·波伏瓦：《波伏瓦回忆录第三卷：事物的力量（二）》，陈筱卿译，北京：作家出版社，2013年版，第346页。

态度，部分解释了为什么莎拉·贝克韦尔在《存在主义咖啡馆：自由、存在和杏子鸡尾酒》一书中会把波伏瓦称为"大师级的事物惊奇者"[①]。并且，当波伏瓦把"他人"的事业纳入自己思考、行动的范围，她也重新定义了她在《端方淑女》中就开始着力呈现的"反叛"精神，只不过现在她不仅针对自己所处的阶级、性别，也针对自己所属的国家。奠边府战役后，她写道："我平生第一次突然有一种不祥之感袭上心头：我感到自己与我的众多的同胞将彻底地割裂开来。""奠边府陷落之后，我明白了越盟实际上已经获得了独立，我对此非常高兴。几年来，我一直对法国政府抱有敌意，但是，我还从未像今天这样为它的失败而欢欣鼓舞过。"[②] 在《写作对抗死亡：西蒙娜·德·波伏瓦的自传》中，苏珊·班布里格就指出，波伏瓦不仅把其他人的斗争当作自己的斗争来对待，也将自己塑造成了法国殖民历史的疏远的参与者[③]。

三、立场高于真相

在波伏瓦的一系列回忆录中，《事物的力量》可以说是讨论得较少的一部。不过这个"较少"是相对于"波伏瓦研究"来说的——这个领域的学者似乎更青睐《端方淑女》《岁月的力量》这两部集中展现家庭、爱情主题的作品，对涉及大量历史信息的《事物的力量》则有所忽视。相关的讨论往往是从与波伏瓦性别

---

① 莎拉·贝克韦尔：《存在主义咖啡馆：自由、存在和杏子鸡尾酒》，沈敏一译，北京：北京联合出版公司，2017 年版，第 154 页。
② 西蒙娜·德·波伏瓦：《波伏瓦回忆录第三卷：事物的力量（二）》，陈筱卿译，北京：作家出版社，2013 年版，第 23 页。
③ Bainbrigge, Susan. *Writing Against Death: The Autobiographies of Simone de Beauvoir.* Amsterdam: Rodopi, 2005, p.109.

理论密切的"他者"理论展开的。但在这一理论的约束中，波伏瓦作为女性历史见证者的角色被突出，而她对社会边缘群体以及对世界范围内的反殖民运动的关切则成了考虑的重点。人们似乎只要知道波伏瓦在关心历史、"介入"历史、书写历史就已经足够了。"波伏瓦政治介入的确切性质以及她的叙述的历史真实性并不是本研究的重点"[①]，苏珊·班布里格在她对《事物的力量》的研究中这样说。她的"声明"具有一定的代表性。

但我们一旦步入对波伏瓦"政治介入的确切性质以及她的叙述的历史真实性"的讨论，就能感觉到她的写作其实出现了很大的问题。当波伏瓦满怀热情地宣布："现在，我明白我的命运是与所有的人的命运联系在一起的；人们的自由、压抑、幸福和痛苦是与我密切相关的"[②]，我们很难质疑她在那一刻的真诚，但当她开始发表她对这些与她"密切相关"的"他人"的"高见"时，我们却不无遗憾地看到，她对"他人"所抱有的理解可能并不比战前更为高明。托尼·朱特曾指出，波伏瓦的回忆录"缺乏心理学洞见"[③]，笔者要说明的是，这个问题与她教条的、立场先行的政治观密切联系。从 1944 年开始，苏联在东欧各国开展了一系列的"夺权"活动，保加利亚农业民族联盟的领导人佩特科夫（Nikola Dimitrov Petkov）在战后不久就遭到审判和处决。1947 年，当冷战拉开序幕，苏联立即成立情报局，强制在东欧移植"苏联模

---

① Bainbrigge, Susan. *Writing Against Death: The Autobiographies of Simone de Beauvoir*. Amsterdam: Rodopi, 2005, p.109.

② 西蒙娜·德·波伏瓦：《波伏瓦回忆录第三卷：事物的力量（一）》，陈筱卿译，北京：作家出版社，2012 年版，第 4 页。

③ 托尼·朱特：《未竟的往昔：法国知识分子，1944—1956》，李岚译，北京：中信出版社，2016 年版，第 444 页。

式"，掀起东欧斯大林主义化的运动。不仅是非共产党人士，持不同政见的共产党人也在这一场运动中遭到"清洗"。匈牙利的拉斯洛·拉杰克（László Rajk）、捷克斯洛伐克的鲁道夫·斯兰斯基（Rudolf Slánský）、波兰的瓦迪斯瓦夫·哥穆尔卡（Władysław Gomułka）[①]等一大批原在本国共产党内部享有权威的人物都成为政治迫害的牺牲品。血腥与恐怖弥漫在东欧大地上。用中国学者金雁的话来说，"案件之多、涉及人数之广，以至于使苏联内务部的官员超负荷运转到国内无人的地步"[②]。

在法国，东欧发生的一切并非不为知识分子们所知。就在这些"审判秀"如火如荼之际，维克托·克拉维钦科（Victor Kravchenko）和戴维·胡塞（David Rousset）发起的著名控诉，更是将苏联劳动营的存在推到了法国舆论的风口浪尖。1950 年 1 月，《现代》首次发表文章评论了劳动营问题。曾在一系列文章中猛烈批判科斯特勒《正午的黑暗》的莫里斯·梅洛 - 庞蒂在这里也不得不承认，尽管出于生产资料国有化和结束私人剥削的目的，但当人们面对庞大的劳改人员数目时，"我们还有什么理由说是在谈论社会主义？"[③]波伏瓦也把这一事件写进了当时正在创作的小说《名士风流》中，只不过在时间顺序上进行了一些变动。

波伏瓦的政治倾向在回忆录中体现得很明确。首先，对于在东欧发生的斯大林主义化运动，她谈得很少，斯兰斯基等人的名字仅仅被提了一笔。对苏联劳动营，她有所批评，质问："苏联及

---

① 不过对他的审判没有被执行。

② 金雁：《从"东欧"到"新欧洲"：20 年转轨再回首》，北京：北京大学出版社，第 134 页。

③ 托尼·朱特：《未竟的往昔：法国知识分子，1944—1956》，李岚译，北京：中信出版社，2016 年版，第 151 页。

其人民民主还有资格被称为社会主义国家吗？"但她对资产阶级的批评更猛烈。克拉维钦科和戴维·胡塞被她视为图谋不轨的骗子和反美人士。她写道：

> 资产阶级对塞提夫的四万人的被害，对马尔加什的八万人被屠杀，对阿尔及利亚的饥饿贫困，对印度支那被焚毁的村庄，对囚于集中营里垂死的希腊人，对被佛朗哥枪杀的西班牙人，完全无动于衷；而听说苏联囚犯们的悲惨状况时却突然良心发现，义愤填膺。其实，他们是感到心安理得了，仿佛殖民主义的种种罪恶和资本主义的剥削压迫因西伯利亚的集中营而被一笔勾销了。至于胡塞，他因此而弄到了一份差事。[1]

不难发现，波伏瓦把问题置换了：对苏联劳动营发表看法成了"反美"还是"反苏"、"社会主义"还是"资本主义"的有关政治立场的较量。托尼·朱特认为萨特1949年末与胡塞的决裂"至少证明了萨特并没有从这一事件中学到什么"[2]。对波伏瓦来说，事情也是一样的。

如果政治仅仅只是一个"站队"的问题，那么在萨特和戴维·胡塞、阿尔特曼创建的"第三条道路"共和左翼联盟失败、美国轰炸朝鲜、美国授意法国继续印度支那战争、法国政府镇压共产党游行示威等一系列事件发生后，我们大概也能理解为什么1952年，当他们的同伴纷纷与苏共划清界限时，曾激烈批评法国

---

① 西蒙娜·德·波伏瓦：《波伏瓦回忆录第三卷：事物的力量（一）》，陈筱卿译，北京：作家出版社，2012年版，第196页。
② 托尼·朱特：《未竟的往昔：法国知识分子，1944—1956》，李岚译，北京：中信出版社，2016年版，第152页。

共产党的萨特和波伏瓦反而转向了苏联。这里，"历史"似乎又被赋予了新的含义——它成了一种确切的政治立场。

笔者想要讨论的，并非波伏瓦政治上的简单站队，而是她由于过分执着立场之争，把回忆录的写作变成了大字报的张贴。她的这一倾向在批判加缪时表现得尤为明显（着重号为笔者所加）：

> 加缪是个理想主义者、伦理主义者，他反对共产党人；他虽然有的时候会屈从于历史，但他会很快地摆脱历史；他同情人们的痛苦不幸，但他只是把责任归咎于大自然。而萨特则从1940年起便致力于抨击理想主义了，他在努力摆脱固有的个人主义立场，面对历史；他靠近马克思主义，希望同共产党人结为盟友。加缪则在为一些伟大的原则而奋斗，因此他便被加里－戴维斯的妖雾所迷惑；他一般来说不愿参加萨特所投身的那些明确的行动。当萨特相信社会主义的真理时，加缪则越来越坚决捍卫资产阶级价值观；《叛逆者》中就表现了他的这种结合。由于在两大阵营之间，保持中立最终是不可能的，萨特便靠近了苏联；加缪憎恶苏联，他尽管不喜欢美国，但实际上却站到美国一边去了。①

波伏瓦在这里显现出了她激进的、非此即彼的论辩风格。她对自己的这一倾向亦有所自觉，并竭力为之辩护："有些人跟我说，一般来说，在我的所有论文中，语气总是太绝对，如果口气婉转一些，反倒更能说服人。我不相信他们的这种看法。假若想要弄破一只大气球，那就不能去拍它，而是应该用指甲去戳破它。当我认为真理在自己这一边时，我就不会细声细气地打动别

---

① 西蒙娜·德·波伏瓦：《波伏瓦回忆录第三卷：事物的力量（一）》，陈筱卿译，北京：作家出版社，2012年版，第249—250页。

人。不过，在我的每一本小说中，我却是十分注意细腻和隐晦的。"①问题在于，"认为真理在自己这一边"和真的拥有"真理"毕竟是两回事——前者更多的是一种居高临下的优越感，甚至会演变为对他人的"党同伐异"。

如果说，《名士风流》中波伏瓦对迪布勒伊和亨利这两个角色的塑造和对比，还有很多模棱两可的解释空间，在《事物的力量》中，她对萨特和加缪具有倾向性的描写便展露无遗了。也许事情正如《加缪传》的作者洛特曼所说的："波伏瓦在回忆录中对加缪的议论也并非都是刻薄的，读者也能从中感受到一点柔情"②，但这并不代表着波伏瓦对加缪的描述是公正的。回忆录容纳"八卦"的先天优势，也让文人们的私交成了一种极具杀伤力的武器。在《加缪和萨特：一段传奇友谊及其崩解》一书中，美国学者罗纳德·阿隆森就指出，由于"波伏瓦不只是加缪—萨特关系的旁观者，而是一个对加缪有着私人感情的深陷其中的第三方"③，所以她的回忆不免"因其党派性和失望情绪"④而有失公允。阿隆森还进一步分析，在"波伏瓦的叙说中见不到两位伟大知识分子有很

---

① 西蒙娜·德·波伏瓦：《波伏瓦回忆录第三卷：事物的力量（二）》，陈筱卿译，北京：作家出版社，2013年版，第37页。
② 不过洛特曼总体上还是认为，波伏瓦确实在回忆录中"刻薄地议论加缪"，而且有时候是"因恼恨所致"——她明显对加缪有兴趣，但加缪却告诉一位朋友，他故意与她保持一定距离，因为担心她上床后，会变得非常啰唆。参见赫伯特·R·洛特曼：《加缪传》，肖云上、陈良明、钱培鑫等译，南京：南京大学出版社，2018年版，第487页。
③ 罗纳德·安隆森：《加缪和萨特：一段传奇友谊及其崩解》，章乐天译，上海：华东师范大学出版社，2005年版，第17页。
④ 罗纳德·安隆森：《加缪和萨特：一段传奇友谊及其崩解》，章乐天译，上海：华东师范大学出版社，2005年版，第18页。

多思想交流"①，她试图描绘的是"与一个懒散、单纯的乡下人之间其乐融融而又漫不经心的友谊"，但她又"太在意他的观点、政治和个人的成长，从而无法用放松的姿态谈论他"，她"把加缪的自信误解为狂妄自大"，"又发牢骚说加缪待她粗鲁不耐烦"。②不得不说，他的观察是非常准确的。

波伏瓦不太谈论他们在苏联问题上的分歧，反而把笔墨集中在加缪在阿尔及利亚问题上的态度——"加缪在要求'可怜可怜平民百姓吧'的时候，他的话是再空洞不过的了"③，"加缪当年非常憎恶苏联的劳动营，憎恶法国的无产阶级对此不闻不问、漠然置之，可是他现在一句反对的话都不说了"④。

与对加缪"有失公允"的描述相对的，是她对萨特"伟人化"的倾向。也许托德对《名士风流》的感觉移植到《事物的力量》中更为合适，因为在这里，萨特真的被塑造成了一个太阳般的角色——"每当听见他在大庭广众中讲话时，我总不免会十分激动，想必是因为这些专心听讲的听众与我们之间所存在的距离所致吧。话语从他口中轻松自如地传到听众们的耳朵里，但是我每每会产生一种不可靠的奇迹的感觉。他把不敢前来维也纳参会的左

---

① 罗纳德·安隆森：《加缪和萨特：一段传奇友谊及其崩解》，章乐天译，上海：华东师范大学出版社，2005 年版，第 20 页。
② 罗纳德·安隆森：《加缪和萨特：一段传奇友谊及其崩解》，章乐天译，上海：华东师范大学出版社，2005 年版，第 17 页。
③ 西蒙娜·德·波伏瓦：《波伏瓦回忆录第三卷：事物的力量（二）》，陈筱卿译，北京：作家出版社，2013 年版，第 59 页。
④ 西蒙娜·德·波伏瓦：《波伏瓦回忆录第三卷：事物的力量（二）》，陈筱卿译，北京：作家出版社，2013 年版，第 174 页。

派人士狠狠地挖苦了一通，听众们听了十分过瘾"①——即便他们
当时在生活中已经有些疏远了。

波伏瓦对其他的"政敌"更加没有手下留情。达妮埃尔·萨
乐娜芙在《战斗的海狸》中就指出，她总是用"稍带讽刺和冷漠
的语气"来描述"与他们断交的人"，比如凯斯特勒——"海狸以
她惯有的迅疾用几页纸编织成密集的信息网，其间夹杂她的评
论……凯斯特勒变成英国情报研究局和美国中央情报局的特工或
宣传者"②。也许这个没有被她公平对待的名单中还应该加上与她
素未谋面的苏联作家帕斯捷尔纳克。1958 年，瑞典文学院宣布将
诺贝尔文学奖授予帕斯捷尔纳克，表彰他在"当代抒情诗创作和
继承发扬俄罗斯伟大叙事文学传统方面所取得的主要成就"，而
这个"主要成就"，指的是他创作于 1944-1945 年的小说《日瓦戈
医生》。但这部获奖作品的命运极为坎坷：帕斯捷尔纳克先将它
寄给了莫斯科《新世界》杂志，但因"作品中形形色色的叛逆思
想"以及"种种个人主义倾向"③，遭到退稿。意大利共产党员、出
版商费里蒂涅里设法获得原稿，并顶住了苏共和意共的施压，甚
至以退出意共的代价坚持出版了这本书④。1958 年，苏联作协访
问瑞典，获知帕斯捷尔纳克可能因该书获奖后，竟然写电报给苏

---

① 西蒙娜·德·波伏瓦：《波伏瓦回忆录第三卷：事物的力量（二）》，陈筱卿译，北
京：作家出版社，2013 年版，第 11 页。

② 达妮埃尔·萨乐娜芙：《战斗的海狸：西蒙娜·德·波伏瓦评传》，黄荭、沈珂、曹冬
雪译，北京：作家出版社，2009 年版，第 222 页。

③ 德·贝科夫：《帕斯捷尔纳克传》，王嘎译，北京：人民文学出版社，2016 年版，
第 859 页。帕斯捷尔纳克获得诺贝尔文学奖后，苏联的《文学报》立刻刊登了《新世
界》的退稿信。

④ 参见德·贝科夫：《帕斯捷尔纳克传》，王嘎译，北京：人民文学出版社，2016 年
版，第 841—844 页。

联驻瑞典大使，力推另一竞争者肖洛霍夫，称"帕斯捷尔纳克作为一个文学家，并未获得苏联作家和其他国家进步文学家们的认可"[1]。他们的干预失败以后，获奖的帕斯捷尔纳克遭受了国内舆论的猛烈攻击，不仅被开除出苏联作协，甚至被威胁驱逐出境、开除国籍。在这样的重压下，作家只得致电瑞典文学院，拒领诺贝尔文学奖。1960 年，作家由于癌症和精神抑郁，孤独地在莫斯科郊外的寓所逝世。他的情人伊文斯卡娅和她与前夫的女儿在他去世后不久便遭到当局逮捕。直到 1986 年，苏联作家协会才正式为帕斯捷尔纳克恢复名誉。1989 年，其子叶夫根尼·帕斯捷尔纳克代领了诺贝尔文学奖。

帕斯捷尔纳克离世那年，正是波伏瓦开始创作《事物的力量》之时。在这本书里，她曾两次提到这位苏联作家。第一次，是她谈到"资产阶级的反苏态度"时，以帕斯捷尔纳克的遭遇举例：

帕斯捷尔纳克事件是一个天赐良机。确实，苏联作家协会指斥并开除帕斯捷尔纳克尽显其笨拙之手法和宗教主义之嘴脸。不过最后，还是让他平静地在他的小木屋里生活下去；可瑞典的科学院＊院士们却将他的奖授予一部背离共产主义并视之为反革命的俄国小说，这无疑是对苏联的一种挑衅：他们迫使一直睁一只眼闭一只眼的苏联作协进行干预。帕斯捷尔纳克是一位伟大的诗人，但是我却未能读完他的《日瓦戈医生》。作者笔下的世界让我一头雾水，他对之明显地在装聋作哑，自己也懵懵懂懂，深陷于

---

① 德·贝科夫：《帕斯捷尔纳克传》，王嘎译，北京：人民文学出版社，2016 年版，第 865—866 页。

这个浓雾之中。①

第二次，是她回忆自己 1962 年访问苏联的情况，"顺带"提及了这位作家：

> 当我们坐进从苏联作家联盟那儿借用的小轿车去拜访费定时，司机将车停在一幢绿树环绕的房屋前，然后，虔诚地说道："这是帕斯捷尔纳克的别墅！*"即使官方人士也不再抨击他了。他从前的女友被关进劳动营，是因为她倒卖外汇。②

不难看出，波伏瓦的批评对象其实有二：一是以瑞典文学院院士为代表的具有反苏、反共倾向的资产阶级阵营。她指责他们颁诺贝尔文学奖给帕斯捷尔纳克纯粹是包藏祸心、激化矛盾的政治行为。二是作家帕斯捷尔纳克本人。她不仅认为帕斯捷尔纳克的获奖作品《日瓦戈医生》名不副实，还暗示作家被迫害的形象多少可疑。如果说，波伏瓦对前者的批评尚属于公共政治的范畴，其推测也并非没有合理性，但她对后者的讽刺，指向的却是私人生活的领域，且缺少切实、有说服力的依据。比如，在被迫放弃诺贝尔文学奖并写下悔过书后，帕斯捷尔纳克真的能"平静地在他的小木屋里生活下去"吗？作家的女友因倒卖外汇而被捕，

---

① 西蒙娜·德·波伏瓦：《波伏瓦回忆录第三卷：事物的力量（二）》，陈筱卿译，北京：作家出版社，2013 年版，第 176 页。*处应为文学院。
② 西蒙娜·德·波伏瓦：《波伏瓦回忆录第三卷：事物的力量（二）》，陈筱卿译，北京：作家出版社，2013 年版，第 326 页。*译文中的"别墅"一词对应的法语原文是"la datcha"一词，专指俄罗斯城郊的别墅，或乡间宅邸。

这一说法又真的成立吗？① 笔者认为，问题的关键不在于波伏瓦接受或选择了怎样的"真相"，而是在于她其实并不关心在帕斯捷尔纳克以及他的爱人、家人身上究竟发生了什么。她在谈帕斯捷尔纳克的时候表现得疏离而傲慢，轻易地使用捕风捉影的材料而不对其中的人情冷暖细加审辨，将"个人"与"阵营"等同视之。这是她激进而教条的政治视角所带来的必然结果。

总而言之，无论波伏瓦如何努力复原她感受到、经历着的历史，必须承认的是，历史与文学的交融之处却正是在于"生命那伟大的真实"②，而历史的真正诗性也正是诞生于对历史中的具体的人的命运的体贴。遗憾的是，在《事物的力量》中，事情却很明显：立场高于真相，一切都可以被归结为党派之争。读者几乎看不到作者对个体命运有任何理解或同情，看到的除了立场还是立场。

第五节　别样的生命力：论《清算已毕》

出版于 1972 年的《清算已毕》是波伏瓦最后一卷回忆录。不同于前期作品的"编年体"叙事，波伏瓦在这里采用了一种类似

---

① 根据传记作家德·贝科夫的说法，1949 年，苏联当局为了阻止作家创作《日瓦戈医生》，已经将伊文斯卡娅投入过一次监狱，并致使她流产。逮捕伊文斯卡娅的理由是她卷入了《星火》杂志一名主编的财务诈骗案，但执行逮捕时依照的是"恶意散布与煽动推翻、分裂及削弱苏维埃联盟的言论"，对她的审讯也主要围绕着帕斯捷尔纳克展开。帕斯捷尔纳克去世后，伊文斯卡娅再次被指控犯有"走私罪"并遭到逮捕，不过"这场变故原因何在，母女俩无论当时还是后来都没弄明白。"参见德·贝科夫：《帕斯捷尔纳克传（全 2 册）》，王嘎译，北京：人民文学出版社，2016 年版，第 984 页。
② 徐岱、范昀：《文学书写与历史记忆——当代中国小说个案批评三例》，《浙江大学学报（人文社会科学版）》，2007 年第 3 期，第 110 页。

于"纪事本末体"的组织方式，在不同的主题之下，如读书、写作、旅行等，整合自己既有的经验。我们因此看到对她整个人生的回顾和总结，也得以了解她自1963年以来的生活中出现的新情况。

这种叙事结构的变化首先与波伏瓦进入"耳顺之年"的时间感觉有关。在这部书的序言中，她就指出，一方面，"过去、现代和未来三者之间不可摆脱地牢牢交织在一起"，仅仅遵照时间顺序的叙事，会丢失事件与事件之间的呼应关系，"不能还我过去的岁月以其三维本来面目：它们被生活驱赶，缺乏生机，隔绝于它们的前因后果之外，沦为永无止境的平面的现在"；另一方面，她叙述的从1963年到1972年的生活，也已经不再像往日那样让她感到"在向一个有目标的方向前进"，更不再会影响她的立场和想法。因此她认为"现在我不必把岁月的行程作为指南"，而是"依照这个行程的顺序"，"围绕着某些话题来整理我的回忆录"。①

波伏瓦在回忆录写法上的巨大改变，让一些批评家感到无所适从。陶丽·莫阿就将《清算已毕》称为没有生命力的"自传的鬼魂"，认为它"仅仅是官方的事件的年表，而不是对存在经验的探索"。② 但事实上，这种看似缺乏生命力的组织方式，恰恰表明了波伏瓦回忆录创作的观念与实践的不断推进。因为她试图解决的正是在《岁月的力量》以及《事物的力量》中日益凸显的、一

① 西蒙娜·德·波伏瓦：《西蒙·波娃回忆录第四卷：清算已毕（序）》，陈标阳、高兴华等译，南京：江苏文艺出版社，1992年版，第2页。
② Moi, Toril. *Simone de Beauvoir: The Making of an Intellectual Woman*. Oxford:Oxford University Press, 2008, p.304.

种向历史和他人开放的愿望与她一直无法放下的个人中心主义的
矛盾，一种试图融合公共生活与私人世界、事实上却只是进行了
不伦不类的混淆的创作缺陷。随着波伏瓦越来越多地参与她的时
代，对这一矛盾的克服也越来越显示出其必要性。

其实，在《事物的力量》中，我们已然看到波伏瓦受到了她
的线性叙事方法的约束。因为，当她准备讲述自己的巴西之旅
时，她不得不事先做出了这样一番声明：

> 这次巴西之行只有两个月。如果我详细地叙述这趟旅行的
> 话，人们想必会责怪我让叙述不连贯了。但是，巴西是那么的迷
> 人，而又很少为法国人所了解，所以我如果不完整地让我的读者
> 们分享我在那儿的经历的话，我会感到遗憾：如果我的叙述有什
> 么地方令读者们厌烦的话，请随时跳过去就是了。[1]

《事物的力量》写于《清算已毕》之前的十年。必须承认的一
个事实是，当时的波伏瓦尚有余力去创作一些单行本的游记，比
如她的《美国纪行》和《长征：中国纪行》，这在很大程度上缓解
了她在回忆录的叙事安排上的焦虑。但在写《清算已毕》的20世
纪70年代，她只可能在有限的腾挪空间中表达出体量越来越大
的社会内容。对各个事件的分开讨论，可能是一个行之有效的方
法。她可以完全把目光集中到自己的人生，从容地反思自己生活
中的偶然性与必然性，为曾经在她生命中占据重要地位的一些人
写下结局，也可以细致地讲述自己这段时间里读书、观影、看展
览的感受，甚至是做过的一个个意味深长的梦。同时，当她不再

---

[1]　西蒙娜·德·波伏瓦：《波伏瓦回忆录第三卷：事物的力量（一）》，陈筱卿译，北
京：作家出版社，2012年版，第219页。

让公共观察与自传倾向纠缠在一起，她也可以使她比较擅长的理性思维与日益增强的观察能力得到尽情的展现。

我们看到，就像她曾经谈论中国、美国那样，波伏瓦在这里详细地讨论了她在这十年间的旅行见闻，游刃有余地讲述了各个国家、城市的历史文化与当下各个方面的情况和自己的独特观察。由于她介于官方与普通大众之间的独特视角，读者们也得以了解到关于 20 世纪 60 年代的世界的丰富信息。比如她和萨特曾在那一时期频繁到访苏联，她的回忆录就比较敏锐地反映了那一时期苏联在政治、文化生活上的动向——尤其是文化解冻的开始及其失败的情况；她还曾一一到访苏联的各个加盟共和国，比如立陶宛、格鲁吉亚、亚美尼亚等，感受它们不同的自然和人文风貌，本民族传统和苏联意识形态的影响。如果说，她在《事物的力量》中穿插的一些东欧游记并不能让人满意，她的南斯拉夫之行更多地建立在一个西方左翼对社会主义国家的美好想象，而不是对南斯拉夫真实情况的洞察之上 ①，那么她在《清算已毕》中则做出了改变，展现了她对苏联及东欧国家广泛而深入的了解。跟随她的脚步，我们看到格鲁吉亚的食品短缺——"肉铺子前排着

---

① 波伏瓦这样记叙她 1953 年的南斯拉夫见闻："我生平第一次没有见到奢侈与贫穷并存的现象，我所见到的人，没有一个盛气凌人或妄自菲薄，人人都很有自尊，对于我们这些外国人，全都和蔼诚挚；人们会要求我们帮助，也给我们帮助，但态度都同样十分自然。"参见西蒙娜·德·波伏瓦：《波伏瓦回忆录第三卷：事物的力量（二）》，陈筱卿译，北京：作家出版社，2013 年版，第 15 页。萨乐娜芙指出，波伏瓦在 1954 年 "铁幕" 之行中仅仅表达了一个西方人的好奇。参见达妮埃尔·萨乐娜芙：《战斗的海狸：西蒙娜·德·波伏瓦评传》，北京：作家出版社，黄荭、沈珂、曹冬雪译，2009 年版，第 232 页。

长队，家庭主妇们骂骂咧咧，一连两三天买不到面包"①，亚美尼亚的大型灌溉计划和半基督教、半异教的仪式，莫斯科的反犹太倾向，对外国人的敌意，塔林咖啡店里的澳大利亚招贴画，雅尔塔的公园，敖德萨的石阶，1963 年布拉格街头的清新风貌……她通过自己的回忆录为那个时代保留了许多珍贵而生动的细节，也正是这些细节使后来的读者得以真切地感受到那些时时刻刻在变化的遥远世界所具有的生命力。在这些"游记"中，她也不再焦灼地摆弄她的"政治立场"，而是理性地对苏联社会发表评价。

波伏瓦还以"局内人"的视角详细讲述了她在罗素法庭的见闻、与中东各国政要及知识分子的交流、1968 年在"五月风暴"中的活动、与诸如《人民事业报》等左翼报刊的关系、与女权主义运动的联系等。时不时地，她还是要替萨特"发声"，强调他的政治观点的重要性，但更多地，她在谈自己的感受、见闻，描绘她所看到的世界与人物，展露出越加浓厚的对他人世界的兴趣。从这一点上看，陶丽·莫阿的评价是有问题的，回忆录的生命力或者说作家的"内在经验"并不在于作品的"自传性"，而应该在作者对于生命存在本身的关注，而在这里一点上，《清算已毕》并不比《事物的力量》逊色。

本章小结

以亲历者的视角书写所处时代与所属群体的历史是回忆录作者天然肩负的责任，波伏瓦的回忆录便充分体现了这位法国著

---

① 西蒙娜·德·波伏瓦：《西蒙·波娃回忆录第四卷：清算已毕》，陈标阳、高兴华等译，南京：江苏文艺出版社，1992 年版，第 336 页。

名女知识分子对 20 世纪诸多重大历史事件的见证与思考。值得注意的是，波伏瓦开始回忆录创作时恰逢多事之秋，赫鲁晓夫在"苏共二十大"上的讲话、苏联残酷镇压布达佩斯起义等一系列重大事件，震撼了欧洲，也扰乱了法国知识界。波伏瓦和萨特高调的政治立场也毫不意外地招致了同行们的批评和民众的孤立，甚至连人身安全也受到威胁。身处这样的被动局面，波伏瓦在回忆录中的历史书写就不可避免地带上了自我辩护的色彩。在她的四部回忆录中，自我辩护的色彩虽然贯穿始终，但细细比较，仍然有显隐轻重之别。为了清晰地追踪波伏瓦的历史"介入"对她的回忆录写作的影响，本章对她的四部回忆录进行逐一讨论。

　　本章首先指出，波伏瓦的第一部回忆录《端方淑女》主要叙述了她童年和青少年时期的私人故事，这看似与正在世界各地发生的大事件毫无关联。但笔者认为，波伏瓦并非单纯地"怀旧"，她写作的目的之一，乃是要从遥远的记忆中为自己当下的选择寻找某种必然性，借此间接而隐晦地表达自己在"危机"时刻的自信。本章以萨特的《词语》为镜鉴，对这一问题进行了详细的剖析。《词语》是萨特叙述其童年故事的作品。在这部作品中，萨特以反讽的方式回忆了自己早年的阶级优越感，指出自己的文学事业其实是建立在虚幻的阶级优越感的基础上的，从而表现出一种"悟已往之不谏""觉今是而昨非"的忏悔态度。与此形成鲜明对照的是，波伏瓦在回忆早年生活时，强调了自己对所处环境的抗拒和对资产阶级的疏离，她将写作视为一种对既定命运的反抗和经过了反复思虑的自由选择。虽然只是在叙述小波伏瓦的故事，但读者仿佛已经看见了一个激进的左翼女知识分子形象。萨特和波伏瓦的书写都是对他们当下选择的肯定，只不过波伏瓦采取的是"从正确走向正确"的正面进路而已。

其次，与《端方淑女》不同，波伏瓦的第二部回忆录《岁月的力量》透露出比较强烈的自我批判意识。她发现自己虽然一直憎恶资产阶级，却也一直承受着资产阶级潜移默化的影响。除了对"日用而不知"的反思之外，波伏瓦还颇为深刻地认识到个人意志至上的价值取向造成了她对他人和外部世界的漠视。这种漠视最极端的表现，便是当年对日益迫近的战争（即第二次世界大战）威胁不闻不问。然而和萨特一样，波伏瓦的自我否定不过是自我肯定的前奏。在全面检讨了二战爆发前自己的种种不是之后，波伏瓦笔锋一转，开始不遗余力地介绍二战对她和萨特的重大影响，即他们是如何摆脱虚幻的安全感和优越感，摒弃那种绝对的自由观念，正视"历史"和"他人"，由小资产阶级文人转变为"介入型"知识分子的。对这一转变的过分强调，意味着波伏瓦很难客观公正地叙述她和萨特在沦陷期的所作所为。而对自身形象（当然也包括萨特）的刻意美化，不仅极大地削弱了这部回忆录的史料价值，也使波伏瓦本人失去了真正地正视历史和继续深入反思的机会。

再次，如果说波伏瓦在《岁月的力量》中的自我辩护因为战时情况"说不清，道不明"而有所顾忌的话，那么她在第三部回忆录《事物的力量》里对战后历史的书写则给读者一种毫无保留甚至歇斯底里的感觉。波伏瓦对资产阶级持久而强烈的不满以及其他诸多因素很容易使她向苏联靠拢。当她终于彻底地站在了苏联一边的时候，她那本来就有些拙劣的政治判断力变得更加糟糕了。她相信劳动营的确存在，却把克拉维钦科视作骗子；她承认"苏联作家协会指斥并开除帕斯捷尔纳克尽显其笨拙之手法和宗

教主义之嘴脸"，却更担心这一事件会让"反苏""反共"的右翼
分子有机可乘。在这里，立场高于真相，以至于有取而代之的趋
势。将一切事情归结于党派之争的做法也进一步放大了波伏瓦极
端个人中心主义的性格缺陷。读者几乎看不到作者对个体命运有
任何理解或同情，看到的除了立场还是立场。

最后，波伏瓦在最后一部回忆录《清算已毕》中得以理性地
去看待过去发生以及正在发生的政治事件。她饶有兴致地记录自
己游历各国时所见的风土人情，从容不迫地评论政治人物，虽然
很难摆脱为自我辩护的倾向，但更多的是以"局内人"的身份冷
静地呈现。除苏联的因素外，"纪事本末体"式而非"编年体"式
的叙事框架也促使她对相关主题采取更加审慎的态度。

笔者认为，波伏瓦在历史书写中的成败得失，证明了回忆录
作者与所回忆的历史之间需要一定的"审美距离"，这就像历史研
究者与所研究的历史之间需要保持相当距离一样。在四部回忆录
中，《事物的力量》的写作与所述的历史在时间上最为接近，故
而波伏瓦很难客观理性地去看待自己深深"介入"的"当代史"，
正所谓"不识庐山真面目，只缘身在此山中"。而《端方淑女》
和《清算已毕》之所以相对成功，在很大程度上得益于"审美距
离"。毕竟，虽说为自己辩护是回忆录作者应有的权利，但让"法
官"——潜在的读者——认可的绝非那些雄辩滔滔的偏见。

结　语 | 波伏瓦回忆录的遗憾与成就

　　西蒙娜·德·波伏瓦是 20 世纪文化史上著名的女性之一。大部分人知道她，是因为她那部享誉全球的《第二性》，还有她和存在主义大师让 - 保罗·萨特之间的传奇爱情。不过人们可能有所不知，波伏瓦同样也是 20 世纪最重要的回忆录作家之一，她的四部（六卷）回忆录无论从规模还是从影响上来说，都可谓是巨大的。

　　本书的重点研究对象就是波伏瓦的这四部（六卷）回忆录，力图讨论它们的文学、美学价值，特殊的思想贡献和写作缺憾。本书首先指出的是，波伏瓦过于强大的哲学思维和作为知识精英的优越感，让她在通往优秀作家的道路上屡屡受挫。直到 20 世纪 50 年代，她才似乎找到了适合自己的文学项目——回忆录。

　　不过，她的这一文学尝试是否真的解决了她在文学探索中一直存在的困难，是否真正达到了她所预期的将个人生活与文学写作融为一体，完整地呈现生活的复杂性与偶然性，并与读者真诚沟通的创作理想？带着这些问题，本书结合回忆录文本和相关文献，重点聚焦她作品中的存在主义、女性主义思想和历史记忆问题，分别围绕着她对女性成长中的叛逆意识、母女关系、女性的爱情体验、对历史的介入这四个主题的书写展开了具体的讨论，并最终得出了如下的结论。

首先，笔者不无遗憾地表示，波伏瓦的回忆录仍然无法让她跻身一流作家的行列。诚然，相比小说而言，回忆录可能的确是一种更适合波伏瓦的文学体裁——它可以包容波伏瓦过于发达的哲学思维以及在虚构能力上的不足，满足她倾吐自我、认识自我、与读者分享个人经验的欲望，也支持她不断跨越文学边界，将小说、日记、游记、历史记录、新闻报道等多种体裁糅合在一起的尝试。但必须指出的是，真正好的写作永远也无法回避对人性的深刻洞察和对世界的透彻理解，永远需要建立在对他人的生活、思想、命运的真正关心之上。而波伏瓦实际上并没有克服她从文学创作之初就存在的缺少真正"共情能力"的问题，这让她和她的回忆录创作都给我们留下了深深的遗憾。

不可否认，波伏瓦其实早就意识到了自身的这个问题，也一直想在思想层面和写作实践中去努力克服它：从思想层面看，波伏瓦已经认识到个人意志至上的价值取向造成了她对他人和外部世界的漠视，因此她把由"自我"向"他人"的超越作为其存在主义伦理学的核心内涵，并通过各种"介入"行动积极地参与世界的历史进程；从写作上看，她经历了从小说到回忆录的文学探索之路，试图通过自己别具个性的视角，以更直接有效的方式"介入"社会和大众生活。在《岁月的力量》后的几部作品中，她努力呈现一种"历史感"，力图把对宏大时代的叙事与对个人生活的讲述结合起来，让"我"的声音与"我们"的话语交织在一起。但吊诡的是，就在波伏瓦似乎不无真诚也不无热情地拥抱"他人"之时，她笔下传达出的观点和流露出的情感却与真正的包容和理解相去甚远。

这个问题最突出地体现在波伏瓦对那些回忆的意义建构上。

她确实书写了自己的经验世界，然而这些经验都受到她的哲学体系的强力引导。她充满激情的话语风格和逻辑缜密的叙事结构，使她的人生故事和社会观察强有力地成为她的存在主义哲学、女性主义思想、左翼政治理念的最好证明；但一旦将视线从她的回忆录上移开，投向多种多样的背景材料，读者会发现她笔下的那些人物和事件实际上具有更加复杂和多元的面向，但这些可以真正形成"对话"的地方往往都被波伏瓦强大、顽固的思维框架驱逐了。她痛惜莎莎没有像她一样决绝地与家庭、与母亲划清界限，但她没有尝试去理解母性文化对莎莎人格之形成的正面力量；她在母亲临终的时候越发感受到对母亲的依恋，但她还是逐渐地将这些情感纳入到了自己作为左翼知识分子的价值体系之中；她认为自己一生最大的成功是与萨特的关系，但她在写出这种关系带给自己的自由时，却始终不愿意提及它对自己以及其他人造成的真正的伤害；在对待苏联的问题上，她和萨特都犯下了错误，但她在回望这一切的时候却坚持认为，为了表明立场，那些犹豫和错误都是无法避免的，然后她就像托尼·朱特说的，继续把她激进的革命精神灌注到反对殖民、反对性别压迫等无需复杂理解力的历史事件中。因此，她所谓的将自我融入历史，实际上只是拒绝承认公共生活与私人生活之间存在的界限，归根结底依旧是一种缺乏公共理性的表现。而她处处张扬的"反抗精神"，最终往往也演变为对"微观政治"这一概念的滥用——一次搬家、一次被禁足，都可以激起她对资产阶级父母的熊熊怒火，演变成对他人的"党同伐异"以及对自我优越感的确认，使她的历史书写更多地成为了一种自我辩解。

这一问题事实上也严重影响了她回忆录的文学和美学品质。

不难看出，在她的回忆录（尤以《事物的力量》为典型）中，波伏瓦越来越喜欢用"速写"或者说"主观纪录片"的方式描述事件的发生过程。但与其说这是一种谦卑的"历史观察者"的视角，或者说代表了一种符合存在主义哲学理念的表现形式，倒不如说是她缺少超越个人情感、在客观上把握事件的能力以及严重忽视读者接受心理所导致的结果。无论是人物塑造还是事件描写，她都习惯于以一种"集束炸弹"般的方式，抛出一些简要乃至抽象的信息点和自己的主观评价（往往从她二元对立的政治立场出发），而不是对叙述对象进行整体的和具体的把握，更不用说必要的反思、沉淀和心理学洞察了。这使得回忆录仿佛只是这位日益繁忙的女作家在各种政治活动和旅行间隙里记录的"流水账"，远离其写作语境的读者往往只能接收到一堆破碎而冗长的细节。波伏瓦以分享经验的方式与读者建立起兄弟情谊的美好愿望也因此大打折扣，她的"兄弟"可能会在阅读了几页纸后就选择了离她而去。

笔者认为，相比其他文学体裁，回忆录的美学价值更多体现于对"真"的追求。因为这种文体所承载的特殊内容使其天然地承担了记忆历史和道德示范的责任，具有强大的现实指向作用。它可以滋养人们的同理心，并在不同的读者之间激起共鸣，与此同时，却也很容易沦为权力话语的争夺场。因此，这里所说的"真"，并不仅仅是就历史意义而言的准确、客观、翔实，也并不仅仅是审美意义上的生动、形象、具有感染力，更包括了伦理意义上的真诚、反思、关心他人。可惜的是，与波伏瓦所声称的对他人的关心相反，她的回忆录最终展现的是一种极其强烈的自我肯定的欲望，以及对他人世界的真正冷漠。或许，波伏瓦的文学事业从她十五岁时幻想以"一本以我的生平滋养的作品"来"燃烧在千万人心中"时就已误入歧途，因为这意味着她将她的存在主义文学视为对个人存在感的证明。这既是她作为知识精英的失败之处，也是她无论是回忆录创作还是其他文学成就无法达到世界一流水准的根本原因。

不过，波伏瓦回忆录的价值也不应被过分低估。

首先，虽然波伏瓦过于发达的哲学思维或多或少地抑制了她在文学想象、共情等方面的能力，但不得不承认的是，她对文学写作的执着以及对自身的哲学化感知方式的坚持，确实也成就了这种别具一格的、将"存在哲学"与"文学存在"融合于一体的回忆录作品。她不仅大胆地尝试生活中的各种可能，在书写自己人生历程的精彩与独特时，也试图将这些个体经验融入某种知识和价值体系，从哲学家的视角来把握、叙述自己的生命故事。在她看似自然、流畅，最大程度地保留生活的偶然性的记忆叙事中，常常渗透着她对一些存在主义概念、思想的具体阐释。比如在《端方淑女》里，她就从自己童年、青少年时期的经验出发，生动而细致地展示了个体如何被他／她所处的环境所塑造，如何在既定的轨道中设计、规划自己的生活，如何在现实处境和个体自由的冲撞中进行选择的过程。而从《岁月的力量》开始，她又通过自己在爱情关系、社会历史事件（尤其是第二次世界大战）中的切身经验，反思了个体自由的有限性、自我与他人密不可分的关系等重要问题。波伏瓦的这种写法不仅使她的回忆录呈现出一种独特的智性魅力，也使她的哲学（主要是存在主义哲学）获得了具体的经验性支撑。更重要的是，通过回忆自己叛逆、前卫的一生，波伏瓦也现身说法地展现了存在主义如何引导我们走向更好的生活，鼓励读者像她一样勇敢地破除自我束缚的迷信、大胆地反叛既定的成见与规则，并对日常生活中的种种伪装保持警觉。可以说，虽然"存在主义"或者关于"存在"的哲学并不是波伏瓦（和萨特）的原创，但她却以自己的生命历程对其进行了阐释，并因此使之成为一种能够被普通大众广泛接受的、面向日常生活的哲学。

其次，尽管波伏瓦的写作风格与"离散、流动、非逻辑、自相矛盾，不断自我修正并拒绝被固定化"[1]的"女性话语"相距甚远，她的人生经历也没有涵盖女性主义理论重点关切的作为妻子和母亲的性别体验，但她的回忆录却依然体现着她对"身为女人"这一命运的真切关注，与她在《第二性》中提出的女性主义理论遥相呼应。她开放了自己的经验世界，将自己充满争议、颠覆传统的生活方式与人生故事展现在读者面前，为世界带来了一个自信而叛逆的女性文化偶像，激励更多的女性追求自由独立的生活。她以《第二性》作者、女性主义理论家的自觉，对普遍的女性处境进行了广泛而精彩的描述，并塑造了一些既具有独特个性又具有某种普遍性的女性形象，比如她的好友莎莎、她的母亲弗朗索瓦丝、奥尔加等等，从而强有力地印证了她的思想和理论。与此同时，她还特别关注女性文化在传统与现代之间的激烈转换，以及不同民族、国家、阶级、意识形态的女性在她那个时代的生活面貌。可以说，她的回忆录不仅是对局限于白人资产阶级女性经验的理论著作《第二性》的超越，也为日趋哲学化、抽象化，远离女性日常生活实践的女性主义理论提供了自我突破的

---

[1]　张宪军、赵毅:《简明中外文论辞典》，成都：巴蜀书社，2013年版，第398页。

参照。

　　最后要指出的是，波伏瓦回忆录最大的美学价值，就在于波伏瓦确实在其中展现出了一种无比强烈、无比严肃、无比饱含激情的生命意识。这虽然是她根深蒂固的自恋的一个面向，却也让读者感到，她的写作，最终来源于对占有生命每一个时刻的渴望。波伏瓦不仅对生活严阵以待，勇猛、大胆地尝试各种前卫、充满争议的人生可能，事实上也将自己的人生当作了真正的艺术作品，相信并塑造着自己非凡的命运。因此，她的回忆录不仅是对她一生的各种细碎回忆的详尽陈列，也是对她种种珍贵的、具有灵性和诗意的生命意识的悉心保存。换一个角度说，她激越的甚至是声嘶力竭的话语风格，其实是一种生命激情和审美力量的具体展现。这也是为什么她的回忆录创作尽管有各种各样的缺陷，却依然能深深地打动不同时期的读者的原因。

附录：波伏瓦年表 ①

1908—1930 年

- 1908 年 1 月 9 日，西蒙娜 - 露西 - 埃内斯蒂娜 - 玛丽·贝特朗·德·波伏瓦出生于法国巴黎。

- 1910 年 6 月 6 日，妹妹亨丽埃特 - 埃莱娜·德·波伏瓦出生。

- 1913 年 10 月，进入阿德琳娜·德西尔学校的"零起点班"。这所学校创立于 1853 年，专门招收年轻女孩。

- 1915 年，开始写小说，创作了《玛格丽特的不幸》和《笨蛋一家》。

- 1918 年 10 月，新学期开始时，认识了伊丽莎白·拉库安，即莎莎。

- 1919 年，外公古斯塔夫·布拉瑟尔和波伏瓦的父亲乔治·德·波伏瓦共同经营的鞋厂第二次破产，波伏瓦一家陷入了贫困，被迫从蒙帕纳斯 103 号的体面公寓搬到了雷恩街 71 号一栋阴暗、狭窄、不带电梯的楼房的第五层。

- 1925 年，以"良好"通过拉丁语文学的中学毕业会考（获拉

---

① 根据波伏瓦的《端方淑女》《岁月的力量》《事物的力量》《清算已毕》等多卷回忆录、《波伏娃：激荡的一生》等相关传记作品，并参考 *Les écrits de Simone de Beauvoir: La vie-L'écriture, avec en appendice Textes inédits ou retrouvés* 中的年表进行编制。

丁 - 文学业士学位），以"优秀"通过基础数学中学毕业会考（获初等数学业士学位）。在天主教学院注册，攻读数学学士学位，在纳伊的圣玛丽学院旁听文学学士课程。

- 1926 年，先以"优良"评语拿到了文学学位证书，继而又拿到了普通数学和拉丁语毕业证书。在梅西耶小姐建议下准备攻读哲学学位并考取大中学教师资格证。加入了罗伯尔·加利克的"社会团队"组织，在美丽城给一些年轻女工辅导文学课程。

- 1927 年 6 月，以"优良"的成绩获得普通哲学学位证书。在本次考试中位列前三名的分别是西蒙娜·韦伊、波伏瓦、莫里斯·梅洛 - 庞蒂。这一年，波伏瓦与梅洛 - 庞蒂关系密切并保持了频繁的通信联系。9 月，受莎莎邀请去位于埃尔索拉杜尔附近的加涅邦，第一次单独乘坐火车外出。

- 1928 年，在莱昂·布伦斯威克的指导下，完成了毕业论文《莱布尼茨作品中的概念》，拿到了高等教育文凭，同时备考下一年的大中学哲学教师资格考试。

- 1929 年 1 月，在让松 - 德赛义中学实习，和她一同实习的还有莫里斯·梅洛 - 庞蒂和列维 - 斯特劳斯。让松 - 德赛义是一所男子学校，波伏瓦是第一位在男子中学教授哲学的女教师。

- 1929 年春季，结识了勒内·马厄（即回忆录中的艾尔博），并通过马厄的介绍，认识了萨特等人。

- 1929 年 6 月，以第二名的成绩考取大中学教师资格证。马厄没有通过初试，复试之前，萨特对她宣布："从现在起，你就由我负责了。"①9月，在费当街的外祖母家租了一间公寓，独立居住，并在维克多 - 迪律伊高中兼职。10月，和萨特签订了为期两年的恋爱合约。11月，好友莎莎去世。

- 1930 年 8 月，在卢瓦尔河畔租了一个月的房子，方便和萨特约会。

1931 年

- 2 月，和皮埃尔·吉耶进行了一次为期 10 天的公路旅行。
- 春季，萨特被指派到勒阿弗尔教书。波伏瓦也在马赛得到了教职，将于 10 月报到。萨特提议结婚，以避免异地状态，波伏瓦拒绝了。
- 夏季，受费尔南多之邀去西班牙度假。第一次出国，游览了巴塞罗那、马德里等地，观看了西班牙斗牛。
- 10 月，赴马赛入职，在火车站大道附近租房。"马赛，我来到了这里，只身一人，两手空空，诀别了我的过去和所热爱的一切，我眺望这座大都市，在这里我行将孤立无援地一天天闯荡生活。迄今为止，我一直紧紧依附别人，接受别人强加的行动范围和目标。而今巨大的幸运降临到我头上。在这里，我不为任何人而存在。"②

---

① 西蒙娜·德·波伏瓦：《波伏瓦回忆录第一卷：端方淑女》，罗国林译，北京：作家出版社，2011 年版，第 252 页。
② 西蒙娜·德·波伏瓦：《波伏瓦回忆录第二卷：岁月的力量（一）》，北京：作家出版社，黄荭、罗国林译，2012 年版，第 65 页。

1932 年

- 6 月，与萨特在马赛玩了十天，然后去尼斯监考，独自徒步到那博纳，与萨特相会。
- 7 月，开始讲伦理课，发表对劳动、资本、剥削、殖民的看法，受到大部分学生的抵制。在文学课上，讲纪德、普鲁斯特、卢克莱修、乔治·杜马。被家长抱怨，校长召见。
- 夏季，与萨特、帕尼耶、勒梅尔夫人在西班牙自驾游。
- 10 月，赴鲁昂任教。在尼赞的介绍下，认识了柯莱特·奥德里，后来又结识了导演杜兰。
- 年底，雷蒙·阿隆从德国返回巴黎，他向萨特和波伏瓦介绍了胡塞尔的现象学。

1933 年

- 4 月，和萨特在伦敦过复活节。
- 夏季，墨索里尼在罗马主办了"法西斯主义展览会"。为了吸引外国游客，意大利火车票降价 70%。波伏瓦和萨特借这个机会游历了意大利，参观了意大利中部的几个城市。
- 9 月，萨特赴德国柏林的法兰西学院学习。波伏瓦跟科莱特·奥德里介绍给她的一个德国难民每周学习两到三次德语。

1934 年

- 2 月，借口生病去柏林待了半个月。

- 夏季，和萨特在德国旅行。后又去了奥地利、捷克斯洛伐克和科西嘉岛。
- 冬季，与萨特在夏蒙尼山谷滑雪。
- 这一年，波伏瓦认识了奥尔加·科萨基维奇。

1935 年

- 春季，与萨特、奥尔加建立了复杂的"三重奏"关系。
- 夏季，独自徒步旅行三周。搬进了奥尔加推荐的"小绵羊"旅馆。奥尔加医学考试失败，她的父母同意波伏瓦和萨特指导她的学业。
- 冬季，和萨特前往瑞士。
- 这一年，波伏瓦开始创作小说《当精神占据上风》。

1936 年

- 夏季，和萨特去意大利、希腊旅行。
- 9 月，回到巴黎，西班牙内战爆发。"这是一场史诗般令人震撼的斗争，我们感到我们和它息息相关。"[1]
- 秋季，莫里哀中学任教，搬到皇家布列塔尼旅馆。每周见萨特两次，在圆顶咖啡馆写作，因此认识了爱伦堡、贾科梅蒂、扎特金等人。
- 冬季，和萨特在夏蒙尼滑雪。

---

[1] 西蒙娜·德·波伏瓦：《波伏瓦回忆录第二卷：岁月的力量（一）》，黄荭、罗国林译，北京：作家出版社，2012 年版，第 215 页。

1937 年

- 春季，肺部感染。身体康复后，和萨特一同搬到了米斯特拉尔酒店，两人分别住在不同楼层。
- 7 月，徒步前往阿洛斯火山口。然后在马赛与萨特和博斯特会合，一起前往希腊。"当时的我们只有三十来岁，尽管我们对世界上的不公正义愤填膺，但有的时候，尤其是在旅行的时候，美丽的风景会让我们忘乎所以，把不公正也当作是一种自然产物了。"① 从希腊徒步回来后，和奥尔加去了阿尔萨斯。
- 秋季，在萨特的鼓励下，决心写出自己的生活。《当精神占据上风》先后被两家出版社拒稿。

1938 年

- 1 月，参观超现实主义展览。
- 7 月，去阿尔卑斯山旅行。
- 夏季，和萨特在摩洛哥旅行。
- 9 月，和奥尔加徒步穿越阿尔卑斯山。萨特发电报让她马上回巴黎。慕尼黑协定签订。"突然，暴风雨没下下来就散掉了，慕尼黑协定签订。我丝毫不掩饰自己的开心。在我的轻松里，甚至有某种胜利的意味。显然，我来生有福，不幸永

---

① 西蒙娜·德·波伏瓦：《波伏瓦回忆录第二卷：岁月的力量（一）》，黄荭、罗国林译，北京：作家出版社，2012 年版，第 237 页。

远都不会触及我。"①

- 10月，把小说的一部分交给布里斯·帕兰，评价不好，继续修改，即后来的小说《女宾》。
- 圣诞假期，和萨特在默热沃滑雪。

1939 年

- 复活节，在普罗旺斯和下萨克森州旅行。
- 五旬节，在莫尔万徒步。
- 6月，攀登汝拉山脉，去日内瓦旅行。
- 7月，独自去普罗旺斯徒步。在马赛与博斯特会合，最后一次见到尼赞。
- 8月，在比利牛斯山旅行。得知《苏德互不侵犯条约》签订。
- 9月1日，开始记日记。《岁月的力量》中有部分摘录。
- 9月2日，萨特接到动员令。波伏瓦去火车站送行。
- 9月19到27日，前往布列塔尼旅行。
- 9月27日到10月2日，住在拉普埃兹的勒梅尔夫人家。
- 10月10日，搬到瓦万街的旅馆。
- 10月31日到11月5日，多次申请后，见到萨特。

1940 年

- 冬季，在梅热韦滑雪。

---

① 西蒙娜·德·波伏瓦：《波伏瓦回忆录第二卷：岁月的力量（一）》，黄荭、罗国林译，北京：作家出版社，2012 年版，第 263 页。

- 2 月初，萨特休假一周。他告诉波伏瓦不再政治冷漠，应该接受自己的处境，投身于某一行动。
- 4 月中旬，萨特第二次休假。他们讨论了自由与境遇的问题。
- 5 月到 6 月，巴黎被轰炸，但因为要监考，所以留在巴黎。
- 6 月 9 日，搭乘比安卡父亲的车撤退到拉普埃兹的勒梅尔夫人家。
- 6 月 28 日，返回巴黎（贝当政府已经成立）。在一份声明上签字，宣称自己不是犹太人。
- 9 月，收到萨特来信，得知他将被转移到德国。

1941 年

- 3 月，被释放的萨特回到了巴黎。休息了一阵后，他开始带领波伏瓦等人进行政治活动，创立了"社会主义与自由"组织。
- 7 月，父亲去世。
- 夏季，和萨特越过边境，在自由区骑车旅行。拜访了纪德、马尔罗，试图说服他们参加"社会主义与自由"，但他们很敷衍。骑车时差点摔死。
- 10 月，开学，"社会主义与自由"解散。把精力投入了创作。
- 12 月，纳塔莉·索洛金的母亲向维希教育局指控波伏瓦"诱骗未成年少女"，教育局开展了对波伏瓦的调查。

1942 年

- 1 月，布里斯·帕兰同意出版《女宾》。
- 在拉普埃兹的勒梅尔夫人家度假。

1943 年

- 6 月，因索洛金夫人的控告，被教育局吊销教师资格证。
- 6 月底，在法国中部骑车旅行。
- 7 月，和萨特搬到路易斯安那酒店。《皮洛士与齐纳斯》被伽利玛出版社接受。继续写小说《他人的血》。
- 夏季，和萨特在法国南部和西部旅行。
- 8 月，《女宾》出版，正式成为作家。
- 10 月，认识米歇尔·莱里斯和凯诺。第一次在花神咖啡馆见到加缪。
- 冬季，开始创作小说《人都是要死的》。

1944 年

- 1 月 17 日，去了一家电台工作，雅克·阿尔芒建议她成为一名电台制作人。
- 1 月中下旬，由博斯特陪同（因为萨特拒绝前去），在莫尔济讷滑雪。
- 3 月 19 日，参加由莱里斯组织的毕加索剧本《抓住欲望的尾巴》朗诵会。加缪担任主持，波伏瓦出演"表妹"，毕加索也参加了这次朗诵会。波伏瓦第一次遇见了吕西安娜、阿尔芒·萨拉克鲁、乔治·巴塔耶、乔治·兰布尔、西尔维娅·巴塔耶、拉康等人。她感到："戏剧，书籍，美丽的银幕形象现在都成了我身边有血有肉的真人，而且我的存在也和他们产生了联系。短短几个月的时间，我的世界就变大了，充实了！我真高兴自己活得这么有声有色！"[①]

- 3—4 月，组织被莱里斯称为"过节"的聚会。第一次在巴塔耶家。"但之后在这些聚会的夜晚，我才懂得'节日'的真正含义"。[②]

- 复活节时和萨特在拉普埃兹度假。在外期间，巴黎每晚都遭受轰炸。

- 5 月，与让·热内在花神咖啡馆第一次见面，萨特和加缪也在。

- 6 月 5—6 日，借杜兰的公寓举办聚会，第二天早上知道盟军在诺曼底登陆。

- 7 月初，参加加缪《误会》的首场演出。"几个月前我们 读过它的一个副本，我们告诉加缪我们对《加利古拉》的喜爱要比《误会》多得多。所以在演出的时候，尽管卡萨雷斯表演精湛，这出戏还是经不起推敲，我们对此并不感到意外。在我们看来，这一次失败没什么大不了的，我们对他的友谊并不

① 西蒙娜·德·波伏瓦:《波伏瓦回忆录第二卷：岁月的力量（二）》，北京：作家出版社，黄荭译，2012 年版，第 189 页。
② 西蒙娜·德·波伏瓦:《波伏瓦回忆录第二卷：岁月的力量（二）》，北京：作家出版社，黄荭译，2012 年版，第 192 页。

会有丝毫改变。"①

- 7月中，加缪告诉波伏瓦和萨特抵抗运动组织中一个成员被捕，建议他们搬家。他们先借住在莱里斯家，又骑车去了讷伊-下克莱蒙，在那里的一个旅馆兼杂货店住了大约三周时间。

- 8月11日，报纸和广播宣布美国军队已经逼近沙特尔，迫不及待地赶回巴黎。"我们不想错过解放的日子。"②

- 9月，把《他人的血》给了伽利玛出版社（萨特交了他的《自由之路》前两部），开始写《人都是要死的》，每天上午都去马扎兰图书馆查阅历史文献。组建《现代》杂志编辑委员会，参加者有：雷蒙·阿隆、莱里斯、梅洛-庞蒂、阿尔贝·奥利维埃、波朗、萨特、波伏瓦。

1945 年

- 1月初，代表萨特向当时的新闻部长苏斯戴尔申请杂志用纸。苏斯戴尔对编委会中的雷蒙·阿隆不满，责备他的反戴高乐立场，但依然同意向《现代》提供纸张。

- 2—4月，受妹夫利奥内尔邀请，赴葡萄牙里斯本做关于占领期的讲座。在《战斗报》上使用笔名发表关于葡萄牙的文章，收到了许多葡萄牙人热情的信件，葡萄牙宣传机关却一再提

---

① 西蒙娜·德·波伏瓦：《波伏瓦回忆录第二卷：岁月的力量（二）》，北京：作家出版社，黄荭译，2012年版，第203页。
② 西蒙娜·德·波伏瓦：《波伏瓦回忆录第二卷：岁月的力量（二）》，北京：作家出版社，黄荭译，2012年版，第207页。

出抗议。

- 5 月末，妹妹和利奥内尔回巴黎。
- 8 月，和萨特在拉普埃兹住了一个月。
- 8 月 7 日，刚回到巴黎，原子弹在广岛爆炸了。
- 9 月，和萨特一起前往比利时，《他人的血》出版。（几周后，萨特的《自由之路》也出版了。）
- 10 月 15 日，《现代》第一期出版。
- 10 月 29 日，《吃闲饭的嘴》上演。"各家报纸几乎异口同声地抨击我，这对我是个沉重的打击，令我沮丧失望。各种期刊倒是没有那么敌对，甚至还有几位激烈地在为我辩护的人……《行动》指责了该剧的伦理道德，不过还是说了一些好话。人们口头的评论倒挺不错的。在几个星期的演出中，观众还是不少。但是，天气冷了……演出了五十来场之后，剧院关张了。"①
- 11 月，在《现代》上发表了《道德理想主义和政治现实主义》和对梅洛 - 庞蒂论著《知觉现象学》的综述。
- 12 月 1 日，《法兰西文学》的访谈："什么是存在主义"。
- 12 月 11 日，在一个俱乐部发表了题为"文学与形而上学"的演讲。"在这神秘的一年，我们事先并非协商一致，便发动了一场'存在主义攻势'……因此而引发的骚动令我们大吃一惊。突然之间，如同人们在一些影片中所看到的影像突破了框架，占据了大银幕一样，我的生活冲破了旧有的界线。我被推到公众的视线中来。我本人没多大名声，但是人们把

① 西蒙娜·德·波伏瓦：《波伏瓦回忆录第三卷：事物的力量（一）》，陈筱卿译，北京：作家出版社，2012 年版，第 50 页。

我的名字与被人强拉进名人之列的萨特联系在了一起。报纸
上每个星期都在谈论我们……到处都有关于我们的作品和我
们本身的一些反响。在大街上，摄影师们的镜头对准我们一
个劲儿地拍摄，有些人还凑上前来与我们聊上几句。在萨特
的那次演讲会上，人们蜂拥而至，大厅都容纳不下了：人们
拼命地挤攘，有一些妇女当场晕了过去。"[①]

- 12 月到次年 1 月，应法语联盟邀请，赴突尼斯和阿尔及尔开
  讲座。这是她第一次坐飞机。

1946 年

- 1 月，在北非旅行。回到巴黎后，认识了鲍里斯·维昂和亚历
  山大·阿斯特吕克。
- 2 月，在《现代》上发表了《以眼还眼》。开始写《模糊性的道
  德》，先发表在《现代》，后由伽利玛出版社出版。
- 4 月，在《现代》上发表了《文学和形而上学》。
- 5 月，公民投票，弃权。"我们没有投票，一部分原因是懒，
  而且还不把它当一回事，因为我们也没有选民证，特别是我
  们即使去投可能也是投弃权票。"[②]
- 5 月 14 日，在壁橱里找到了《他人的血》的手稿，交给了阿
  达莫夫（Adamov）。

---

① 西蒙娜·德·波伏瓦：《波伏瓦回忆录第三卷：事物的力量（一）》，陈筱卿译，北京：作家出版社，2012 年版，第 38 页。
② 西蒙娜·德·波伏瓦：《波伏瓦回忆录第三卷：事物的力量（一）》，陈筱卿译，北京：作家出版社，2012 年版，第 73 页。

- 5月17日，结识了苏波尔（Soupault），后者邀请她10月赴美国，待4个月。
- 5月18日—6月18日，与萨特、博斯特一起在瑞士进行为期三周的巡回演讲。
- 6月，在萨特的建议下，开始思考自己作为女人的命运，去国家图书馆查阅相关书籍。
- 夏天，应意大利出版商蓬皮亚尼（Bompiani）邀请，与萨特在意大利进行巡回演讲。受到维托里尼主持的《技术政治》编辑部成员的欢迎，思考两国共产党人的差异。后因与蓬皮亚尼有政治分歧（"蓬皮亚尼是一个极右的民族主义者"①）而分道扬镳，另一个叫阿纳尔多·蒙达多的出版商决定资助他们，他们才得以继续在意大利的旅行。
- 在米兰和萨特分开，在阿尔卑斯山中的多洛米特（Dolomites）待了三个星期。"我已经很久很久没有连续几个星期欣赏在我面前延绵着的山峦与寂静了：我所遭遇的不幸与危险让我的愉悦蒙上了某种悲怆感，眼睛不自觉地便被泪水迷住了。""这是我徒步走过的最艰难的旅程之一，是最美的旅行之一，不过——我预感到——也是最后的一趟旅行。"②
- 9月底到10月，在罗马，陪萨特改编《禁闭》的电影剧本。
- 11月，在荷兰做巡回演讲。一个星期以后，萨特与她会合，一同参观了当地的博物馆和冯·勒内普的心理研究所。

---

① 西蒙娜·德·波伏瓦：《波伏瓦回忆录第三卷：事物的力量（一）》，陈筱卿译，北京：作家出版社，2012年版，第95页。
② 西蒙娜·德·波伏瓦：《波伏瓦回忆录第三卷：事物的力量（一）》，陈筱卿译，北京：作家出版社，2012年版，第101页。

- 12 月，回到巴黎，《人都是要死的》出版。"评论家们的责难之词不绝于耳：卢塞（即胡塞——引者注）竟然说他后悔自己前不久对我所做的赞扬，并扬言再也不写什么赞扬的文章了。在我的知交密友的圈子里，倒是有它的支持者，甚至在圈外的读者中也有人在赞扬它。但是，与我以前的成功工作比较起来，这本书无疑是一个败笔。我对某些评论家的评论，特别是对读者们的看法很敏感：如果大家都在指责我的话，那就说明我的这本书或多或少地是没有成功。我对此颇感遗憾，但是我也并没有太激动。我依然不想自责，不想自寻烦恼，而要对未来充满信心。"①

1947 年

- 1 月 27 日—5 月 20 日，在法国政府文化部门的安排下赴美演讲和旅行。演讲主题是：战后作家的道德问题。
- 2 月 21 日，认识了尼尔森·埃尔格林。
- 6 月，开始写《美国纪行》。"继《吃闲饭的嘴》之后，我的那本新作又惨遭失败，我心里很不是滋味。我无法向前迈进，我止步不前。我没能下定决心抛开美国，总想着写一本书以神游美国。我没写日记，不过，我写给萨特的一些长信以及在记事本上记下的一些约会帮助我回忆起往事。这种纪行我很感兴趣，但是并不比我对女性的那篇论著更有兴趣。那篇论著我临时放下了，但它也没有满足我直到那时为止对文学

---

① 西蒙娜·德·波伏瓦：《波伏瓦回忆录第三卷：事物的力量（一）》，陈筱卿译，北京：作家出版社，2012 年版，第 117 页。

的奢望：既感受冒险又感受超越，那几乎是一种宗教般的愉悦。我跟萨特说：'我在写一本蹩脚的书。'反正，写作的艰难与愉悦并不足以压住我对在美国最后几天的回忆。"①

- 夏季，和萨特一起去瑞典旅行。"我又患上了焦虑症。"②

- 9 月 15 日，前往芝加哥，待了两个星期。"正是在这两周的时间里，我才了解了芝加哥：监狱，警察局与嫌犯、医院、屠宰场、滑稽电影、贫困街区及其周围的荒地和荒地上长着的荨麻。"③

- 10 月 20 日到 11 月 24 日，制作电台广播节目，其中一期萨特与雷蒙·阿隆闹翻，这个节目后来被封杀。

- 10 月，和加缪、梅洛 - 庞蒂、布鲁东等人共同起草一份呼吁书，支持和平，创建社会主义中立的欧洲。但在"死刑"问题上和加缪、布鲁东有分歧。

- 11 月，发表《模糊性的道德》。

- 12 月 15 日，萨特出庭为斯特恩（Stern）帮成员米斯拉伊（Misrahi）作证。阿尔特曼（Altmann）和胡塞（David Rousset）与萨特进行了一次长谈。他们创建了"共和左翼联盟"，希望萨特加入领导层。

- 在拉普埃兹过圣诞假期。与勒梅尔夫人政见不合。

①　西蒙娜·德·波伏瓦：《波伏瓦回忆录第三卷：事物的力量（一）》，陈筱卿译，北京：作家出版社，2012 年版，第 126 页。
②　西蒙娜·德·波伏瓦：《波伏瓦回忆录第三卷：事物的力量（一）》，陈筱卿译，北京：作家出版社，2012 年版，第 131 页。
③　西蒙娜·德·波伏瓦：《波伏瓦回忆录第三卷：事物的力量（一）》，陈筱卿译，北京：作家出版社，2012 年版，第 133 页。

1948 年

- 从 1 月开始，在《现代》上陆陆续续地发表《美国纪行》的部分章节，并将书稿提交给出版社，本书题词献给埃伦和理查德·赖特。

- 2 月，应邀去柏林参加《苍蝇》的首映式。

- 3 月底和 4 月，和萨特在米蒂逗留。

- 5 月中旬到 7 月 14 日，第三次访问美国。和埃尔格林一起坐船沿着密西西比河而下，然后访问了中美洲。

- 10 月，不再长住酒店，搬进了布切里街的公寓。

1949 年

- 5 月，《现代》上刊登了《第二性》的"女性的性启蒙"一章。

- 6 月，《第二性》第一卷问世。

- 6 月和 7 月，《第二性》中关于"女同性恋"和"母性"的两章在《现代》刊出。

- 6 月，埃尔格林来法国，陪同他去了罗马、突尼斯、阿尔及尔、非斯、马拉喀什等地。

- 9 月，回到巴黎，送别埃尔格林。

- 10 月中旬，和萨特住在卡尼。为列维-斯特劳斯的著作写了书评。着手写《名士风流》，读了让·热内的《小偷日记》。

- 11 月，出版了《第二性》第二卷，引起了新的一轮的抨击。

- 12 月底，在拉普埃兹的勒梅尔夫人家过节。萨特为热内的全集写序，波伏瓦修改她自己翻译的埃尔格林的小说的评论，并继续写《名士风流》。

1950 年

- 1 月，克莱奥·德·梅洛德（Cléo de Mérode）因波伏瓦在《第二性》中将她说成"交际花"而把波伏瓦告上了法庭，波伏瓦将此事交给苏珊·布鲁姆处理。
- 2 月，在杜兰的画室参加"缅怀杜兰"活动。
- 3 月，又见到了雅克。
- 春季，在一个俱乐部中演讲妇女的地位问题。"这是我第一次同普通百姓听众们接触。"[①] 和萨特一起去非洲旅行，了解"非洲民主联盟"，一直待到 5 月。
- 6 月，和妹妹及妹夫在卡萨布兰卡待了几天，驾车穿越了中阿特拉斯山脉。
- 7 月到 9 月，第四次去美国，在密歇根湖埃尔格林的新家住了两个月。感情的问题、朝鲜战争等都让她心神不宁。
- 10 月 25 日，被判支付 1 法郎赔偿给克莱奥·德·梅洛德。
- 圣诞节，和奥尔加、旺达、博斯特、米歇尔、西皮翁、萨特等在家中聚会。

1951 年

- 1 月，和博斯特、萨特一同去奥隆滑雪。

---

① 西蒙娜·德·波伏瓦：《波伏瓦回忆录第三卷：事物的力量（一）》，陈筱卿译，北京：作家出版社，2012 年版，第 193 页。

- 2 月，出席埃莱娜的画展。

- 6 月，完成《名士风流》的修改稿，没有给萨特看。开始写《我们要焚毁萨德吗？》。

- 7 月中旬，和萨特一起前往挪威、冰岛和苏格兰，然后在伦敦停留了 15 天。将《名士风流》给萨特看了，萨特提出了一些批评意见。

- 10 月，最后一次来到埃尔格林的小木屋，写完了关于萨德的文章。埃尔格林要和前妻复婚。

- 11 月，买了一辆车。

1952 年

- 1 月，在《现代》发表《我们要焚毁萨德吗？》。

- 4 月，做了乳腺癌检查，虚惊一场。

- 4 月，和萨特在一家小咖啡馆里最后一次见加缪。加缪抱怨人们批评他的《反抗者》，萨特很尴尬。不久之后，弗朗西斯·让松在《现代》上撰文批评《反抗者》，萨特和加缪决裂。"就我个人而言，这种决裂并没伤及到我，只不过我觉得长久以来我一直很喜欢的加缪已经不在了。"[1]

- 7 月底，去意大利前，朗兹曼约她去看电影。"刚把电话挂上，眼泪便哗哗地流了下来。"[2] 开车前往米兰，萨特乘火车

---

[1]　西蒙娜·德·波伏瓦：《波伏瓦回忆录第三卷：事物的力量（一）》，陈筱卿译，北京：作家出版社，2012 年版，第 253 页。

[2]　西蒙娜·德·波伏瓦：《波伏瓦回忆录第三卷：事物的力量（二）》，北京：作家出版社，陈筱卿译，2013 年版，第 3 页。

与她会合。他们在意大利待了两个月。期间，朗兹曼去了以色列，和波伏瓦一直有书信往来。回巴黎后，波伏瓦开始和朗兹曼同居（持续七年），并鼓励朗兹曼整理犹太大屠杀记忆。

- 11月，萨特在《现代》上发表了《共产党人与和平》第二部分，后又去维也纳出席了由共产党人召开的"和平拥护者大会"。"每当听见他在大庭广众中讲话时，我总不免会十分激动，想必是因为这些专心听讲的听众与我们之间所存在的距离所致吧。话语从他口中轻松自如地传到听众们的耳朵里，但是我每每会产生一种不可靠的奇迹的感觉。"①

- 12月，和朗兹曼在荷兰旅行。和萨特、奥尔加、博斯特、旺达、米雪尔、朗兹曼一起过新年夜。"我们之间心灵相通，只需一个微笑，互相之间都明白了，用不着说一大堆套话。我们在这个小圈子里一起说说话是很惬意的事。"②

1953 年

- 春季，《第二性》在美国发行，好评如潮。

- 3月，和朗兹曼一起去了圣特洛佩兹。朗兹曼带波伏瓦穿越了当年他打游击的丛林。他们在"艾欧利"与萨特和米雪尔会合。与梅洛-庞蒂在加桑相逢。

---

① 西蒙娜·德·波伏瓦：《波伏瓦回忆录第三卷：事物的力量（二）》，陈筱卿译，北京：作家出版社，2013年版，第11页。
② 西蒙娜·德·波伏瓦：《波伏瓦回忆录第三卷：事物的力量（二）》，陈筱卿译，北京：作家出版社，2013年版，第9页。

- 6月，和朗兹曼去日内瓦，后又去了意大利、南斯拉夫。"我生平第一次没有见到奢侈与贫穷并存的现象，我所见到的人，没有一个盛气凌人或妄自菲薄，人人都很有自尊，对于我们这些外国人，全都和蔼诚挚；人们会要求我们帮助，也给予我们帮助，但态度都同样十分自然。"① "南斯拉夫真的是一穷二白：桥梁和公路严重不足，我们曾从一个高架桥上驶过，行人、汽车和火车在上面混行。但是，在这种贫困之外，有些东西却令我心动，那是我在其他所有地方从未见到过的：一种人与人之间的纯朴、坦率的关系，一种兄弟般的共同利益和希望的关系。"②

- 8月，在阿姆斯特丹的运河边住了一个月。收到电报，朗兹曼在卡奥尔附近出了车祸，同萨特一同去看望他。

- 秋季，写完了《名士风流》，把手稿交给了伽利玛出版社。

- 圣诞节，和萨特、奥尔加、旺达、朗兹曼小聚。

1954 年

- 1月，和朗兹曼去阿尔及利亚旅行。
- 2月，与萨特、米雪尔、朗兹曼一同去荷兰。
- 5月，萨特去了苏联，没有给波伏瓦去信。
- 6月，和朗兹曼住到塞通湖畔的小旅馆。萨特在莫斯科高血

---

① 西蒙娜·德·波伏瓦：《波伏瓦回忆录第三卷：事物的力量（二）》，陈筱卿译，北京：作家出版社，2013 年版，第 15 页。
② 西蒙娜·德·波伏瓦：《波伏瓦回忆录第三卷：事物的力量（二）》，陈筱卿译，北京：作家出版社，2013 年版，第 17 页。

压发作。"死神抓住了我！它不再是一种抽象的概念，而是我们身上一种实实在在的东西。它也不再是夜晚笼罩着我们的一种恐怖，而是一种渗透进我们生活的实实在在的东西，它在破坏我们的兴趣、香味、光明、回忆、计划等等一切。"①

- 夏季，和朗兹曼一起去西班牙旅行。
- 8月底，和萨特在德国、捷克斯洛伐克、奥地利等地旅行。在维也纳与朗兹曼会合，后一同去了意大利。
- 10月，回到巴黎，《名士风流》获得龚古尔文学奖。
- 冬季，和朗兹曼在马赛。

1955 年

- 4月，在《现代》上发表《梅洛 - 庞蒂或伪萨特主义》。"我想还原事实真相：萨特在众多的领域贯彻的是辩证的方法；他向一种辩证理性的一般理论敞开了大门；他的哲学不是一种主体的哲学……有人指责我答辩的口气太生硬，可是，梅洛 - 庞蒂的抨击实质上是非常尖酸刻薄的。至于他本人嘛，他并没有恨我，或者至少是并未对我耿耿于怀：他是能够明白知识分子的那种愤慨的。再说，我们彼此有着深厚的友谊，但争论起来常常是十分激烈的；而我往往会大发脾气，

---

① 西蒙娜·德·波伏瓦：《波伏瓦回忆录第三卷：事物的力量（二）》，陈筱卿译，北京：作家出版社，2013 年版，第 26 页。

可他却冲着我微笑。"①

- 6月，陪同萨特去赫尔辛基参加世界和平大会。"我在政治上的进步让我很希望参加这个大会，我陪同萨特一起去了。"②期间，和爱伦堡谈到《名士风流》，对方说莫斯科的知识分子大多读过这本书，但觉得其中的爱情故事有点多余。

- 夏季，和朗兹曼去西班牙旅行。

- 9—10月，受邀访问中国。"想弄清楚一切是很不容易的。我这是第一次接触远东；我第一次完全弄明白了那些词语的含义：不发达国家；我知道六亿人口的大国的贫穷意味着什么；我第一次目睹了那艰巨的工作：建设社会主义。这些新的事物互相叠加在一起，搅和在一起；我只是从中国人民战胜贫穷所做的努力才感觉到中国的贫困是多么的严重，中国政权之所以那么严厉就是因为这种贫穷所致：异国情趣给我所遇见到的人群以及他们的喜怒哀乐蒙上了一层面纱。"③ 从中国回法国途中在莫斯科待了一周。

- 10月，获龚古尔文学奖后买了一个独立的单元，从中国回来后和朗兹曼一起搬了进去。

- 在这一年，波伏瓦开始写记述中国之行的《长征》。"尽管此项任务很艰难，但我却乐在其中。它需要我付出极大的努力。为了弥补材料的不足，我跑遍各个图书馆和信息中心去

① 西蒙娜·德·波伏瓦：《波伏瓦回忆录第三卷：事物的力量（二）》，陈筱卿译，北京：作家出版社，2013年版，第37页。

② 西蒙娜·德·波伏瓦：《波伏瓦回忆录第三卷：事物的力量（二）》，陈筱卿译，北京：作家出版社，2013年版，第41页。

③ 西蒙娜·德·波伏瓦：《波伏瓦回忆录第三卷：事物的力量（二）》，陈筱卿译，北京：作家出版社，2013年版，第48—49页。

参阅有关中国的过去与今天的研究报告、文章、书籍、采访录、统计数据等，而且还没忽略反对派们的抨击材料。我拜访了一些汉学家，他们给了我帮助。这种资料的搜集耗费了我不少的时间，而且我还得下大功夫去消化、吸收我所搜集到的资料，并加以综合梳理。我从未像这一年那样对一项工作如此投入。我常常在写字台前一坐就是四个小时，早上，有时是在我自己的温馨小屋里，下午去萨特的住处，干起活来连头都不抬。"[1] "《长征》不可能像《美国纪行》那样生动活泼，而且某些段落已经过时了。但是我对我所付出的艰辛劳动并不感到后悔：我在写这本书的时候，获得了一些精髓、一些方法，它们帮助我了解了其他所有的不发达国家的情况。"[2]

1956 年

- 1 月，和朗兹曼去瑞士滑雪。
- 2 月 25 日，赫鲁晓夫在苏共二十大上发表报告。波伏瓦认为："他的指斥之粗暴、它的突然性、它的带有胡编乱造的一面，让人感到困惑。"[3]
- 春季，和朗兹曼驾车去伦敦旅行。坐飞机前往米兰妹妹家。

---

[1] 西蒙娜·德·波伏瓦：《波伏瓦回忆录第三卷：事物的力量（二）》，陈筱卿译，北京：作家出版社，2013 年版，第 62 页。
[2] 西蒙娜·德·波伏瓦：《波伏瓦回忆录第三卷：事物的力量（二）》，陈筱卿译，北京：作家出版社，2013 年版，第 63 页。
[3] 西蒙娜·德·波伏瓦：《波伏瓦回忆录第三卷：事物的力量（二）》，陈筱卿译，北京：作家出版社，2013 年版，第 60 页。

- 6月，加缪的《堕落》出版。"我怀着极大的好奇翻开了他的那部作品。在作品的头几页里，我又见到了1943年我所认识的那个加缪了：他的声音、动作、风采及一个毫不夸张、真真实实的肖像展现在我的眼前，他的那份严肃甚至被他的那份过激所抑制。加缪实现了他早就拟定好的计划：填补他的真实与外表之间的沟壑。他这个人平常是那么生硬，而我觉得他所显示出来的那种简单纯朴有着一种撕裂感。突然间，他的那份真挚不见了踪影；他在用那习以为常的种种逸闻趣事掩盖他的那些失败；他从忏悔者成了审判者；他去除了他忏悔中的一切锐气，过分清晰明白地将他的这份忏悔用来服务于他的种种愤懑。"①

- 夏季，和朗兹曼、萨特、米雪尔驾车去希腊、意大利、南斯拉夫。

- 7月13日，《第二性》被列入禁书。

- 10月，开始写回忆录。"有一年半的时间，我起起落落，忽而困难重重，忽而欣喜若狂地一心想着这种复活：这是一种创世，因为它在呼唤想象力，呼唤思考和记忆。"②

1957 年

- 1月，和朗兹曼一起在达沃斯滑雪。

---

① 西蒙娜·德·波伏瓦：《波伏瓦回忆录第三卷：事物的力量（二）》，陈筱卿译，北京：作家出版社，2013年版，第65—66页。
② 西蒙娜·德·波伏瓦：《波伏瓦回忆录第三卷：事物的力量（二）》，陈筱卿译，北京：作家出版社，2013年版，第87页。

- 春季，《穆勒的文件》公开。这份证词让波伏瓦为自己的国家感到痛苦和耻辱。"有人视我为几个法国人中的一个反法分子：我确实是！我已经无法再容忍我的同胞们了……我曾经喜欢与人群接触：现在我甚至觉得连大街小巷都让我憎恨，我不愿去了，我感到自己如同巴黎被占领时期那样惶惑失落。甚至比失落惶惑更加厉害，因为这帮人我已经不能再强忍着接触他们了，可是我不管怎么说，也成了他们的同谋了。正因为如此，我更是不能原谅他们……我需要相信自己；否则就无法活下去，我用那些多次被强暴的女子的眼睛，用那些被酷刑折磨得死去活来的男人的眼睛，看着我自己：我是一个法国人。"[1]

- 7月到8月，和朗兹曼一起去意大利旅行，和萨特在罗马和卡普里岛待了一个月。

- 12月，出席了萨克多案的审判。后者谋杀了阿尔及利亚议会的前副议长阿里·谢卡尔。萨特为他做辩护。波伏瓦相信："他干了一件类似于抵抗运动期间被称为英雄行动的大事。然而，法国人却要让他付出代价，也许是生命的代价。"[2] 同时，她还指出："加缪的缺席受到大家的严厉斥责。他要是前来，他说话的分量远比他所获得的诺贝尔文学奖要来得重得多。"[3]

[1] 西蒙娜·德·波伏瓦：《波伏瓦回忆录第三卷：事物的力量（二）》，陈筱卿译，北京：作家出版社，2013年版，第84页。
[2] 西蒙娜·德·波伏瓦：《波伏瓦回忆录第三卷：事物的力量（二）》，陈筱卿译，北京：作家出版社，2013年版，第93—94页。
[3] 西蒙娜·德·波伏瓦：《波伏瓦回忆录第三卷：事物的力量（二）》，陈筱卿译，北京：作家出版社，2013年版，第95页。

- 12 月底，和朗兹曼在古什维尔度假。

1958 年

- 1 月底，受布鲁吉尔律师之托，为曾经的学生雅克丽娜·盖鲁德作证。后者和她的丈夫都是阿尔及利亚民族解放阵线成员，并参与了一起爆炸袭击事件。

- 3 月，将第一部回忆录《端方淑女》交给伽利玛出版社。

- 4 月，同朗兹曼在英国南部旅行。受一些左派大学生之邀，在巴黎大学做关于小说的演讲。"我一直以来已经离群索居惯了，可是，当我走进阶梯大教室，看到听众们对我是那么的欢迎，我真的是惊讶不已，我已经与这种欢迎久违多时了。他们的友情让我心头一热：他们还需要我。"①

- 5 月，重新开始写日记。"我的无所事事和普遍的焦虑不安致使我像 1940 年 9 月那样，又开始记我的日记了。"②

- 6 月 1 日，戴高乐重新上台。

- 6 月，见一名叫琼的女作者。

- 6 月到 8 月，提前和萨特去意大利度假，期间继续写回忆录的第二卷。朗兹曼去了朝鲜。

- 8 月 17 日回到巴黎。

- 9 月 9 日，参加反戴高乐示威游行。

---

① 西蒙娜·德·波伏瓦：《波伏瓦回忆录第三卷：事物的力量（二）》，陈筱卿译，北京：作家出版社，2013 年版，第 98 页。

② 西蒙娜·德·波伏瓦：《波伏瓦回忆录第三卷：事物的力量（二）》，陈筱卿译，北京：作家出版社，2013 年版，第 103 页。

- 9 月 23 日，莎莎的家人在读完杂志上发表的《端方淑女》节选后给波伏瓦送来了一些莎莎的日记。"日记中没有什么有意思的内容，她的一封封信已经告诉了我她的一切。"①

- 9 月 29 日，参加公投。第五共和国成立。"我哭了起来，我没有想到这会给我如此大的打击，今天早上我还在想：跟整个国家、跟自己的祖国对抗，真的是太痛苦了，我感到自己已经被流放了。"②

- 9 月，萨特因连续工作病倒住院，非常担心萨特的健康问题。

- 10 月，《端方淑女》正式出版。

- 10 月 28 日，停止记日记。"我把一页页的日记装进了一个卷宗袋里，在封面上冲动地写上：《失败的日记》几个字。然后，就不再去碰它了。"③

- 年底，和朗兹曼分手。"我带着一颗沉甸甸的心走完了这让人窒息的一年。"④

1959 年

- 3 月，组织了反对使用酷刑的"互助会"。

- 夏季，和萨特在罗马待了一个月，在那里继续写回忆录的第

---

① 西蒙娜·德·波伏瓦：《波伏瓦回忆录第三卷：事物的力量（二）》，陈筱卿译，北京：作家出版社，2013 年版，第 157 页。
② 西蒙娜·德·波伏瓦：《波伏瓦回忆录第三卷：事物的力量（二）》，陈筱卿译，北京：作家出版社，2013 年版，第 161 页。
③ 西蒙娜·德·波伏瓦：《波伏瓦回忆录第三卷：事物的力量（二）》，陈筱卿译，北京：作家出版社，2013 年版，第 165 页。
④ 西蒙娜·德·波伏瓦：《波伏瓦回忆录第三卷：事物的力量（二）》，陈筱卿译，北京：作家出版社，2013 年版，第 167 页。

二卷。"度假期间，我决定像大家所看到的那样继续写我的回忆录。我一直犹豫着，拿不定主意，我觉得大谈特谈自己未免有点太张狂。萨特一直在鼓励我。我向我见到的所有人询问他们觉得我该不该写：他们说应该写。随着书在往前写着，我的这个问题已经没有意义了。我将自己的回忆与萨特、奥尔加、博斯特的回忆进行比对；我跑到国家图书馆去，以便把自己的生活放回到历史的氛围中去；我连续几个小时地在翻看一些旧报纸，让自己沉浸在背负着一个不确定的未来的现今之中，而这一现今已经早就成为往昔了：这真让人困惑。有时候，我将全部身心投入其中，以致忘记了时间在流逝……"①

- 秋季，得知鲍里斯·维昂去世。导演卡亚特邀请她共同创作一部关于离婚的剧本，但这个项目最后被放弃了。

- 10月，通过朗兹曼认识了结识了施瓦尔兹-巴尔特。当年他获得了龚古尔文学奖。

- 冬季，重新开始听音乐。

1960 年

- 1月，得知加缪因车祸去世。"我感到遗憾的并不是一个五十岁的人便早早地去世了，也不是因为他是个没有正义感的正人君子，暴躁而傲慢；更不是他赞同法国的种种罪行，致使我把他从我心中抹去了。我痛惜的是，在那希望的岁月中，

---

① 西蒙娜·德·波伏瓦：《波伏瓦回忆录第三卷：事物的力量（二）》，陈筱卿译，北京：作家出版社，2013 年版，第 177—178 页。

他曾是我们的一个志同道合的好友，爽朗、爱笑，而且笑得十分可爱，又是一位疯狂地热爱生活、欢乐、成功、友情、同志情谊、爱情、幸福等的年轻作家。死亡让他复现了；对于他来说，时间已不复存在，昨天与前天已没什么两样。加缪如同我曾经热爱过的他一样，从黑夜中浮现了出来，此时此刻，他既重新出现了，但又痛苦地消失了。"①

- 2月22日，访问古巴。"亲眼目睹了六百万人反对压迫、饥饿、陋屋、失业、文盲的斗争的胜利成果，了解了这场革命的路程、看到了它的前景，让人不禁感到这真的是一场惊心动魄、激动人心的革命。"②"萨特跟我说：'这是革命的蜜月。'没有层层的机构，没有官僚主义，有的只是领导者与群众的直接接触以及涌动着的有点迷惘的希望。这种情况是不会长期持续下去的，但是它却给人以鼓舞。我们一生中这还是第一次见证了由暴力夺得的一种幸福；我们以前的经验，尤其是阿尔及利亚战争，只是让我们从反面看到那种"幸福"——反对压迫者。在这儿，那些所谓的"反叛者"们，有人民在支持他们，民兵们也许很快就将投入战斗，一个个全都兴奋不已，笑逐颜开。我重新感受到了一种我还以为永远也体会不到的乐趣。"③

- 3月，从古巴到美国纽约，和支持古巴革命的一些人交流。

---

① 西蒙娜·德·波伏瓦：《波伏瓦回忆录第三卷：事物的力量（二）》，陈筱卿译，北京：作家出版社，2013年版，第197页。

② 西蒙娜·德·波伏瓦：《波伏瓦回忆录第三卷：事物的力量（二）》，陈筱卿译，北京：作家出版社，2013年版，第200页。

③ 西蒙娜·德·波伏瓦：《波伏瓦回忆录第三卷：事物的力量（二）》，陈筱卿译，北京：作家出版社，2013年版，第202页。

从古巴返回巴黎后，和萨特出席了赫鲁晓夫在苏联大使馆举办的招待会。埃尔格林到了巴黎。"我们并不惊讶地发现，尽管分别多年，尽管有过1950年和1951年那两个乱糟糟的夏季，但是，我们仍然一下子便感觉到我们俩仍旧好似1949年那美好时日时一样地贴近。"①

- 5月，陪同埃尔格林去了西班牙。从西班牙回巴黎后，将第二卷回忆录交给了伽利玛出版社，临时取名《组曲》，并继续写下一部回忆录。

- 5月底，为《计划生育》和《爱的恐惧》写序，提倡避孕。

- 6月，在《世界报》上发表为遭受酷刑折磨的阿尔及利亚民族解放阵线成员贾米拉·布巴沙申辩的文章，并成立了相应的声援委员会。

- 7月，和埃尔格林去了希腊和土耳其。

- 8月，和萨特前往巴西，在那里待了两个月。离开前签署了"一二一人宣言"。

- 10月，法国右翼分子为维护殖民利益，在爱丽舍大街游行，要求"枪毙萨特"。朗兹曼让身在国外的萨特和波伏瓦暂时别回巴黎。

- 10月23日，第二次访问古巴。受到了卡斯特罗的接见。

- 11月，和萨特悄悄回到巴黎。《岁月的力量》出版，广受好评。

- 12月初，和萨特在公寓里举行了一场新闻发布会，解释了"一二一人宣言"，并建议人们在全民公决中投反对票。

---

① 西蒙娜·德·波伏瓦：《波伏瓦回忆录第三卷：事物的力量（二）》，陈筱卿译，北京：作家出版社，2013年版，第205页。

- 这一年，波伏瓦与西尔维相识。西尔维后成为波伏瓦的养女。

1961 年

- 1 月，参加布巴沙委员会会议。
- 3 月，和萨特看了拉普雅德的作品展。
- 5 月，同萨特、博斯特去昂蒂博度假，其间得知梅洛 - 庞蒂去世。
- 7 月，萨特位于波拿巴街的公寓被一枚塑料炸药炸毁，萨特住到了波伏瓦家。
- 7 月 19 日到 10 月 19 日，在罗马度假，期间继续写回忆录《事物的力量》，但感到"进展不大"，"我因为现实不断地困扰着我……我很难只考虑自己，只考虑我的往昔。萨特也丢开了他的笔，什么也没再写。我们在看一些让我们了解世界的书籍和许多侦探小说"。[1] 她和萨特还见到了《全世界受苦的人》的作者弗朗兹·法农[2]，萨特曾为他这部书写序，法农于该年 12 月逝世。
- 11 月 1 日，法兰西联盟禁止阿尔及利亚人举行游行示威。在

---

[1]　西蒙娜·德·波伏瓦:《波伏瓦回忆录第三卷：事物的力量（二）》，陈筱卿译，北京：作家出版社，2013 年版，第 291 页。

[2]　弗朗茨·奥马·法农（法语: Frantz Omar Fanon，1925 年 7 月 20 日 — 1961 年 12 月 6 日），法国马提尼克法兰西堡作家、散文家、心理分析学家、革命家、近代最重要的黑人文化批评家之一。在法国完成医学学位后，于法国及阿尔及利亚两地行医。在法期间，法农完成了《黑皮肤、白面具》，书中道尽身为黑人知识分子在法国的境遇。在阿尔及利亚则完成了《全世界受苦的人》，深度探讨阿尔及利亚人被法国殖民的痛苦。

施瓦尔兹和萨特的呼吁下，知识分子们前往莫贝尔广场进行静坐示威，波伏瓦也参加了这次行动。

- 11月18日，参加由共产党人组织的反法西斯主义和种族主义的集会。"这一群群行进中的人因自由而惊喜，一个个全都笑逐颜开，高兴非常。我觉得好开心啊！孤独犹如死亡，而与人的热气接触在一起，我复活了。"①

- 12月19日，参加反对秘密军队的游行示威。

1962 年

- 1月初，去贾科梅蒂家。贾科梅蒂展示了他耗时十年的作品。"一时间，我又觉得用石膏或用文字去创造点什么是非常重要的。"②

- 1月7日，萨特住所再次遭到炸弹袭击。在其他住户的抗议下，他们只得搬到了军营里的一栋单元楼中。

- 2月，吉泽尔·哈里米的书出版后，波伏瓦的公寓门房也接到了恐吓电话，宣称要将她"炸飞"。警察拒绝介入，大学反法西斯阵线派了几名学生为她守夜。其中一位却因护卫时持有大螺丝扳手被警察逮捕，指控他"非法持有武器"。

- 2月，作为反法西斯联盟成员参加抗议暗杀的游行示威活动。

- 3月，"反法西斯联盟"更名为"大学教师和知识分子反法西

---

① 西蒙娜·德·波伏瓦:《波伏瓦回忆录第三卷：事物的力量（二）》，陈筱卿译，北京：作家出版社，2013年版，第303页。

② 西蒙娜·德·波伏瓦:《波伏瓦回忆录第三卷：事物的力量（二）》，陈筱卿译，北京：作家出版社，2013年版，第307页。

斯主义行动和协调阵线"，按照法国共产党人的意见，其活动将仅限于大学之内。波伏瓦参加了该"阵线"的会议。

- 3月18日，法国和阿尔及利亚民族解放阵线签署了埃维昂协议，同意阿尔及利亚举行公民投票决定是否独立。波伏瓦写道："阿尔及利亚战争从来没有像在这几个星期里那么地让我恨得咬牙切齿；在这几个星期里，阿尔及利亚战争在其临近终结的苦痛时，显露出了它的事实真相。"①

- 6月1日到7月2日，受苏联作家联盟邀请，与萨特一同访问莫斯科（直到1966年，两人每年都会去一次莫斯科）。爱伦堡在乡间别墅招待他们。列娜·佐尼娜给他们做翻译，后者将和萨特展开一段恋情。看到了苏联的新气象。从苏联回来后，波伏瓦和萨特又去了波兰。

- 7月5日，阿尔及利亚独立，邀请包括萨特和波伏瓦在内的一些人参加在大陆饭店的招待会。后被临时取消。

- 8月，和萨特去罗马度假。继续创作《事物的力量》，萨特认为比《岁月的力量》写得好。萨特每天都要和她聊佐尼娜的事情。

1963 年

- 1月，和萨特在莫斯科庆祝新年。

- 3月，为《事物的力量》写结语，"我一生中最大的成功之处

---

① 西蒙娜·德·波伏瓦：《波伏瓦回忆录第三卷：事物的力量（二）》，陈筱卿译，北京：作家出版社，2013年版，第319页。

就是我与萨特的关系"。[1]

- 8月，到苏联参加欧洲作家共同体会议。在格鲁吉亚受到赫鲁晓夫的接见，并去克里米亚、亚美尼亚等地访问。
- 9月到10月，与萨特在罗马度假。
- 10月，《事物的力量》出版。
- 10月24日，因母亲弗朗索瓦丝生病赶回巴黎。
- 11月，应捷克斯洛伐克作家协会邀请前往访问。母亲去世，开始写《安详辞世》。

1964 年

- 5月，在《现代》上发表《安详辞世》片段。
- 5月30日，赴苏联基辅参加乌克兰诗人谢甫琴科诞生一百五十周年纪念活动，并赴爱沙尼亚等地访问。
- 7月到8月，和萨特在罗马度假。定期参加由阿尔都塞的追随者组织的小组活动。
- 9月，回到巴黎，着手创作一部关于老年人的小说，最后放弃了。美国麦克米伦出版社请波伏瓦为贝鲁的童话故事的英文版写序言。她认为贝鲁童话的所有悬念在于通过想象恢复社会公正。
- 秋季，应《光明》杂志主编邀请，代表"介入派"和"新小说派"进行辩论。面对六千人演讲了文学和"实际经验"的关系，强调文学和新闻报道越来越紧密的联系以及二者的区

---

[1] 西蒙娜·德·波伏瓦：《波伏瓦回忆录第三卷：事物的力量（二）》，陈筱卿译，北京：作家出版社，2013年版，第339页。

别。认为文学和读者相通，读者必须进入作者世界，而"新小说家"删除了故事，也删除了人。

- 冬季，《安详辞世》出版。应美国《麦考尔》杂志邀请，写了《论爱情》。

1965 年

- 7 月，和萨特一起前往苏联和立陶宛。赫鲁晓夫下台。爱伦堡请萨特为布罗茨基说情。
- 夏季，和西尔维一起去科西嘉度假。
- 10 月 15 日，发生车祸。断了四根肋骨。
- 11 月 9 日和 10 日，接受了弗朗西斯·让松的两次采访，就妇女问题交流了很长时间。
- 11 月，在《现代》上发表文章，讨论左翼联盟。

1966 年

- 1 月 1 日，老友贾科梅蒂逝世。
- 2 月，与萨特、朗兹曼一起去了埃及、以色列。
- 5 月，与萨特一起前往莫斯科。
- 5 月 11 日，回应戴维·胡塞。
- 6 月 27 日，和萨特捐赠、拍卖手稿，以筹集资金帮助 33 名西班牙艺术家支付巨额罚款。
- 7 月，和萨特、史瓦茨、哈里米等人代表法国非共产主义左派加入了为反对越南战争而组织的"罗素法庭"，力图唤起舆论支持，给美国施压。

- 夏季，和萨特去意大利旅行。

- 9月17日到10月18日，受日本出版商渡边先生和京都大学邀请和萨特访问日本。回巴黎后，在互助厅参加反对越南战争集会。

- 11月，《美丽的形象》出版。"书畅销了十二周，大约售出十二万册。"①

- 11月8日，伊芙琳自杀。"在过去几年中我所有熟人的死当中，只有一个人的死真正深深地打动了我。"②

- 12月1日，和萨特都签署了一份声明，支持洛桑市出版主任。

1967年

- 2月25日到3月13日，受到纳赛尔发言人兼《金字塔日报》主编卡尔邀请，和萨特、朗兹曼一同访问埃及。在开罗接受大量采访，指责埃及人对妇女的歧视。参观了巴勒斯坦难民营。

- 3月14日到3月30日，和萨特访问以色列，关注以色列妇女的处境。期间在耶路撒冷希伯来大学发表演讲，讨论文学在当代社会中的作用。受到以色列总理列维·埃什科接见。回程时在雅典停留。在中东旅行途中，完成了三篇短篇小

---

① 西蒙娜·德·波伏瓦：《西蒙·波娃回忆录第四卷：清算已毕》，陈标阳、高兴华等译，南京：江苏文艺出版社，1992年版，第139页。

② 西蒙娜·德·波伏瓦：《西蒙·波娃回忆录第四卷：清算已毕》，第93页。

说，以《被摧毁的女人》结集出版。随后开始了对老年问题
的研究。

● 6月，第三次中东战争爆发，为以色列发声。作品因此在伊
拉克被列为禁书。

● 7月，在一篇写给委内瑞拉总统莱奥尼的文章上署名，抗议
逮捕并处死反对分子。随后签署了一封致诺贝尔文学奖获得
者，危地马拉驻巴黎大使阿斯图里亚斯的公开信，抗议大量
杀害和绑架危地马拉人的卑劣行径。

● 夏季，和萨特在罗马度假。

● 9月3日，写了纪念爱伦堡的文章。

● 9月5日，在威尼斯电影节看了萨特的新电影《墙》的放映。

● 11月，参加"罗素法庭"。

1968 年

● 1月，出版小说集《被摧毁的女人》，由埃莱娜·德·波伏瓦绘
制插图。该书印刷5万册，上市8天售罄。

● 2月，给阿斯图里亚斯写公开信。发表在《现代》上。

● 3月，应邀前往南斯拉夫。

● 3月23日，在凡尔赛宫门口参加"知识分子支持越南日"
活动。

● 5月，在"五月风暴"中坚定地支持大学生。

● 夏季，和萨特在罗马度假。

● 8月，《现代》编委会发文抨击苏联对捷克斯洛伐克的侵略。
受捷克斯洛伐克作家联盟邀请访问捷克斯洛伐克，在布拉格

观看了《苍蝇》的首演。

1969 年

- 2 月 11 日，当选为国家图书馆咨询委员会作家。

- 3 月，《第二性》在希腊被禁。

- 4 月，在关于地方组织和参议院的全民公决中弃权。第二天，戴高乐停止行使共和国总统职责。

- 5 月 10 日，在《世界报》上与萨特、柯莱特·奥德里、玛格丽特·杜拉斯等人发表联合声明，支持托洛茨基主义运动领导人阿兰·克里维纳竞选共和国总统。

- 夏季，游览法国西部。在诺昂，参观了乔治·桑故里。接着和萨特在罗马度假，看望了一些左翼青年。

1970 年

- 1 月底，《老年》出版。

- 4 月，《人民事业报》主编被逮捕，报纸面临查封，萨特被委托担任主编。波伏瓦陪萨特参加了对该报主编的审判，并创立了"《人民事业报》之友协会"，与米歇尔·莱里斯共同担任主席。在她的努力下，该协会最终获得法律认可。萨特也参加了"红色援助"组织。波伏瓦和"人民事业报之友"在达盖尔街兜售《人民事业报》。

- 6 月 26 日，准备再次兜售《人民事业报》的萨特、波伏瓦等人被带到警局，接着被释放，引起了媒体轰动。

- 9 月，担任左翼报纸《国际白痴》的主编（萨特担任了《一切》和《人民言论》主编）。
- 10 月，再次组织游行示威，在街头分发《人民事业报》。
- 10 月 19 日，《国际白痴》前主编被捕，波伏瓦在《世界报》发表声明，呼吁新闻自由。
- 10 月底，在支持堕胎合法化的"343 宣言"上签字。
- 11 月 20 日，参加妇女解放运动（M.L.F.）游行示威，呼吁生育自由、避孕、堕胎合法化。

1971 年

- 1 月 26 日，和米歇尔·莱里斯共同在互助厅主持会议，宣告协会目标：捍卫新闻自由，并同意为《我控诉》报撰写一份关于工作事故的报道。
- 2 月 6 日，在《我指控四年前的一场工业事故》中做报告。
- 5 月 5 日，辞去《国际白痴》主编职务。
- 夏季，和萨特去罗马度假。
- 9 月 24 日，内政部长指控波伏瓦诋毁警察。
- 11 月，参与 M.L.F 游行。
- 冬季，和西尔维在里昂。

1972 年

- 2 月 14 日，接受史瓦泽采访。
- 2 月，与萨特一同前往雷诺工厂为被解雇的工人辩护。

- 2 月到 3 月，参与阿斯特吕克和孔塔导演电影《萨特自述》，该片大部分在波伏瓦公寓拍摄。
- 6 月，担任"抉择"协会主席，这是她与吉泽尔·哈里米、克里斯蒂安娜·罗什福尔等人创建的女权组织。该组织的目标是：使避孕自由化、全面化和免费化，废除所有与堕胎相关的压制性条文，免费为被控堕胎和有同谋嫌疑的人辩护。
- 9 月，《清算已毕》出版，宣布自己不再写小说、剧本、评论。
- 11 月，参与博比尼诉讼案。

1973 年

- 2 月，接受加拿大《麦克林》报马多林·戈贝尔的采访。
- 12 月，在《世界报》上发表文章《叙利亚和战俘》，呼吁重建人类互利关系。

1974 年

- 1 月，创立了妇女权利联盟，旨在反对性别歧视。
- 夏季，和萨特在罗马度假。对萨特进行了深度的访谈。
- 1973—1974 年，在《现代》上开设了专栏"日常的性别歧视"，揭露广告、海报、文章、电视或电台节目中利用女性形象牟利的行为。

1975 年

- 1 月，获耶路撒冷文学奖。
- 6 月 14 日，对话美国女权主义者贝蒂·弗里丹。

1976 年—1986 年

- 1977 年 1 月 28 日，开始为电视剧改编《被摧毁的女人》。
- 1978 年，由于对欧洲文学的贡献，荣获奥地利国家奖。法国文化界也开始拍摄记述她生平与思想的传记影片。
- 1979 年，与约瑟·戴扬和马尔卡·里博斯卡合作，拍摄自传影片。
- 1980 年，出版《当精神占据上风》。
- 1980 年 4 月 15 日，萨特逝世。
- 1981 年，出版《告别的仪式》。
- 1983 年，获丹麦政府授予的索宁奖，利用这笔奖金赴美国旅游。在此期间参加约瑟·戴扬的电视连续剧《第二性》的拍摄，与凯特·米利特对话。
- 1984 年，四集电视连续剧《第二性》问世。在爱丽舍宫受到密特朗总统召见，但拒绝总统授予的荣誉勋章。
- 1985 年，法国电视台"知名人士"专题节目对其进行介绍。改编电影剧本《女宾》。
- 1986 年 4 月 14 日，在巴黎与世长辞。

参考文献

中文文献

（一）波伏瓦作品

回忆录

1. 西蒙娜·德·波伏瓦:《波伏瓦回忆录第一卷:端方淑女》,罗国林译,北京:作家出版社,2011 年版。

2. 西蒙娜·德·波伏瓦:《波伏瓦回忆录第二卷:岁月的力量（一）》,黄荭、罗国林译,北京:作家出版社,2012 年版。

3. 西蒙娜·德·波伏瓦:《波伏瓦回忆录第二卷:岁月的力量（二）》,黄荭译,北京:作家出版社,2012 年版。

4. 西蒙娜·德·波伏瓦:《波伏瓦回忆录第三卷:事物的力量（一）》,陈筱卿译,北京:作家出版社,2012 年版。

5. 西蒙娜·德·波伏瓦:《波伏瓦回忆录第三卷:事物的力量（二）》,陈筱卿译,北京:作家出版社,2013 年版。

6. 西蒙娜·德·波伏瓦:《西蒙·波娃回忆录第四卷:清算已毕》,陈标阳、高兴华等译,南京:江苏文艺出版社,1992 年版。

7. 西蒙娜·德·波伏瓦:《清算已毕:波伏瓦回忆录最终卷》,台学青译,深圳:海天出版社,2021 年版。

8. 西蒙娜·德·波伏瓦:《安详辞世》,赵璞译,深圳:海天出版社,2019 年版。

9. 西蒙娜·德·波伏瓦:《萨特传》,黄忠晶译,南昌:百花洲文艺出版社,1996 年版。

10. 西蒙娜·德·波伏瓦:《告别的仪式》,孙凯译,上海:上海译文出版社,2019 年版。

其他作品

1. 西蒙娜·德·波伏瓦:《美丽的形象》,范荣译,合肥:安徽文艺出版社,1997 年版。

2. 西蒙娜·德·波伏瓦:《第二性》,陶铁柱译,北京:中国书籍出版社,1998 年版。

3. 西蒙娜·德·波伏瓦:《他人的血》,葛雷、齐彦芬译,北京:中国书籍出版社,1999 年版。

4. 西蒙娜·德·波伏瓦:《越洋情书(上下册)》,楼小燕、高凌瀚译,北京:中国书籍出版社,1999 年版。

5. 西蒙娜·德·波伏瓦:《名士风流 I》,许钧译,上海:上海译文出版社,2010 年版。

6. 西蒙娜·德·波伏瓦:《名士风流 II》,许钧译,上海:上海译文出版社,2010 年版。

7. 西蒙娜·德·波伏瓦:《第二性 I:事实与神话》,郑克鲁译,上海:上海译文出版社,2011 年版。

8. 西蒙娜·德·波伏瓦:《第二性 II:实际体验》,郑克鲁译,上海:上海译文出版社,2011 年版。

9. 西蒙娜·德·波伏瓦:《独白》,张香筠译,上海:上海译文出版社,2012 年版。

10. 西蒙娜·德·波伏瓦：《人都是要死的》，马振骋译，上海：上海译文出版社，2012 年版。

11. 西蒙娜·德·波伏瓦：《要焚毁萨德吗》，周莽译，上海：上海译文出版社，2012 年版。

12. 西蒙娜·德·波伏瓦：《长征：中国纪行》，胡小跃译，北京：作家出版社，2012 年版。

13. 西蒙娜·德·波伏瓦：《模糊性的道德》，张新木译，上海：上海译文出版社，2013 年版。

14. 西蒙娜·德·波伏瓦：《女宾》，周以光译，上海：上海译文出版社，2013 年版。

15. 西蒙娜·德·波伏瓦：《情迷莫斯科》，田庆生译，上海：上海文艺出版社，2016 年版。

16. 西蒙娜·德·波伏瓦：《形影不离》，曹冬雪译，杭州：浙江教育出版社，2022 年版。

（二）其他中文著作

1. 阿·马德森：《萨特和波伏瓦的共同道路》，刘阳等译，西安：华岳文艺出版社，1988 年版。

2. 阿尔贝·加缪：《加缪手记（第三卷）》，黄馨慧译，浙江：浙江大学出版社，2016 年版。

3. 阿莱达·阿斯曼：《记忆中的历史》，袁斯乔译，南京：南京大学出版社，2016 年版。

4. 阿维夏伊·玛格利特：《记忆的伦理》，贺海仁译，北京：清华大学出版社，2015 年版。

5. 爱德华·富尔布鲁克、凯特·富尔布鲁克：《玫瑰孕育哲思：波

伏瓦与萨特》，陆薇、王安琪译，哈尔滨：黑龙江教育出版
社，2007年版。

6. 奥利维耶·托德：《加缪传》，黄晞耘、何立等译，北京：商务
印书馆，2010年版。

7. 保罗·约翰逊：《知识分子》，杨正润等译，南京：江苏人民出
版社，1999年版。

8. 贝尔纳·亨利·列维：《萨特的世纪——哲学研究》，闫素伟译，
北京：商务印书馆，2005年版。

9. 比安卡·朗布兰：《萨特、波伏瓦和我：被勾引姑娘的回忆》，
吴岳添译，北京：中国三峡出版社，1998年版。

10. 博凯尔、克恩：《法国文人相轻史：从夏多布里昂到普鲁斯
特》，李欣译，南京：江苏文艺出版社，2012年版。

11. 布东：《为何知识分子不热衷自由主义》，周晖译，北京：生
活·读书·新知三联书店，2012年版。

12. 查尔斯·泰勒：《本真性的伦理》，程炼译，上海：上海三联书
店，2012年版。

13. 成红舞：《从他者到自我——波伏瓦他者理论研究》，北京：中
国社会科学出版社，2016年版。

14. 张千帆：《为了人的尊严：中国古典政治哲学批判与重构》，北
京：中国民主法制出版社，2012年版。

15. 斯蒂芬·茨威格：《自画像：卡萨诺瓦、司汤达、托尔斯泰》，
袁克秀译，北京：西苑出版社，1998年版。

16. 达妮埃尔·萨乐娜芙：《战斗的海狸：西蒙娜·德·波伏瓦评传》，
黄荭、沈珂、曹冬雪译，北京：作家出版社，2009年版。

17. 克里斯汀·达伊格尔：《导读萨特》，傅俊宁译，重庆：重庆大

学出版社，2015 年版。

18. 德·贝科夫：《帕斯捷尔纳克传（全 2 册）》，王嘎译，北京：人民文学出版社，2016 年版。

19. 德累斯顿：《迫害、灭绝与文学》，何道宽译，广州：花城出版社，2012 年版。

20. 杜威·德拉埃斯马：《怀旧制造厂：记忆、时间、变老》，李炼译，广州：花城出版社，2011 年版。

21. 多丽丝·莱辛：《时光噬痕：观点与评论》，龙飞译，南京：译林出版社，2016 年版。

22. 范昀：《追寻真诚：卢梭与审美现代性》，上海：上海人民出版社，2013 年版。

23. 菲力浦·勒热讷：《自传契约》，杨国政译，北京：北京大学出版社，2013 年版。

24. 弗朗西斯、贡蒂埃：《波伏娃：激荡的一生》，唐恬恬译，桂林：广西师范大学出版社，2009 年版。

25. 高虹：《新夏娃的诞生：西蒙·波伏娃》，成都：四川人民出版社，2000 年版。

26. 哈拉尔德·韦尔策编：《社会记忆：历史、回忆、传承》，季斌、王立君、白锡堃译，北京：北京大学出版社，2007 年版。

27. 赫伯特·R·洛特曼：《加缪传》，肖云上、陈良明、钱培鑫等译，南京：南京大学出版社，2018 年版。

28. 黑兹尔·罗利：《面对面：让-保罗·萨特与西蒙娜·德·波伏瓦》，时娜译，北京：中信出版社，2006 年版。

29. 亨利·詹姆斯：《小说的艺术：亨利·詹姆斯文论选》，朱雯等译，上海：上海译文出版社，2001 年版。

30. 户思社、孟长勇:《法国现当代文学:从波德莱尔到杜拉斯》,
北京:北京师范大学出版社,2005 年版。

31. 黄忠晶:《爱情与诱惑:萨特和他的女人们》,哈尔滨:黑龙江
人民出版社,2003 年版。

32. 黄忠晶:《超越第二性百年波伏瓦》,北京:中共中央党校出版
社,2007 年版。

33. 纪德:《如果种子不死:纪德自传》,罗国林译,北京:北京十
月文艺出版社,2004 年版。

34. 杰尔曼娜·索贝尔:《喂?我给您接萨特:〈现代〉杂志女秘书
的回忆》,马振骋译,北京:人民出版社,2005 年版。

35. 金雁:《从"东欧"到"新欧洲":20 年转轨再回首》,北京:北
京大学出版社,2011 年版。

36. 凯特·柯克帕特里克:《成为波伏瓦》,刘海平译,北京:中信
出版社,2021 年版。

37. W. 考夫曼编著:《存在主义:从陀斯妥也夫斯基到沙特》,陈
鼓应、孟祥森译,北京:商务印书馆,1987 年版。

38. 克罗蒂娜·蒙泰伊:《波伏瓦姐妹》,王晓峰译,北京:人民文
学出版社,2007 年版。

39. 克罗蒂娜·蒙泰伊:《第二性波伏瓦》,胡小跃译,北京:作家
出版社,2006 年版。

40. 克洛德·列维 - 斯特劳斯:《亦近,亦远:列维 - 斯特劳斯谈话
录》,汪沉沉译,深圳:海天出版社,2017 年版。

41. 克洛迪娜·蒙泰伊:《自由情侣:萨特和波伏瓦轶事》,边芹译,
南京:译林出版社,2001 年版。

42. 雷蒙·阿隆:《知识分子的鸦片》,吕一民、顾杭译,南京:译

林出版社，2012 年版。

43. 李清安、金德全选编：《西蒙娜·德·波伏瓦研究》，北京：中国社会科学出版社，1992 年版。

44. 李亚凡：《追求自由的波伏瓦》，北京：人民文学出版社，2013年版。

45. 理查德·坎伯：《萨特》，李智译，北京：清华大学出版社，2019 年版。

46. 理查德·桑内特：《公共人的衰落》，李继宏译，上海译文出版社，2008 年版。

47. 梁庆标选编：《传记家的报复：新近西方传记研究译文集》，桂林：广西师范大学出版社，2015 年版。

48. 刘岩编著：《母亲身份研究读本》，武汉：武汉大学出版社，2007 年版。

49. 卢梭：《忏悔录（第一部）》，繁星译，北京：商务印书馆，1986 年版。

50. 罗纳德·安隆森：《加缪和萨特：一段传奇友谊及其崩解》，章乐天译，上海：华东师范大学出版社，2005 年版。

51. 吕一民、朱晓罕：《良知与担当：20 世纪法国知识分子史》，杭州：浙江大学出版社，2012 年版。

52. 马克·波斯特：《战后法国的存在主义马克思主义：从萨特到阿尔都塞》，张金鹏、陈硕译，南京：南京大学出版社，2015年版。

53. 玛丽·伊格尔顿编：《女权主义文学理论》，胡敏、陈彩霞、林树明译，长沙：湖南文艺出版社，1989 年版。

54. 玛丽莲·亚隆：《乳房的历史》，何颖怡译，北京：华龄出版社，

2001 年版。

55. 玛利亚姆·弗雷泽：《波伏瓦与双性气质》，崔树义译，北京：中华书局，2004 年版。

56. 麦格拉斯：《C.S. 路易斯：天赋奇才，勉为先知》，苏欲晓、傅燕晖译，上海：上海三联书店，2018 年版。

57. 米沃什：《米沃什辞典》，西川等译，北京：生活·读书·新知三联书店，2004 年版。

58. 米歇尔·盖伊：《哲学家波伏娃》，赵靓译，福州：福建教育出版社，2013 年版。

59. 莫里斯·哈布瓦赫：《论集体记忆》，毕然、郭金华译，上海：上海世纪出版集团，2002 年版。

60. 娜塔莉·希尔曼：《顶尖对手·女人卷（芭铎与波伏瓦）》，陈瑛等译，北京：中央编译出版社，2001 年版。

61. 潘一禾：《裸体的诱惑》，深圳：海天出版社，2002 年版。

62. 钱秀中：《波伏娃画传》，北京：东方出版社，2005 年版。

63. 秦悦主编：《萨特和波伏娃：对新中国的观感》，上海：上海辞书出版社，2014 年版。

64. 让 - 保罗·萨特：《存在主义是一种人道主义》，周煦良、汤永宽译，上海：上海译文出版社，2008 年版。

65. 让 - 弗朗索瓦·西里奈利：《20 世纪的两位知识分子：萨特和阿隆》，陈伟译，南京：江苏人民出版社，2001 年版。

66. 萨莉·J·肖尔茨：《波伏娃》，龚晓京译，北京：中华书局，2002 年版。

67. 萨特：《寄语海狸》，沈志明等译，北京：人民文学出版社，2013 年版。

68. 萨特：《文字生涯》，沈志明译，北京：人民文学出版社，2006年版。

69. 萨特著，沈志明、艾珉主编：《萨特文集（1—7卷）》，北京：人民文学出版社，2000年版。

70. 莎拉·贝克韦尔：《存在主义咖啡馆：自由、存在和杏子鸡尾酒》，沈敏一译，北京：北京联合出版公司，2017年版。

71. 唐岫敏等：《英国传记发展史》，上海：上海外语教育出版社，2012年版。

72. 莱昂内尔·特里林：《诚与真》，刘佳林译，南京：江苏教育出版社，2006年版。

73. 厄苏拉·提德：《导读波伏瓦》，马景超译，重庆：重庆大学出版社，2014年版。

74. 托尼·朱特：《沉疴遍地》，杜先菊译，北京：中信出版社，2016年版。

75. 托尼·朱特：《思虑20世纪》，苏光恩译，北京：中信出版社，2016年版。

76. 托尼·朱特：《未竟的往昔：法国知识分子，1944—1956》，李岚译，北京：中信出版社，2016年版。

77. 托尼·朱特：《责任的重负：布鲁姆、加缪、阿隆和法国的20世纪》，章乐天译，北京：中信出版社，2014年版。

78. 托尼·朱特：《战后欧洲史（全四卷）》，林骧华等译，北京：中信出版社，2014年版。

79. 王成军：《传记诗学》，北京：新华出版社，2016年版。

80. 王芳：《波伏瓦在中国》，西安：西安交通大学出版社，2016年版。

81. 徐岱:《边缘叙事》,上海:学林出版社,2002 年版。

82. 徐岱:《审美正义论》,杭州:浙江工商大学出版社,2014
年版。

83. 伊基·弗洛伊德:《厄勒克特拉 vs 俄狄浦斯:母女关系的悲
剧》,蔺秀云译,桂林:漓江出版社,2015 年版。

84. 伊雷娜·弗兰:《恋爱中的波伏娃》,徐晓雁译,海口:南海出
版公司,2005 年版。

85. 张京媛主编:《当代女性主义文学批评》,北京:北京大学出版
社,1995 年版。

86. 张宪军、赵毅:《简明中外文论辞典》,成都:巴蜀书社,2013
年版。

87. 张向荣:《跨越空间的对话:波伏娃与张爱玲文学的女性意识
之比较研究》,广州:暨南大学出版社,2013 年版。

88. 赵静蓉:《怀旧》,北京:商务印书馆,2009 年版。

89. 周海燕:《记忆的政治》,北京:中国发展出版社,2013 年版。

90. 朱迪斯·巴特勒:《安提戈涅的诉求:生与死之间的亲缘关系》,
王楠译,郑州:河南大学出版社,2017 年版。

(三)中文论文

1. 陈静:《诚信契约:一个循规蹈矩的少女的回忆》,《法国研
究》,2011 年第 3 期,第 27—31 页。

2. 陈静:《西蒙娜·德·波伏瓦的自传叙事及其自我身份建构》,
法语国家与地区研究,2021 年第 1 期,第 63—69 页。

3. 陈墨:《自传、回忆录与口述历史》,《粤海风》,2014 年第 3
期,第 24—27 页。

4. 成红舞:《他者间的关系——西蒙·德·波伏瓦对母女关系理解的伦理阐释》,《妇女研究论丛》,2011 年第 2 期,第 80—86 页。

5. 成红舞:《言说他者还是言说自我——从波伏瓦在中国译介中的一场论争谈起》,《济南大学学报（社会科学版）》,2014 年第 3 期,第 11—15 页。

6. 戴锦华:《岁月留痕——西蒙娜·波伏瓦在中国》,《书屋》2007 年第 10 期,第 36—41 页。

7. 戴雪红:《他者与主体:女性主义的视角》,《南京社会科学》,2007 年第 6 期,第 30—35 页。

8. 方珺:《"他者"和"绝对他者"——西蒙娜·德·波伏瓦"他者"概念之辨析》,《武汉大学学报（哲学社会科学版）》,2005 年第 2 期,第 172—176 页。

9. 菲力浦·勒热讷、唐玉清:《从自传到日记,从大学到协会:一个研究者的踪迹》,《现代传记研究》,2013 年第 2 期,第 29—42,262—263 页。

10. 高帆:《现代女性的自由建构者——美学视野中的波伏瓦》,《太原师范学院学报（社会科学版）》2016 年第 6 期,第 79—81 页。

11. 黄荭:《三重奏,四重奏,蓝调芝加哥……》,《读书》2009 年第 6 期,第 152—159 页。

12. 黄荭:《西蒙娜·德·波伏瓦百年:重新发现海狸——"波伏瓦及其当代的意义"国际学术研讨会综述》,《当代外国文学》,2009 年第 2 期,第 175—176 页。

13. 黄忠晶:《并非为萨特和波伏瓦辩护》,《书屋》,2002 年第 9

期，第 49—55 页。

14. 李小江：《世纪末看"第二性"》，《读书》，1999 年第 12 期，第 98—103 页。

15. 梁庆标：《"原罪"抑或"合法性偏见"——当代西方自传批评辨析》，《国外文学》，2017 年第 2 期，第 16—24，156 页。

16. 刘大先：《个体记忆的道德超越》，《文学与文化》，2015 年第 1 期，第 69—73 页。

17. 刘岩：《西方文论关键词：第二性》，《外国文学》，2016 年第 4 期，第 88—99 页。

18. 屈明珍：《"女萨特"，还是女哲学家？——波伏娃哲学地位的重估》，《湖南社会科学》，2009 年第 6 期，第 24—28 页。

19. 沈珂、许钧：《西蒙娜·德·波伏瓦的多重形象及其在中国的接受》，《南京社会科学》，2009 年第 10 期，第 55—63 页。

20. 沈珂：《重新认识波伏瓦——波伏瓦研究新进展综述》，《外国文学动态》，2009 年第 3 期，第 45—47 页。

21. 陶东风：《"文艺与记忆"研究范式及其批评实践——以三个关键词为核心的考察》，《文艺研究》，2011 年第 6 期，第 13—24 页。

22. 肖巍：《被"模糊"萦绕的波伏瓦》，《中国妇女报》，2014 年 1 月 21 日。

23. 徐岱、范昀：《文学书写与历史记忆——当代中国小说个案批评三例》，《浙江大学学报（人文社会科学版）》，2007 年第 3 期，第 102—110 页。

24. 杨国政：《作为寓言的自传——评萨特的〈词语〉》，《欧美文学论丛》2010 年第 1 期，第 223—243 页。

25. 张博：《记忆与遗忘的重奏——文学、历史、记忆浅论》，《文艺争鸣》，2010 年第 1 期，第 43—47 页。

26. 赵静蓉：《记忆的德性及其与中国记忆伦理化的现实路径》，《文学与文化》，2015 年第 1 期，第 50—59 页。

27. 周凌枫：《追怀成长的岁月——波伏娃自传〈端方淑女〉的自我探寻》，《世界文化》，2012 年第 10 期，第 39—40 页。

二、外文文献

（一）波伏瓦作品

回忆录

1. Beauvoir, Simone De. *Mémoires d'une jeune fille rangée.* Paris: Gallimard, 1958.

2. Beauvoir, Simone De. *Memoirs of a Dutiful Daughter*, trans. by Kirkup, James. New York: Harper Collins Publishers, 2005.

3. Beauvoir, Simone De. *La Force de l'âge.* Paris: Gallimard, 1960.

4. Beauvoir, Simone De. *The Prime of Life,* trans. by Green, Peter. London: Penguin Books, 1965.

5. Beauvoir, Simone De. *La Force des choses.* Paris: Gallimard, 1963.

6. Beauvoir, Simone De. *Force of Circumstance*, trans. by Howard, Richard. New York: Putnam, 1965.

7. Beauvoir, Simone De. *Une mort très douce.* Paris: Gallimard, 1964.

8. Beauvoir, Simone De. *A Very Easy Death*, trans. by O'Brian, Patrick. New York: Knopf Doubleday Publishing Group, 1985.

9. Beauvoir, Simone De. *Tout compte fait*. Paris: Gallimard, 1972.

10. Beauvoir, Simone De. *All said and done*, trans. by O'Brian, Patrick. New York: Putnam, 1974.

11. Beauvoir, Simone De. *La Cérémonie des adieux; suivi de Entretiens avec Jean-Paul Sartre*. Paris: Gallimard, 1981.

12. Beauvoir, Simone De. *Adieux: A Farewell to Sartre,* trans. by O'Brian, Patrick. New York: Pantheon Books, 1984.

其他作品

1. Beauvoir, Simone De. *A Transatlantic Love Affair: Letters to Nelson Algren,* trans. by Gordon, Ellen et al. New York: The New Press, 1998.

2. Beauvoir, Simone De. *Diary of a Philosophy Student*, ed. by Barbara Klaw et al. Urbana: University of Illinois Press, 2006.

3. Beauvoir, Simone De. Lettres à Sartre. Paris: Gallimard, 1990.

4. Beauvoir, Simone De. *Philosophical Writings,* ed. by Simons, Margaret A. et al. Urbana: University of Illinois Press, 2005.

5. Beauvoir, Simone De. *The Coming of Age*, trans. by O'Brian, Patrick. New York: Norton, 1996.

6. Beauvoir, Simone De. *When Things of the Spirit Come First: Five Early Tales,* trans. by O'Brian, Patrick. New York: Pantheon Books, 1982.

7. Beauvoir, Simone De. *Les écrits de Simone de Beauvoir: La vie-L'écriture, avec en appndice, textes inédits ou retrouvés*, ed. by

Francis, Claude, and Gonthier, Fernande. Paris: Gallimard, 1979.

（二）其他外文著作

1. Bainbrigge, Susan. *Writing Against Death: The Autobiographies of Simone de Beauvoir.* Amsterdam: Rodopi, 2005.
2. Bair, Deirdre. *Simone de Beauvoir: A Biography.* New York: Simon and Schuster, 1991.
3. Baisnée, Valérie. *Gendered Resistance: The Autobiographies of Simone de Beauvoir, Maya Angelou, Janet Frame and Marguerite Duras.* Amsterdam: Rodopi, 1997.
4. Barnes, Hazel E. *Humanistic Existentialism: The Literature of Possibility.* Lincoln: University of Nebraska Press, 2008.
5. Bauer, Nancy. *Simone de Beauvoir, philosophy, and Feminism.* New York: Columbia University Press, 2012.
6. Card, Claudia, ed. *The Cambridge Companion to Simone de Beauvoir.* New York: Cambridge University Press, 2003.
7. Corbin, Laurie. *The Mother Mirror: Self-Representation and the Mother-Daughter Relation in Colette, Simone de Beauvoir, and Marguerite Duras.* New York: Peter Lang, 1996.
8. Winslow, Donald J. *Life-Writing: A Glossary of Terms in Biography, Autobiography, and Related Forms.* Honolulu: University of Hawaii Press, 1980.
9. Donnell, Alison, and Polkey, Pauline, eds. *Representing Lives: Women and Auto/biography.* Basingstoke: Palgrave Macmillan, 2000.

10. Fallaize, Elizabeth, ed. *Simone de Beauvoir: A Critical Reader.* London and New York: Routledge, 1998.

11. Fraser, Mariam. *Identity without Selfhood: Simone de Beauvoir and Bisexuality.* Cambridge: Cambridge University Press, 1999.

12. Fullbrook, Kate, and Fullbrook, Edward. *Simone de Beauvoir and Jean-Paul Sartre: The Remaking of a Twentieth-Century Legend.* Hemel Hempstead: Harvester Wheatsheaf, 1993.

13. Hewitt, Leah D. *Autobiographical Tightropes: Simone de Beauvoir, Nathalie Sarraute, Marguerite Duras, Monique Wittig, and Maryse Condé.* Lincoln: University of Nebraska Press, 1990.

14. Holland, Alison. *Excess and Transgression in Simone de Beauvoir's Fiction: The Discourse of Madness.* London and New York: Routledge, 2017.

15. Pilardi, Jo-Ann. *Philosophy Becomes Autobiography: The Development of the Self in the Writings of Simone de Beauvoir.* Westport: Greenwood Press, 1999.

16. Jeanson, Francis. *Simone de Beauvoir ou l'Entreprise de vivre: Suivi de deux entretiens avec Simone de Beauvoir.* Paris: Éditions du Seuil, 1966.

17. Keefe, Terry, and Smyth, Edmund, eds. *Autobiography and the Existential Self: Studies in Modern French Writing.* Liverpool: Liverpool University Press, 1995.

18. Lacoin, Elisabeth. *Zaza: Correspondance et carnets d'Elizabeth Lacoin, 1914—1929.* Paris: Éditions du Seuil, 1991.

19. Dœuff, Michèle Le. *L'étude et le rouet: Des femmes, de la*

philosophie, etc. Paris: Seuil, 1989.

20. Marks, Elaine. *Simone de Beauvoir: Encounters with Death.* New Brunswick: Rutgers University Press, 1973.

21. Moi, Toril. *Simone de Beauvoir: The Making of an Intellectual Woman.* Oxford: Oxford University Press, 2008.

22. Pascal, Roy. *Design and Truth in Autobiography.* Oxford: Routledge, 2015.

23. Renée, Louise, and Holland, Alison. *Simone de Beauvoir's Fiction: Women and Language.* New York: Peter Lang, 2005.

24. Rowley, Hazel. *Tête-à-Tête: The Tumultuous Lives and Loves of Simone de Beauvoir and Jean-Paul Sartre.* London: Vintage Digital, 2011.

25. Sartre, Jean-Paul, *The Words: The Autobiography of Jean-Paul Sartre, trans. by* Frechtman, Bernard. New York: George Braziller, 1964.

26. Sartre, Jean-Paul. *Les mots.* Paris: Gallimard, 1964.

27. Simons, Margaret A. *Beauvoir and The Second Sex: Feminism, Race, and the Origins of Existentialism.* Lanham: Rowman & Littlefield Publishers, 2001.

28. Tidd, Ursula. *Simone de Beauvoir, Gender and Testimony.* Cambridge: Cambridge University Press, 1999.

（三）外文论文

1. Barnes, Hazel E. "Simone de Beauvoir's Autobiography as a Biography of Sartre." *The French Review. Special Issue* 55.7

(1982), pp.79—100.

2. Butler, Judith. "Sex and Gender in Simone de Beauvoir's Second Sex." *Yale French Studies* 72 (1986), pp.35—49.

3. Lacoste, Guillemine De. "Zaza's Way: Sacrificial Victim or Alternate Role Model?" *Simone de Beauvoir Studies* 9.1 (1992), pp.87—100.

4. Gilleard, Chris. "Aging as Otherness: Revisiting Simone de Beauvoir's *Old Age*." *The Gerontologist* 62.2 (2022), pp.286—292.

5. Green, Mary Jean. "Writing War in the Feminine: de Beauvoir and Duras." *Journal of European Studies* 23.1 (1993), pp.223—237.

6. Günther, Renate. "Fifty years on: The Impact of Simone de Beauvoir's *le deuxieme sexe* on Contemporary French Feminist Theory." *Modern & Contemporary France* 6.2 (1998), pp.177—188.

7. Henry, Patrick. "Feminist Theory and Simone de Beauvoir." *Philosophy and Literature* 15.1 (1991), pp.180—181.

8. Kadish, Doris Y. "Simone de Beauvoir's Une Mort très douce: Existential and Feminist Perspectives on old age." *The French Review* 62.4 (1989), pp.631—639.

9. Kaufmann, Dorothy. "Simone de Beauvoir: Questions of Difference and Generation." *Yale French Studies* 72 (1986), pp.121—131.

10. Gore, Keith O. "Une mort très douce by Simone de Beauvoir." *Books Abroad* 39.3 (1965), p.312.

11. Kraüs, Sonia, and Balmès, Anne-Dominique. "Simone de Beauvoir entre Sartre et Merleau-Ponty," *Les Temps Modernes* 520 (1989), pp.81—103.

12. Kruks, Sonia. "Old Age in the Time of COVID: Reflecting with Simone de Beauvoir on Age, Alterity, and the Intersectionality of Oppressions." July 30 (2021). https://ssrn.com/abstract=3896528.

13. Lecarme-Tabone, Éliane. "D'Anne à Zaza: Une lente résurrection." *L'Herne* 100 (2012), pp.207—213.

14. McCall, Dorothy Kaufmann. "Simone de Beauvoir, 'The Second Sex', and Jean-Paul Sartre." *Signs: Journal of Women in Culture and Society* 5.2 (1979), pp.209—223.

15. McDonald, Christie. "The Death of Maternity? Simone de Beauvoir's *A Very Easy Death*." *French Politics, Culture & Society* 28.2 (2010), pp.56—65.

16. Miller, Nancy K. "Women's Autobiography in France: For a Dialectics of Identification." *Women and Language in Literature and Society* (1980), pp.258—273.

17. Patterson, Yolanda Astarita. "Simone de Beauvoir and the Demystification of Motherhood." *Yale French Studies* 72 (1986), pp.87—105.

18. Reck, Rima Drell. "Les Mandarins: Sensibility, Responsibility." *Yale French Studies* 27 (1961), pp.33—40.

19. Simons, Margaret A. "Beauvoir and Sartre: The Philosophical Relationship." *Yale French Studies* 72 (1986), pp.165—179.

20. Simon, Margaret A, and Benjamin, Jessica. "Simone de Beauvoir:

An Interview." *Feminist Studies* 5.2 (1979), pp.330—345.

21. Simons, Margaret A. "Lesbian Connections: Simone de Beauvoir and Feminism." *Signs: Journal of Women in Culture and Society* 18.1 (1992), pp.136—161.

22. Zerilli, Linda M. G. "A Process without a Subject: Simone de Beauvoir and Julia Kristeva on Maternity." *Signs: Journal of Women in Culture and Society* 18.1 (1992), pp.111—135.

图书在版编目（CIP）数据

激情与思索：西蒙娜·德·波伏瓦回忆录研究 / 赵
璞著. -- 杭州：浙江大学出版社，2023.5
ISBN 978-7-308-23705-5

Ⅰ. ①激… Ⅱ. ①赵… Ⅲ. ①波伏瓦(Beauvoir,
Simone de 1908-1986)—回忆录 Ⅳ. ①K835.655.6

中国国家版本馆CIP数据核字(2023)第071186号

激情与思索：西蒙娜·德·波伏瓦回忆录研究
赵璞 著

责任编辑	牟琳琳	
责任校对	吕倩岚	
封面设计	项梦怡	
出版发行	浙江大学出版社	
	（杭州市天目山路148号 邮政编码 310007)	
	（网址：http://www.zjupress.com)	
排 版	杭州林智广告有限公司	
印 刷	杭州宏雅印刷有限公司	
开 本	880mm×1230mm 1/32	
印 张	9.625	
字 数	216千	
版 印 次	2023年5月第1版 2023年5月第1次印刷	
书 号	ISBN 978-7-308-23705-5	
定 价	68.00元	